全国“八五”普法
普法知识题集系列 5

公民

GONGMIN

普法知识题集

PUFA ZHISHI TIJI

中国法制出版社
CHINA LEGAL PUBLISHING HOUSE

图书在版编目（CIP）数据

公民普法知识题集 / 中国法制出版社编．—北京：中国法制出版社，2021.6

（普法知识题集系列）

ISBN 978-7-5216-1745-0

Ⅰ.①公… Ⅱ.①中… Ⅲ.①法律-中国-习题集 Ⅳ.①D92-44

中国版本图书馆 CIP 数据核字（2021）第 049394 号

策划统筹 胡 斌 唐 鹍

责任编辑 唐 鹍 封面设计 李 宁

公民普法知识题集

GONGMIN PUFA ZHISHI TIJI

编者/中国法制出版社

经销/新华书店

印刷/三河市紫恒印装有限公司

开本/880 毫米×1230 毫米 32 开 印张/9 字数/225 千

版次/2021 年 6 月第 1 版 2021 年 6 月第 1 次印刷

中国法制出版社出版

书号 ISBN 978-7-5216-1745-0 定价：36.00 元

北京西单横二条 2 号

邮政编码 100031 传真：010-66031119

网址：http：//www.zgfzs.com **编辑部电话：010-66066820**

市场营销部电话：010-66033393 **邮购部电话：010-66033288**

（如有印装质量问题，请与本社印务部联系调换。电话：010-66032926）

编辑说明

当前，我国已开启全面建设社会主义现代化国家新征程，进入新发展阶段。通过开展“八五”普法，使公民法治素养和社会治理法治化水平显著提升，形成全社会尊法学法守法用法的良好氛围。多层次多领域依法治理深入推进，全社会办事依法、遇事找法、解决问题用法、化解矛盾靠法的法治环境显著改善。

提升公民法治素养是全民普法的主要目标，也是全面依法治国的迫切要求，要突出重点对象，分层分类指导。实行公民终身法治教育制度，把法治教育纳入干部教育体系、国民教育体系、社会教育体系，不断提升全体公民法治意识和法治素养。坚持学用结合、普治并举。注重在立法、执法、司法和法律服务过程中开展实时普法，把普法深度融入立法、执法、司法和法律服务全过程，把普法融入法治实践、基层治理和日常生活。

为配合“八五”普法工作需要，我们组织编写了“普法知识题集系列丛书”。定位普法，覆盖公民、国家工作人员、领导干部、青少年、企业人员等，题型丰富、解析精准、难度适中，从试题角度为普法工作学习提供检验测试工具。丛书具有以下特点：

一、题型丰富。题型涵盖判断题、单选题、多选题、填空题、简答题，完备系统。

二、解析精准。习题均附有参考答案，解析有法律条文做依据，精准可靠。部分判断题、填空题的解析出于节省篇幅考虑，只列出答案和条文序号。

三、难度适中。习题设置避免难题、偏题、怪题，以突出应知应会和重点条文为出发点设置。

本丛书既适合机关、团体、学校、企业、事业单位等组织相关培训配套使用，也适合有学习需求的广大读者阅读。希望本丛书的出版能够有助于引导广大读者养成自觉守法的意识，形成遇事找法的习惯，培养解决问题靠法的意识和能力。为建设信仰法治、公平正义、保障权利、守法诚信、充满活力、和谐有序的社会主义法治社会贡献一份力量。

由于时间和水平有限，不足之处在所难免，敬请广大读者批评指正。

中国法制出版社

2021 年 6 月

目录

壹 宪法相关法

贰 民法商法

叁 行政法

肆 经济法

伍 社会法

陆　刑　法

柒　诉讼与非诉讼程序法

壹 宪法相关法

一、宪　法

（一）判断题

1. 在我国，任何年满 18 周岁的公民都享有选举权和被选举权。(　　)
2. 国家依照法律规定保护公民的私有财产权和继承权。(　　)
3. 劳动权既是公民的权利，也是公民的义务。(　　)
4. 公民通过言论自由表达的内容受法律的保护，不受非法干预，所以公民享有的言论自由是绝对的。(　　)
5. 任何公民，非经人民检察院批准或决定或者非经人民法院决定，并由公安机关执行，不受逮捕。(　　)
6. 公民在行使自由和权利的时候，不得损害国家的、社会的、集体的利益和其他公民的合法的自由和权利。(　　)
7. 中华人民共和国公民有休息的权利。(　　)
8. 夫妻双方有实行计划生育的义务。(　　)
9. 凡是在我国居住的、年满 18 周岁的居民就是我国公民。(　　)

（二）单项选择题

1. 任何(　　)享有宪法和法律规定的权利，同时必须履行宪法和法律规定的义务。

   A. 人民　　　　B. 居民

   C. 国民　　　　D. 公民

2. 任何公民，非经(　　)批准或者决定或者(　　)决定，并由(　　)执行，不受逮捕。

   A. 人民检察院；人民法院；公安机关

   B. 人民法院；人民检察院；公安机关

C. 人民法院；公安机关；人民检察院

D. 公安机关；人民检察院；人民法院

3.《宪法》规定，我国享有选举权和被选举权的人是(　　)。

A. 全体公民

B. 全体人民

C. 18 周岁以上的公民

D. 年满 18 周岁且依法未被剥夺政治权利的公民

4. 关于公民权利，下列选项正确的是：(　　)

A. 劳动、受教育和依法服兵役既是公民的基本权利，又是公民的基本义务

B. 受教育权只是一部分公民的权利

C. 公民仅在年老、疾病的情况下，才能从国家和社会获得物质帮助

D. 国家尊重和保障人权

5.《宪法》不允许任何公民只享有权利而不履行义务的现象存在，也不允许任何公民只履行义务而不享有权利的现象发生，这体现了：(　　)

A. 公民权利和义务平等性

B. 公民权利和义务广泛性

C. 公民权利和义务的现实性

D. 公民权利和义务的一致性

6. 中华人民共和国公民在(　　)的情况下，有从国家和社会获得物质帮助的权利。

A. 自然灾害

B. 受到犯罪

C. 年老、疾病或者丧失劳动能力

D. 未成年

7. 我国《宪法》规定的公民的基本义务不包括下列哪一项？(　　)

A. 依法选举　　B. 依法纳税

C. 计划生育　　D. 赡养父母

8. 下列选项中哪一项不属于《宪法》规定的公民的文化权利？(　　)

A. 科学研究自由　　B. 出版自由

C. 文学创作自由　　D. 艺术创作自由

9. 规定国家制度和社会制度的基本原则，集中表现各种政治力量对比关系，保障公民基本权利和义务的国家根本法是：（ ）

A. 宪法　　B. 民法

C. 刑法　　D. 行政法

10.《宪法》规定，中华人民共和国（ ）有休息的权利。

A. 劳动者　　B. 公民

C. 职工　　D. 工人

（三）多项选择题

1. 我国《宪法》规定，公民有（ ）的自由。

A. 言论　　B. 出版

C. 集会、结社　　D. 游行、示威

2. 我国《宪法》规定，公民在行使自由和权利的时候，不得损害（ ）。

A. 国家的利益　　B. 集体的利益

C. 社会的利益　　D. 其他公民的合法自由和权利

3. 我国公民享有（ ）的权利和义务。

A. 劳动　　B. 受教育

C. 监督　　D. 选举

4. 下列选项中，属于我国公民的基本义务的有：（ ）

A. 依照法律服兵役和参加民兵组织

B. 维护国家统一和全国各民族的团结

C. 维护祖国的安全、荣誉和利益

D. 依照法律纳税

5. 在我国，公民享有选举权的基本条件是：（ ）

A. 具有中国国籍　　B. 年满 18 周岁

C. 依法享有政治权利　　D. 没有被判处过有期徒刑

6. 任何公民，非经（ ）并由公安机关执行，不受逮捕。

A. 人民检察院批准或决定　　B. 人民法院决定

C. 纪检机关决定　　D. 国家安全机关批准

7. 根据宪法和法律，下列哪些表述是不正确的？（ ）
   A. 被剥夺政治权利的公民不再享有科学研究的自由
   B. 被剥夺政治权利的公民不再享有艺术创作的自由
   C. 被剥夺政治权利的公民不再享有出版著作的自由
   D. 被剥夺政治权利的公民不再享有宗教信仰的自由
8. 我国公民的基本权利包括政治权利和自由、人身自由以及( )。
   A. 平等权　　B. 尊重社会公德
   C. 监督权　　D. 社会经济文化权利

（四）填空题

1. 凡具有中华人民共和国国籍的人都是中华人民共和国____。
2. 中华人民共和国年满____的公民，不分民族、种族、性别、职业、家庭出身、宗教信仰、教育程度、财产状况、居住期限，都有____；但是依照法律____的人除外。
3. 中华人民共和国公民的人格尊严不受侵犯。禁止用任何方法对公民进行____、____和____。
4. 中华人民共和国公民的住宅不受侵犯。禁止非法____或者非法____公民的住宅
5. 中华人民共和国公民在____、____或者丧失____的情况下，有从国家和社会获得物质帮助的权利。
6. 中华人民共和国公民必须遵守宪法和法律，保守____，爱护____，遵守劳动纪律，遵守公共秩序，尊重社会公德。
7. 中华人民共和国公民有维护祖国的____、____和____的义务。

（五）简答题

1. 简述我国宪法所规定的公民的人身自由权。
2. 简述我国公民的政治权利。
3. 我国公民基本权利的主要特点是什么？

参考答案

（一）判断题

1. ×，解析：《宪法》第 34 条规定："中华人民共和国年满十八周岁的公民，不分民族、种族、性别、职业、家庭出身、宗教信仰、教育程度、财产状况、居住期限，都有选举权和被选举权；但是依照法律被剥夺政治权利的人除外。"
2. √，解析：《宪法》第 13 条。
3. √，解析：《宪法》第 42 条第 1 款。
4. ×，解析：《宪法》第 51 条规定："中华人民共和国公民在行使自由和权利的时候，不得损害国家的、社会的、集体的利益和其他公民的合法的自由和权利。"
5. √，解析：《宪法》第 37 条第 2 款。
6. √，解析：《宪法》第 51 条。
7. ×，解析：《宪法》第 43 条规定："中华人民共和国劳动者有休息的权利。"
8. √，解析：《宪法》第 49 条第 2 款。
9. ×，解析：《宪法》第 33 条第 1 款规定："凡具有中华人民共和国国籍的人都是中华人民共和国公民。"

（二）单项选择题

1. D，解析：《宪法》第 33 条第 4 款规定："任何公民享有宪法和法律规定的权利，同时必须履行宪法和法律规定的义务。"
2. A，解析：《宪法》第 37 条第 2 款规定："任何公民，非经人民检察院批准或者决定或者人民法院决定，并由公安机关执行，不受逮捕。"
3. D，解析：《宪法》第 34 条规定："中华人民共和国年满十八周岁的公民，不分民族、种族、性别、职业、家庭出身、宗教信仰、教育程度、财产状况、居住期限，都有选举权和被选举权；但是依照法律被剥夺政治权利的人除外。"
4. D，解析：《宪法》第 55 条第 2 款规定："依照法律服兵役和参加民兵组织是中华人民共和国公民的光荣义务。"依法服兵役不是我国公民的基本权利，因此 A 选项错误。《宪法》第 46 条第 1 款规定："中华人民共和国公民有受教育的权利和义务。"受教育是中国公民的权利和义务，因此 B 选项错误。《宪法》第 45 条第 1 款规定："中华人民共和国公民在年老、疾病或者丧失劳动能力的情况下，有从国家和社会获得物质帮助的权利。"因此 C 选项错误。2004 年宪法修正案将"国家尊重和保障人权"纳入《宪法》第 33 条，D 选项正确。

5. D，解析：我国《宪法》规定的关于公民权利和义务的特点是：（1）权利和义务的广泛性。享受权利和承担义务的主体广泛，同时，宪法确认和保障的公民权利和义务的范围广泛；（2）权利和义务的现实性。《宪法》实事求是地从实际出发确定公民权利和义务的内容，并规定了实现权利的法律保障和物质保障；（3）权利和义务的平等性。公民在权利上一律平等，在守法上、司法上一律平等；（4）权利和义务的一致性。公民享有权利必须履行相应的义务，反之，公民履行《宪法》规定的义务，必须享受《宪法》规定的权利。
6. C，解析：《宪法》第 45 条第 1 款规定："中华人民共和国公民在年老、疾病或者丧失劳动能力的情况下，有从国家和社会获得物质帮助的权利。"
7. A，解析：基本义务是指由《宪法》所确认的义务，依法选举不属于基本义务。
8. B，解析：《宪法》第 47 条规定："中华人民共和国公民有进行科学研究、文学艺术创作和其他文化活动的自由。"出版自由属于公民政治权利和自由的范畴。
9. A，解析：我国公民的基本权利和基本义务即指由我国《宪法》确认的权利和义务。
10. A，解析：《宪法》第 43 条第 1 款规定："中华人民共和国劳动者有休息的权利。"

（三）多项选择题

1. ABCD，解析：《宪法》第 35 条规定："中华人民共和国公民有言论、出版、集会、结社、游行、示威的自由。"
2. ABCD，解析：《宪法》第 51 条规定："中华人民共和国公民在行使自由和权利的时候，不得损害国家的、社会的、集体的利益和其他公民的合法的自由和权利。”

3. AB，解析：《宪法》第 42 条第 1 款规定：“中华人民共和国公民有劳动的权利和义务。”《宪法》第 46 条第 1 款规定：“中华人民共和国公民有受教育的权利和义务。”
4. ABCD，解析：参见《宪法》第 52 条、第 54 条、第 55 条、第 56 条。
5. ABC，解析：享有选举权和被选举权的条件包括且仅限于中国国籍、年满 18 周岁、未被剥夺政治权利。未被判决剥夺政治权利的罪犯也享有选举权和被选举权。
6. AB，解析：《宪法》第 37 条第 2 款规定：“任何公民，非经人民检察院批准或者决定或者人民法院决定，并由公安机关执行，不受逮捕。”
7. ABD，解析：被剥夺政治权利的公民仍享有宪法规定的其他权利和自由。只有 C 选项出版自由是政治权利的内容，所以被剥夺政治权利的公民不再享有出版自由。而 A、B 选项属于《宪法》第 47 条规定的公民的文化权利；D 选项属于《宪法》第 36 条规定的宗教信仰自由，不属于政治权利。
8. ACD，解析：参见《宪法》第 33 条、第 34 条、第 41 条、第 42－48 条。

（四）填空题

1. 公民。（《宪法》第 33 条）
2. 18；选举权与被选举权；被剥夺政治权利。（《宪法》第 34 条）
3. 侮辱；诽谤；诬告陷害。（《宪法》第 38 条）
4. 搜查；侵入。（《宪法》第 39 条）
5. 年老；疾病；劳动能力。（《宪法》第 45 条）
6. 国家秘密；公共财产。（《宪法》第 53 条）
7. 安全；荣誉；利益。（《宪法》第 54 条）

（五）简答题

1. 答：根据《宪法》第 37 条的规定，人身自由，是指公民的人身不受非法逮捕、拘留、搜查和侵害。根据宪法和法律的规定，在我国任何公民非经人民检察院批准或者决定或者非经人民法院决定，并由公安机关执行，不受逮捕。宪法还规定，禁止非法拘禁或者以其他方法限制、剥夺公民的人身自由，禁止非法搜查公民的身体。
2. 答：根据《宪法》第 34 条、第 35 条、第 41 条、第 51 条的规定，政治权利是宪法规定的公民的基本权利。它是指公民根据宪法的规定，参加政治生活的行为的可能性。我国公民享有的政治权利十分广泛，具体如下：（1）选举权和被选举权。宪法规定，中华人民共和国年满18周岁的公民，不分民族、种族、性别、职业、家庭出身、宗教信仰、教育程度、财产状况、居住期限，都有选举权和被选举权，但是依法被剥夺政治权利的人除外。（2）言论、出版、集会、结社、游行、示威自由。①言论自由。言论自由是发表和宣传自己的思想和观点的自由，但煽动叛乱、分裂祖国、颠覆人民民主专政的言论不属于言论自由。此外，公民不可以以言论自由来侮辱、谩骂他人，侵害他人的权益；也不可以泄露国家机密、商业秘密，公开他人隐私。②出版自由。出版自由是公民通过出版物表达自己的意见和思想的权利，它是言论自由的一种表现形式。国家对出版物的规范管理和出版自由不相矛盾，规范管理正是为了保证出版自由的正确行使。③结社自由。它是指公民依法结成某种社会团体，进行社会活动的自由。结社自由不得违反宪法确定的基本原则，不得危害国家的利益、安全和民族团结，不得损害社会公共利益。④集会、游行、示威的自由，指采用集体或者列队行进的方式，表达某种意愿和要求的自由。为了维持社会安定和正常秩序，要行使此项权利进必须依法提出申请，经主管部门许可，并在服从当局的指引和管理下进行。公民在行使上述①至④项权利和自由时，必须以《宪法》第51条规定的原则为指导。（3）监督权。中华人民共和国公民对于任何国家机关和国家工作人员，有提出批评和建议的权利；对于任何国家机关和国家工作人员的违法失职行为，有向有关国家机关提出申诉、控告或者检举的权利，但是不得捏造或者歪曲事实进行诬告陷害

3. 答：根据《宪法》的相关规定，公民基本权利的特点是：（1）广泛性。享受权利的主体广泛，宪法确认和保障的公民权利和自由的范围广泛。（2）权利和自由的现实性。宪法实事求是地从实际出发确定公民权利的内容，并规定了实现权利的法律保障和物质保障。（3）权利和自由的平等性。公民享有权利上一律平等，在守法上、司法上、执法上一律平等。（4）权利和义务的一致性。公民享有权利必须履行相应的义务。公民履行宪法规定的义务，必须享受宪法规定的权利。

二、国旗法

（一）判断题

1. 中华人民共和国国旗是中华人民共和国的象征和标志。每个公民和组织，都应当尊重和爱护国旗。（　　）
2. 国家倡导人民和组织在适宜的场合使用国旗及其图案，表达爱国情感。（　　）
3. 公民和组织在网络中使用国旗图案，应当遵守相关网络管理规定，不得损害国旗尊严。（　　）
4. 举行升旗仪式时，应当奏唱国歌。在国旗升起的过程中，在场公民应当面向国旗肃立，行注目礼或者按照规定要求敬礼，不得有损害国旗尊严的行为。（　　）
5. 新闻媒体应当积极宣传国旗知识，引导公民和组织正确使用国旗及其图案。（　　）

（二）单项选择题

1. 外交活动以及国家驻外使馆领馆和其他外交代表机构升挂、使用国旗的办法，由（　　）。

   A. 人大　　B. 党委

   C. 外交部　　D. 政协

2. 升挂国旗应当遵守的基本规范为：（　　）

   A. 早晨升起，傍晚降下　　B. 早晨升起，下午降下

   C. 悬挂不降　　D. 保持国旗干净整洁

3. 按照《国旗法》规定，（　　）统筹协调全国范围内国旗管理的有关工作。

   A. 人大　　B. 国务院办公厅

   C. 政协　　D. 党委

4. 按照《国旗法》的有关规定，在公共场合故意以焚烧、毁损、涂划、玷污、践踏等方式侮辱中华人民共和国国旗的，依法追究刑事责任；情节较轻的，由公安机关处以(　　)日以下拘留。

A. 10　　B. 15

C. 20　　D. 25

5. 按照《国旗法》有关规定，(　　)对国旗的制作和销售实施监督管理。

A. 政协　　B. 国务院办公厅

C. 各级人民代表大会　　D. 各级人民政府市场监督管理部门

(三) 多项选择题

1. 按照《国旗法》的规定，应当每日升挂国旗的场所或者机构所在地有：(　　)

A. 北京天安门广场、新华门　　B. 外交部

C. 国务院各部门　　D. 最高人民法院，最高人民检察院

2. 下列哪些人士逝世时，应下半旗志哀？(　　)

A. 中华人民共和国主席

B. 中国人民政治协商会议全国委员会主席

C. 对世界和平或者人类进步事业作出杰出贡献的人

D. 全国人民代表大会常务委员会委员长

3. 按照《国旗法》的有关规定，应当在工作日升挂国旗的机构所在地有：(　　)

A. 国务院各部门　　B. 地方各级人民代表大会常务委员会

C. 中央军事委员会　　D. 地方各级人民政府

4. 民族自治地方在哪些日子应当升挂国旗？(　　)

A. 民族自治地方成立纪念日　　B. 主要传统民族节日

C. 中秋节　　D. 端午节

5. 按照《国旗法》规定，什么情况下应当下半旗致哀？(　　)

A. 举行国家公祭仪式

B. 发生严重自然灾害

C. 突发公共卫生事件

D. 其他不幸事件造成特别重大的伤亡的

（四）填空题

1. 中华人民共和国国旗按照____第一届全体会议主席团公布的国旗制法说明制作。
2. 中华人民共和国国旗是____的象征和标志。每个____和____都应当尊重和爱护国旗。
3. 中国人民解放军和中国人民武装警察部队升挂、使用国旗的办法，由____。
4. 依照《国旗法》规定，下半旗的日期和场所，由____或____决定。
5. 网络使用的国旗图案标准版本在____和____上发布。

（五）简答题

1. 简述可以下半旗致哀的具体情形。
2. 简述正常升国旗与下半旗时的要求。
3. 简述哪些人士的遗体、灵柩或者骨灰盒可以覆盖国旗?

参考答案

（一）判断题

1. √，解析:《国旗法》第4条。
2. ×，解析:《国旗法》第9条第1款规定:“国家倡导公民和组织在适宜的场合使用国旗及其图案，表达爱国情感。”
3. √，解析:《国旗法》第9条第2款。
4. ×，解析:《国旗法》第14条第2款规定:“举行升旗仪式时，应当奏唱国歌。在国旗升起的过程中，在场人员应当面向国旗肃立，行注目礼或者按照规定要求敬礼，不得有损害国旗尊严的行为。”
5. √，解析:《国旗法》第21条第3款。

（二）单项选择题

1. C，解析:《国旗法》第10条规定:“外交活动以及国家驻外使馆领馆和其他外交代表机构升挂、使用国旗的办法，由外交部。”
2. A，解析:《国旗法》第13条第1款规定:“依照本法第五条、第六条、

第七条的规定升挂国旗的，应当早晨升起，傍晚降下。”

3. B，解析《国旗法》第 22 条第 1 款规定：“国务院办公厅统筹协调全国范围内国旗管理有关工作。地方各级人民政府统筹协调本行政区域内国旗管理有关工作。”
4. B，解析《国旗法》第 23 条规定：“在公共场合故意以焚烧、毁损、涂划、玷污、践踏等方式侮辱中华人民共和国国旗的，依法追究刑事责任；情节较轻的，由公安机关处以十五日以下拘留。”
5. D，解析《国旗法》第 22 条第 2 款规定：“各级人民政府市场监督管理部门对国旗的制作和销售实施监督管理。”

（三）多项选择题

1. ABD，解析：《国旗法》第 5 条规定：“下列场所或者机构所在地，应当每日升挂国旗：（一）北京天安门广场、新华门；（二）中国共产党中央委员会，全国人民代表大会常务委员会，国务院，中央军事委员会，中国共产党中央纪律检查委员会、国家监察委员会，最高人民法院，最高人民检察院；中国人民政治协商会议全国委员会；（三）外交部；（四）出境入境的机场、港口、火车站和其他边境口岸，边防海防哨所。”
2. ABCD，解析：《国旗法》第 15 条规定：“下列人士逝世，下半旗志哀：（一）中华人民共和国主席、全国人民代表大会常务委员会委员长、国务院总理、中央军事委员会主席；（二）中国人民政治协商会议全国委员会主席；（三）对中华人民共和国作出杰出贡献的人；（四）对世界和平或者人类进步事业作出杰出贡献的人。”
3. ABD，解析：《国旗法》第 6 条规定：“下列机构所在地应当在工作日升挂国旗：（一）中国共产党中央各部门和地方各级委员会；（二）国务院各部门；（三）地方各级人民代表大会常务委员会；（四）地方各级人民政府；（五）中国共产党地方各级纪律检查委员会、地方各级监察委员会；（六）地方各级人民法院和专门人民法院；（七）地方各级人民检察院和专门人民检察院；（八）中国人民政治协商会议地方各级委员会；（九）各民主党派、各人民团体；（十）中央人民政府驻香港特别行政区有关机构、中央人民政府驻澳门特别行政区有关机构。”
4. AB，解析：《国旗法》第 7 条第 1－2 款规定：“国庆节、国际劳动节、元旦、春节和国家宪法日等重要节日、纪念日，各级国家机关、各人民团体以及大型广场、公园等公共活动场所应当升挂国旗；企业事业组织，村民委员会、居民委员会，居民院（楼、小区）有条件的应当升挂国旗。民族自治地方在民族自治地方成立纪念日和主要传统民族节日应当升挂国旗。”

5. ABCD，解析：《国旗法》第15条第2款规定：“举行国家公祭仪式或者发生严重自然灾害、突发公共卫生事件以及其他不幸事件造成特别重大伤亡的，可以在全国范围内下半旗志哀，也可以在部分地区或者特定场所下半旗志哀。”

（四）填空题

1. 中国人民政治协商会议。（《国旗法》第2条）
2. 中华人民共和国；公民；组织。（《国旗法》第4条）
3. 中央军事委员会。（《国旗法》第11条）
4. 国家成立的治丧机构；国务院。（《国旗法》第15条）
5. 中国人大网；中国政府网。（《国旗法》第9条）

（五）简答题

1. 答：根据《国旗法》第15条的有关规定：“下列人士逝世，下半旗志哀：（一）中华人民共和国主席、全国人民代表大会常务委员会委员长、国务院总理、中央军事委员会主席；（二）中国人民政治协商会议全国委员会主席；（三）对中华人民共和国作出杰出贡献的人；不接我们电话 也不给拒接原因；（四）对世界和平或者人类进步事业作出杰出贡献的人。举行国家公祭仪式或者发生严重自然灾害、突发公共卫生事件以及其他不幸事件造成特别重大伤亡的，可以在全国范围内下半旗志哀，也可以在部分地区或者特定场所下半旗志哀。”
2. 答：《国旗法》第18条规定：“在直立的旗杆上升降国旗，应当徐徐升降。升起时，必须将国旗升至杆顶；降下时，不得使国旗落地。下半旗时，应当先将国旗升至杆顶，然后降至旗顶与杆顶之间的距离为旗杆全长的三分之一处；降下时，应当先将国旗升至杆顶，然后再降下。”
3. 答：《国旗法》第16条规定：“下列人士逝世，举行哀悼仪式时，其遗体、灵柩或者骨灰盒可以覆盖国旗：（一）本法第十五条第一款第一项至第三项规定的人士；（二）烈士；（三）国家规定的其他人士。覆盖国旗时，国旗不得触及地面，仪式结束后应当将国旗收回保存。”

三、国徽法

（一）判断题

1. 中华人民共和国国徽，中间是五星照耀下的天安门，周围是谷穗和齿轮。（　　）
2. 中华人民共和国国徽是中华人民共和国的象征和标志。一切组织和公民，都应当尊重和爱护国徽。（　　）
3. 标示国界线的界桩、界碑和标示领海基点方位的标志碑以及其他本国内部行政区域界线可以使用国徽图案。（　　）
4. 可以悬挂有破损，有污损的国徽。（　　）
5. 新闻媒体应当积极宣传国徽知识，引导公民和组织正确使用国徽及其图案。（　　）

（二）单项选择题

1. 根据《国徽法》，国徽应当悬挂在（　　）。

   A. 机关正门上　　B. 机关侧门上

   C. 机关正门上方正中处　　D. 机关正门上方处

2. 国徽直径的通用尺度为（　　）cm。

   A. 70　　B. 75

   C. 80　　D. 85

3. 按照《国徽法》有关规定，对国徽的制作和销售实施监督管理的机构是（　　）。

   A. 各级人民政府市场监督管理部门

   B. 各级人民代表大会

   C. 国务院办公厅

   D. 政协

4. 在公共场合故意以焚烧、毁损、涂划、玷污、践踏等方式侮辱中华人民共和国国徽的，依法追究刑事责任；情节较轻的，由公安机关处以（　　）日以下拘留。

A. 10　　B. 15

C. 20　　D. 25

5. 根据《国徽法》的规定，下列哪一场所应当悬挂国徽？（　　）

A. 国有企业正门　　B. 出境入境口岸的适当场所

C. 火车站，机场等公共场所　　D. 大学正门

（三）多项选择题

1. 按照《国徽法》的有关规定，应当悬挂国徽的机构有：（　　）

A. 各级人民代表大会常务委员会

B. 各级人民政府

C. 中央军事委员会

D. 各级监察委员会

2. 下列场所，应当悬挂国徽的场所包括：（　　）

A. 北京天安门城楼、人民大会堂

B. 县级以上各级人民代表大会及其常务委员会会议厅，乡、民族乡、镇的人民代表大会会场

C. 各级人民法院和专门人民法院的审判庭

D. 宪法宣誓场所

3. 下列机构的印章应当刻有国徽图案包括：（　　）

A. 大学

B. 国家驻外使馆、领馆和其他外交代表机构

C. 最高人民法院，最高人民检察院

D. 全国人民代表大会常务委员会

4. 根据《国徽法》相关规定，应当印有国徽图案的文书、出版物包括：（　　）

A. 全国人民代表大会常务委员会公报

B. 最高人民法院公报和最高人民检察院公报的封面

C. 国家出版的法律、法规正式版本的封面

D. 国务院公报

5. 国徽及图案不得用于：(　　)

A. 商标、授予专利权的外观设计、商业广告

B. 日常用品、日常生活的陈设布置

C. 私人庆吊活动

D. 中华人民共和国主席颁发的荣誉证书

(四) 填空题

1. 网站使用的国徽图案标准版本在____和____上发布。
2. 外事活动和国家驻外使馆、领馆以及其他外交代表机构对外使用国徽图案的办法，由____规定，报____批准后施行。
3. 在《国徽法》规定的范围以外需要悬挂国徽或者使用国徽图案的，由____或者____会同有关主管部门。
4. ____统筹协调全国范围内国徽管理有关工作。____统筹协调本行政区域内国徽管理有关工作。
5. ____发行的法定货币可以使用国徽图案。

(五) 简答题

1. 简述可以使用国徽图案的证件、证照。
2. 简述哪些机构的印章应当刻有国徽图案。
3. 简述国徽的通用尺度及适用规则。

参考答案

(一) 判断题

1. √，解析：《国徽法》第 2 条。
2. √，解析：《国徽法》第 3 条。
3. ×，解析：《国徽法》第 9 条规定：“标示国界线的界桩、界碑和标示领海基点方位的标志碑以及其他用于显示国家主权的标志物可以使用国徽

图案。”

4. ×，解析：《国徽法》第14条规定：“不得悬挂破损、污损或者不合规格的国徽。”
5. √，解析：《国徽法》第15条。

（二）单项选择题

1. C，解析：《国徽法》第4条第2款规定：“国徽应当悬挂在机关正门上方正中处。”
2. C，解析：《国徽法》第16条第1款规定：“悬挂的国徽由国家指定的企业统一制作，其直径的通用尺度为下列三种：（一）一百厘米；（二）八十厘米；（三）六十厘米。”
3. A，解析：《国徽法》第17条第2款规定：“各级人民政府市场监督管理部门对国徽的制作和销售实施监督管理。”
4. B，解析：《国徽法》第18条规定：“在公共场合故意以焚烧、毁损、涂划、玷污、践踏等方式侮辱中华人民共和国国徽的，依法追究刑事责任；情节较轻的，由公安机关处以十五日以下拘留。”
5. B，解析：《国徽法》第4条规定：“下列机构应当悬挂国徽：（一）各级人民代表大会常务委员会；（二）各级人民政府；（三）中央军事委员会；（四）各级监察委员会；（五）各级人民法院和专门人民法院；（六）各级人民检察院和专门人民检察院；（七）外交部；（八）国家驻外使馆、领馆和其他外交代表机构；（九）中央人民政府驻香港特别行政区有关机构、中央人民政府驻澳门特别行政区有关机构。国徽应当悬挂在机关正门上方正中处。”第5条规定：“下列场所应当悬挂国徽：（一）北京天安门城楼、人民大会堂；（二）县级以上各级人民代表大会及其常务委员会会议厅，乡、民族乡、镇的人民代表大会会场；（三）各级人民法院和专门人民法院的审判庭；（四）宪法宣誓场所；（五）出境入境口岸的适当场所。”

（三）多项选择题

1. ABCD，解析：《国徽法》第4条规定：“下列机构应当悬挂国徽：（一）各级人民代表大会常务委员会；（二）各级人民政府；（三）中央军事委员会；（四）各级监察委员会；（五）各级人民法院和专门人民法院；（六）各级人民检察院和专门人民检察院；（七）外交部；（八）国家驻外使馆、领馆和其他外交代表机构；（九）中央人民政府驻香港特别行政区有关机构、中央人民政府驻澳门特别行政区有关机构。”

2. ABCD，解析：《国徽法》第5条规定：“下列场所应当悬挂国徽：（一）北京天安门城楼、人民大会堂；（二）县级以上各级人民代表大会及其常务委员会会议厅，乡、民族乡、镇的人民代表大会会场；（三）各级人民法院和专门人民法院的审判庭；（四）宪法宣誓场所；（五）出境入境口岸的适当场所。”

3. BCD，解析：《国徽法》第6条规定：“下列机构的印章应当刻有国徽图案：（一）全国人民代表大会常务委员会，国务院，中央军事委员会，国家监察委员会，最高人民法院，最高人民检察院；（二）全国人民代表大会各专门委员会和全国人民代表大会常务委员会办公厅、工作委员会，国务院各部、各委员会、各直属机构、国务院办公厅以及国务院规定应当使用刻有国徽图案印章的办事机构，中央军事委员会办公厅以及中央军事委员会规定应当使用刻有国徽图案印章的其他机构；（三）县级以上地方各级人民代表大会常务委员会、人民政府、监察委员会、人民法院、人民检察院，专门人民法院，专门人民检察院；（四）国家驻外使馆、领馆和其他外交代表机构。”

4. ABCD，解析：《国徽法》第8条规定：“下列文书、出版物等应当印有国徽图案：（一）全国人民代表大会常务委员会、中华人民共和国主席和国务院颁发的荣誉证书、任命书、外交文书；（二）中华人民共和国主席、副主席，全国人民代表大会常务委员会委员长、副委员长，国务院总理、副总理、国务委员，中央军事委员会主席、副主席，国家监察委员会主任，最高人民法院院长和最高人民检察院检察长以职务名义对外使用的信封、信笺、请柬等；（三）全国人民代表大会常务委员会公报、国务院公报、最高人民法院公报和最高人民检察院公报的封面；（四）国家出版的法律、法规正式版本的封面。”

5. ABC，解析：《国徽法》第13条规定：“国徽及其图案不得用于：（一）商标、授予专利权的外观设计、商业广告；（二）日常用品、日常生活的陈设布置；（三）私人庆吊活动；（四）国务院办公厅规定不得使用国徽及其图案的其他场合。”

（四）填空题

1. 中国人大网；中国政府网。（《国徽法》第 7 条）
2. 外交部；国务院。（《国徽法》第 11 条）
3. 全国人民代表大会常务委员会办公厅；国务院办公厅。（《国徽法》第 12 条）
4. 国务院办公厅；地方各级人民政府。（《国徽法》第 17 条）
5. 中国人民银行。（《国徽法》第 9 条）

（五）简答题

1. 答：《国徽法》第 10 条规定："下列证件、证照可以使用国徽图案：（一）国家机关工作人员的工作证件、执法证件等；（二）国家机关颁发的营业执照、许可证书、批准证书、资格证书、权利证书等；（三）居民身份证，中华人民共和国护照等法定出入境证件。国家机关和武装力量的徽章可以将国徽图案作为核心图案。公民在庄重的场合可以佩戴国徽徽章，表达爱国情感。"
2. 答：《国徽法》第 6 条规定："下列机构的印章应当刻有国徽图案：（一）全国人民代表大会常务委员会，国务院，中央军事委员会，国家监察委员会，最高人民法院，最高人民检察院；（二）全国人民代表大会各专门委员会和全国人民代表大会常务委员会办公厅、工作委员会，国务院各部、各委员会、各直属机构、国务院办公厅以及国务院规定应当使用刻有国徽图案印章的办事机构，中央军事委员会办公厅以及中央军事委员会规定应当使用刻有国徽图案印章的其他机构；（三）县级以上地方各级人民代表大会常务委员会、人民政府、监察委员会、人民法院、人民检察院，专门人民法院，专门人民检察院；（四）国家驻外使馆、领馆和其他外交代表机构。"
3. 答：《国徽法》第 16 条规定："悬挂的国徽由国家指定的企业统一制作，其直径的通用尺度为下列三种：（一）一百厘米；（二）八十厘米；（三）六十厘米。需要悬挂非通用尺度国徽的，应当按照通用尺度成比例适当放大或者缩小，并与使用目的、所在建筑物、周边环境相适应。"

四、国歌法

（一）判断题

1. 中华人民共和国国歌是《义勇军进行曲》。(　　)
2. 中华人民共和国国歌是中华人民共和国的象征和标志。一切公民和组织都应当尊重国歌，维护国歌的尊严。(　　)
3. 国家倡导公民和组织在任何场合奏唱国歌，表达爱国情感。(　　)
4. 国歌纳入中小学教育，高等教育。中小学和大学应当将国歌作为爱国主义教育的重要内容，组织学生学唱国歌，教育学生了解国歌的历史和精神内涵、遵守国歌奏唱礼仪。(　　)
5. 新闻媒体应当积极开展对国歌的宣传，普及国歌奏唱礼仪知识。(　　)

（二）单项选择题

1. 根据《国歌法》的有关规定，国歌可以用于下列哪一场合当中？(　　)

A. 商标、商业广告　　B. 私人丧事活动

C. 公共场所的背景音乐　　D. 各级机关举行的纪念仪式

2. 下列哪些机关可以对国歌的奏唱、播放和使用进行监督管理？(　　)

A. 县级以上各级人民政府及其有关部门

B. 国务院办公厅

C. 地方各级人民代表大会

D. 人民政协

3. 在公共场合，故意篡改国歌歌词、曲谱，以歪曲、贬损方式奏唱国歌，或者以其他方式侮辱国歌的，由公安机关处以(　　)构成犯罪的，依法追究刑事责任。

A. 警告及罚款　　B. 警告或者10日以下拘留

C. 警告及15日以下拘留　　D. 警告及20日以下拘留

4. 有关《国歌法》，以下表述错误的是哪一项？（　　）
   A. 全国人民代表大会会议和地方各级人民代表大婚会议的开幕、闭幕等场合，应当奏响国歌
   B. 中国人民政治协商会议全国委员会会议和地方各级委员会会议的开幕、闭幕等场合，可以不奏唱国歌
   C. 奏唱国歌时，在场人员应当肃立、举止庄重，不得有不尊重国歌的行为
   D. 中小学应当将国歌作为爱国主义教育的重要内容
5. 下列哪一种行为符合《国歌法》的规定？（　　）
   A. 在公共场合，故意篡改国歌歌词、曲谱
   B. 以歪曲、贬损方式奏唱国歌
   C. 以其他方式侮辱国歌
   D. 某机关举行表彰时奏唱国歌

（三）多项选择题

1. 按照《国歌法》的有关规定，下列哪些场合应当奏唱国歌？（　　）
   A. 全国人民代表大会会议和地方各级人民代表大会会议的开幕、闭幕
   B. 各级机关举行或者组织的重大庆典、表彰、纪念仪式等
   C. 宪法宣誓仪式
   D. 各政党、各人民团体的各级代表大会等
2. 国庆节、国际劳动节等重要的国家法定节日、纪念日，（　　）广播电台、电视台应当按照国务院广播电视主管部门规定的时点播放国歌。
   A. 中央　　B. 省
   C. 自治区　　D. 特别行政区
3. 按照《国歌法》有关规定，国歌不得用于下列哪些活动？（　　）
   A. 商标、商业广告　　B. 某机关举行的表彰活动
   C. 私人丧事活动　　D. 公共场所的背景音乐
4. 有关《国歌法》的表述，下列说法正确的是：（　　）
   A. 国歌不得作为公共场所的背景音乐使用
   B. 某机关可以在其纪念仪式上奏唱国歌

C. 在公共场所侮辱国歌的，由公安机关追究其刑事责任

D. 中华人民共和国国歌是中华人民共和国的象征和标志

（四）填空题

1. 中华人民共和国国歌是____。
2. 外交活动中奏唱国歌的场合和礼仪，由____。军队奏唱国歌的场合和礼仪，由____。
3. 国歌标准演奏曲谱、国歌官方录音版本由____确定的部门组织审定、录制，并在____和____上发布。
4. 国庆节、国际劳动节等重要的国家法定节日、纪念日，中央和省、自治区、直辖市的广播电台、电视台应当按照________规定的时点播放国歌。
5. 在《国歌法》规定的场合奏唱国歌，应当使用____或者____。

（五）简答题

1. 简述应当奏唱国歌的场合。
2. 简述奏唱国歌的基本要求。
3. 简述不能奏唱国歌的场合。

参考答案

（一）判断题

1. √，解析：《国歌法》第 2 条。
2. √，解析：《国歌法》第 3 条。
3. ×，解析：《国旗法》第 5 条规定："国家倡导公民和组织在适宜的场合奏唱国歌，表达爱国情感。"
4. ×，解析：《国旗法》第 11 条规定："国歌纳入中小学教育。中小学应当将国歌作为爱国主义教育的重要内容，组织学生学唱国歌，教育学生了解国歌的历史和精神内涵、遵守国歌奏唱礼仪。"
5. √，解析：《国旗法》第 12 条。

（二）单项选择题

1. D，解析：《国歌法》第4条规定："在下列场合，应当奏唱国歌：（一）全国人民代表大会会议和地方各级人民代表大会会议的开幕、闭幕；中国人民政治协商会议全国委员会会议和地方各级委员会会议的开幕、闭幕；（二）各政党、各人民团体的各级代表大会等；（三）宪法宣誓仪式；（四）升国旗仪式；（五）各级机关举行或者组织的重大庆典、表彰、纪念仪式等；（六）国家公祭仪式；（七）重大外交活动；（八）重大体育赛事；（九）其他应当奏唱国歌的场合。"《国歌法》第8条规定："国歌不得用于或者变相用于商标、商业广告，不得在私人丧事活动等不适宜的场合使用，不得作为公共场所的背景音乐等。"
2. A，解析：《国歌法》第14条规定："县级以上各级人民政府及其有关部门在各自职责范围内，对国歌的奏唱、播放和使用进行监督管理。"
3. C，解析：《国旗法》第15条规定："在公共场合，故意篡改国歌歌词、曲谱，以歪曲、贬损方式奏唱国歌，或者以其他方式侮辱国歌的，由公安机关处以警告或者十五日以下拘留；构成犯罪的，依法追究刑事责任。"
4. B，解析：《国旗法》第4条规定："在下列场合，应当奏唱国歌：（一）全国人民代表大会会议和地方各级人民代表大会会议的开幕、闭幕；中国人民政治协商会议全国委员会会议和地方各级委员会会议的开幕、闭幕；（二）各政党、各人民团体的各级代表大会等；（三）宪法宣誓仪式；（四）升国旗仪式；（五）各级机关举行或者组织的重大庆典、表彰、纪念仪式等；（六）国家公祭仪式；（七）重大外交活动；（八）重大体育赛事；（九）其他应当奏唱国歌的场合。"《国歌法》第7条规定："奏唱国歌时，在场人员应当肃立，举止庄重，不得有不尊重国歌的行为。"《国歌法》第11条规定："国歌纳入中小学教育。中小学应当将国歌作为爱国主义教育的重要内容，组织学生学唱国歌，教育学生了解国歌的历史和精神内涵、遵守国歌奏唱礼仪。"
5. D，解析：《国歌法》第4条规定："在下列场合，应当奏唱国歌：（一）全国人民代表大会会议和地方各级人民代表大会会议的开幕、闭幕；中国人民政治协商会议全国委员会会议和地方各级委员会会议的开幕、闭幕；（二）各政党、各人民团体的各级代表大会等；（三）宪法宣誓仪式；（四）升国旗仪式；（五）各级机关举行或者组织的重大庆典、表彰、纪念仪式等；（六）国家公祭仪式；（七）重大外交活动；（八）重大体育赛事；（九）其他应当奏唱国歌的场合。”《国歌法》第15条规定：“在公共场合，故意篡改国歌歌词、曲谱，以歪曲、贬损方式奏唱国歌，或者以其他方式侮辱国歌的，由公安机关处以警告或者十五日以下拘留；构成犯罪的，依法追究刑事责任。”

（三）多项选择题

1. ABCD，解析：《国歌法》第4条：“在下列场合，应当奏唱国歌：（一）全国人民代表大会会议和地方各级人民代表大会会议的开幕、闭幕；中国人民政治协商会议全国委员会会议和地方各级委员会会议的开幕、闭幕；（二）各政党、各人民团体的各级代表大会等；（三）宪法宣誓仪式；（四）升国旗仪式；（五）各级机关举行或者组织的重大庆典、表彰、纪念仪式等；（六）国家公祭仪式；（七）重大外交活动；（八）重大体育赛事；（九）其他应当奏唱国歌的场合。”
2. ABC，解析：《国旗法》第13条规定：“国庆节、国际劳动节等重要的国家法定节日、纪念日，中央和省、自治区、直辖市的广播电台、电视台应当按照国务院广播电视主管部门规定的时点播放国歌。”
3. ACD，解析：《国歌法》第8条规定：“国歌不得用于或者变相用于商标、商业广告，不得在私人丧事活动等不适宜的场合使用，不得作为公共场所的背景音乐等。”
4. ABD，解析：《国歌法》第15条规定：“在公共场合，故意篡改国歌歌词、曲谱，以歪曲、贬损方式奏唱国歌，或者以其他方式侮辱国歌的，由公安机关处以警告或者十五日以下拘留；构成犯罪的，依法追究刑事责任。”

（四）填空题

1.《义勇军进行曲》。（《国旗法》第2条）
2. 外交部；中央军事委员会。（《国旗法》第9条）
3. 国务院；中国人大网；中国政府网。（《国旗法》第10条第4款）
4. 国务院广播电视主管部门。（《国旗法》第13条）
5. 国歌标准演奏曲谱；国歌官方录音版本。（《国歌法》第10条第1款）

（五）简答题

1. 答：《国旗法》第4条规定：“在下列场合，应当奏唱国歌：（一）全国人民代表大会会议和地方各级人民代表大会会议的开幕、闭幕；中国人民政治协商会议全国委员会会议和地方各级委员会会议的开幕、闭幕；（二）各政党、各人民团体的各级代表大会等；（三）宪法宣誓仪式；（四）升国旗仪式；（五）各级机关举行或者组织的重大庆典、表彰、纪念仪式等；（六）国家公祭仪式；（七）重大外交活动；（八）重大体育赛事；（九）其他应当奏唱国歌的场合。”《国歌法》第8条规定：“国歌不得用于或者变相用于商标、商业广告，不得在私人丧事活动等不适宜的场合使用，不得作为公共场所的背景音乐等。”

2. 答：《国旗法》第6条规定：“奏唱国歌，应当按照本法附件所载国歌的歌词和曲谱，不得采取有损国歌尊严的奏唱形式。”《国旗法》第7条规定：“奏唱国歌时，在场人员应当肃立，举止庄重，不得有不尊重国歌的行为。”

3. 答：《国旗法》第8条规定：“国歌不得用于或者变相用于商标、商业广告，不得在私人丧事活动等不适宜的场合使用，不得作为公共场所的背景音乐等。”

五、国籍法

（一）判断题

1. 中华人民共和国是统一的多民族的国家，各民族的人都具有中国国籍。（ ）

2. 中华人民共和国承认中国公民具有双重国籍。（ ）

3. 父母双方或一方为中国公民，本人出生在中国，具有中国国籍。（ ）

4. 父母无国籍或国籍不明，定居在中国，本人出生在中国，不具有中国国籍。（ ）

5. 申请加入中国国籍获得批准的，即取得中国国籍；被批准加入中国国籍的，不得再保留外国国籍。（ ）

（二）单项选择题

1. 按照《国籍法》有关规定，下列哪一说法是错误的？（　　）

A. 申请加入中国国籍获得批准的，即取得中国国籍

B. 被批准加入中国国籍的，不得再保留外国国籍

C. 父母无国籍或国籍不明，定居在中国，本人出生在中国，不具有中国国籍

D. 定居外国的中国公民，自愿加入或取得外国国籍的，即自动丧失中国国籍

2. 按照《国籍法》的有关规定，下列哪些人可以退出中国国籍？（　　）

A. 普通公民某甲　　B. 现役军人某乙

C. 市政协委员某丙　　D. 县党委书记某丁

3. 下列哪一说法是正确的？（　　）

A. 申请加入中国国籍，即取得中国国籍

B. 被批准加入中国国籍的，可以保留外国国籍

C. 定居外国的中国公民，自愿加入或取得外国国籍的，须申请退出中国国籍

D. 国家工作人员和现役军人，不得退出中国国籍

4. 按照《国籍法》的相关规定，可以受领国际申请的机关是：（　　）

A. 国内的民政局　　B. 国务院办公厅

C. 国内当地市、县公安局　　D. 地方各级人大

5. 加入、退出和恢复中国国籍的申请，由（　　）审批。

A. 外交部　　B. 国务院办公厅

C. 地方各级人大　　D. 中华人民共和国公安部

（三）多项选择题

1. 外国人或无国籍人，愿意遵守中国宪法和法律，并具有下列哪些条件，可以经申请批准加入中国国籍？（　　）

A. 中国人的近亲属　　B. 定居在中国的

C. 有其它正当理由　　D. 十分热爱中国

2. 下列关于《国籍法》的相关规定，说法正确的是：(　　)
   A. 曾有过中国国籍的外国人，具有正当理由，可以申请恢复中国国籍
   B. 被批准恢复中国国籍的，不得再保留外国国籍
   C. 申请退出中国国籍获得批准的，即丧失中国国籍
   D. 国家工作人员和现役军人，不得退出中国国籍
3. 能够受理国籍申请的机关包括：(　　)
   A. 国务院办公厅　　B. 某市公安局
   C. 中国外交代表机关　　D. 中国领事机关
4. 中国公民须具备(　　)条件，可以申请批准推出中国国籍。
   A. 热爱外国文化　　B. 外国人的近亲属
   C. 定居在外国的　　D. 有其它正当理由
5.《国籍法》的相关规定，下列说法错误的是：(　　)
   A. 父母无国籍或国籍不明，定居在中国，本人出生在中国，不具有中国国籍
   B. 中华人民共和国承认中国公民具有双重国籍
   C. 父母双方或一方为中国公民，本人出生在外国，具有中国国籍
   D. 父母双方或一方为中国公民并定居在外国，本人出生时即具有外国国籍的，不具有中国国籍

（四）填空题

1. 申请退出中国国籍获得批准的，即____。
2. ____和____，不得退出中国国籍。
3. 受理国籍申请的机关，在国内为____，在国外为____。
4. 加入、退出和恢复中国国籍的申请，由____审批。经批准的，由____发给证书。
5. 未满十八周岁的人，可由其____或____代为办理申请中国国籍的取得、丧失和恢复手续。

（五）简答题

1. 简述外国人或无国籍人申请批准加入中国国籍的条件。
2. 简述中国公民申请批准退出中国国籍的条件。

参考答案

（一）判断题

1. √，解析：《国籍法》第 2 条。
2. ×，解析：《国籍法》第 3 条规定："中华人民共和国不承认中国公民具有双重国籍。"
3. √，解析：根据《国籍法》第 4 条。
4. ×，解析：《国籍法》第 6 条规定："父母无国籍或国籍不明，定居在中国，本人出生在中国，具有中国国籍。"
5. √，解析：《国籍法》第 8 条。

（二）单项选择题

1. C，解析：《国籍法》第 6 条规定："父母无国籍或国籍不明，定居在中国，本人出生在中国，具有中国国籍。"《国籍法》第 8 条规定："申请加入中国国籍获得批准的，即取得中国国籍；被批准加入中国国籍的，不得再保留外国国籍。"《国籍法》第 9 条规定："定居外国的中国公民，自愿加入或取得外国国籍的，即自动丧失中国国籍。"
2. A，解析：《国籍法》第 11 条规定："申请退出中国国籍获得批准的，即丧失中国国籍。"《国籍法》第 12 条规定："国家工作人员和现役军人，不得退出中国国籍。"
3. D，解析：《国籍法》第 8 条规定："申请加入中国国籍获得批准的，即取得中国国籍；被批准加入中国国籍的，不得再保留外国国籍。"《国籍法》第 9 条规定："定居外国的中国公民，自愿加入或取得外国国籍的，即自动丧失中国国籍。"《国籍法》第 12 条规定："国家工作人员和现役军人，不得退出中国国籍。"
4. C，解析：《国籍法》第 15 条规定："受理国籍申请的机关，在国内为当地市、县公安局，在国外为中国外交代表机关和领事机关。"
5. D，解析：《国籍法》第 16 条规定："加入、退出和恢复中国国籍的申请，由中华人民共和国公安部审批。经批准的，由公安部发给证书。"

（三）多项选择题

1. ABC，解析：《国籍法》第 7 条规定："外国人或无国籍人，愿意遵守中国宪法和法律，并具有下列条件之一的，可以经申请批准加入中国国籍：一、中国人的近亲属；二、定居在中国的；三、有其它正当理由。”

2. ABCD，解析：《国籍法》第 11 条规定：“申请退出中国国籍获得批准的，即丧失中国国籍。”《国籍法》第 12 条规定：“国家工作人员和现役军人，不得退出中国国籍。”《国籍法》第 13 条规定：“曾有过中国国籍的外国人，具有正当理由，可以申请恢复中国国籍；被批准恢复中国国籍的，不得再保留外国国籍。”
3. BCD，解析：《国籍法》第 15 条规定：“受理国籍申请的机关，在国内为当地市、县公安局，在国外为中国外交代表机关和领事机关。”
4. BCD，解析：《国籍法》第 10 条规定：“中国公民具有下列条件之一的，可以经申请批准退出中国国籍：一、外国人的近亲属；二、定居在外国的；三、有其它正当理由。”
5. AB，解析：《国籍法》第 3 条规定：“中华人民共和国不承认中国公民具有双重国籍。”《国籍法》第 6 条规定：“ 父母无国籍或国籍不明，定居在中国，本人出生在中国，具有中国国籍。”

（四）填空题

1. 丧失中国国籍。(《国籍法》第 11 条)
2. 国家工作人员；现役军人。(《国籍法》第 12 条)
3. 当地市、县公安局；中国外交代表机关和领事机关。(《国籍法》第 15 条)
4. 中华人民共和国公安部；公安部。(《国籍法》第 16 条)
5. 父母；其他法定代理人。(《国籍法》第 14 条)

（五）简答题

1. 答：《国籍法》第 7 条规定：“外国人或无国籍人愿意遵守中国宪法和法律，并具有下列条件之一的，可以经申请批准加入中国国籍：一、中国人的近亲属；二、定居在中国的；三、有其它正当理由。”
2. 答：《国籍法》第 10 条规定：“中国公民具有下列条件之一的，可以经申请批准退出中国国籍：一、外国人的近亲属；二、定居在外国的；三、有其它正当理由。”《国籍法》第 12 条规定：“国家工作人员和现役军人，不得退出中国国籍。”

六、选举法

（一）判断题

1. 全国人民代表大会和地方各级人民代表大会代表的选举工作，坚持中国共产党的领导，坚持充分发扬民主，坚持严格依法办事。（　　）
2. 全国人民代表大会的代表，省、自治区、直辖市、设区的市、自治州的人民代表大会的代表，由本级人民代表大会选举。（　　）
3. 任何年满18周岁的中华人民共和国公民都享有选举权和被选举权。（　　）
4. 全国人民代表大会的代表，由省、自治区、直辖市的人民代表大会和人民政府产生。（　　）
5. 有少数民族聚居的地方，每一聚居的少数民族都应有代表参加当地的人民代表大会。（　　）

（二）单项选择题

1. 省、自治区、直辖市、设区的市、自治州的人民代表大会常务委员会指导（　　）人民代表大会代表的选举工作。
   A. 本行政区域内县级以下　　B. 本行政区域内乡级
   C. 本行政区域内市级以下　　D. 本行政区域内县级
2. 不设区的市、市辖区、县、自治县的选举委员会的组成人员由（　　）任命。
   A. 本级人民代表大会　　B. 本级人民代表大会常务委员会
   C. 上级人民代表大会　　D. 上级人民代表大会常务委员会
3. 重新确定代表名额的，省、自治区、直辖市的人民代表大会常务委员会应当在（　　）日内将重新确定代表名额的情况报全国人民代表大会常务委员会备案。
   A. 15　　B. 20
   C. 25　　D. 30
4. 县级以上的地方各级人民代表大会举行会议的时候，主席团或者（　　）

以上代表联名，可以提出对由该级人民代表大会选出的上一级人民代表大会代表的罢免案。

A. 1/5　　B. 1/7

C. 1/10　　D. 1/15

5. 按照《选举法》的相关规定，下列说法错误的是：(　　)

A. 罢免代表采用无记名的表决方式

B. 罢免县级和乡级的人民代表大会代表，须经原选区 1/2 的选民通过

C. 罢免由县级以上的地方各级人民代表大会选出的代表，须经各该级人民代表大会过半数的代表通过

D. 罢免的决议，须报送上一级人民代表大会常务委员会备案、公告

(三) 多项选择题

1. 按照《选举法》相关规定，选举委员会应履行下列哪些职责？(　　)

A. 划分选举本级人民代表大会代表的选区，分配各选区应选代表的名额

B. 确定选举日期

C. 进行选民登记，审查选民资格，公布选民名单；受理对于选民名单不同意见的申诉，并作出决定

D. 确定选举结果是否有效，公布当选代表名单

2. 为保障选民和代表自由行使选举权和被选举权，对下列哪些行为，破坏选举，违反治安管理规定的，依法给予治安管理处罚；构成犯罪的，依法追究刑事责任？(　　)

A. 以金钱或者其他财物贿赂选民或者代表，妨害选民和代表自由行使选举权和被选举权的

B. 以暴力、威胁、欺骗或者其他非法手段妨害选民和代表自由行使选举权和被选举权的

C. 伪造选举文件、虚报选举票数或者有其他违法行为的

D. 对于控告、检举选举中违法行为的人，或者对于提出要求罢免代表的人进行压制、报复的

3. 关于选举机构，下列选项正确的是：(　　)

A. 全国人民代表大会常务委员会主持全国人民代表大会代表的选举

B. 省、自治区、直辖市、设区的市、自治州的人民代表大会常务委员会主持下级人民代表大会代表的选举

C. 不设区的市、市辖区、县、自治县、乡、民族乡、镇设立选举委员会，主持本级人民代表大会代表的选举

D. 不设区的市、市辖区、县、自治县的选举委员会受本级人民代表大会常务委员会的领导

4. 按照《选举法》中关于全国人民代表大会代表名额的相关规定，下列说法正确的是：(　　)

A. 全国人民代表大会的代表，由省、自治区、直辖市的人民代表大会和人民解放军选举产生

B. 全国少数民族应选全国人民代表大会代表，由全国人民代表大会常务委员会参照各少数民族的人口数和分布等情况，分配给各省、自治区、直辖市的人民代表大会选出

C. 香港特别行政区、澳门特别行政区应选全国人民代表大会代表的名额和代表产生办法，由全国人民代表大会另行规定

D. 全国人民代表大会代表的名额不超过3500人

5. 关于各少数民族的选举，下列说法正确的是：(　　)

A. 聚居境内同一少数民族的总人口数不足境内总人口数15%的，每一代表所代表的人口数可以适当少于当地人民代表大会每一代表所代表的人口数，但不得少于1/3

B. 有少数民族聚居的地方，每一聚居的少数民族都应有代表参加当地的人民代表大会

C. 聚居境内同一少数民族的总人口数占境内总人口数30%以上的，每一代表所代表的人口数应相当于当地人民代表大会每一代表所代表的人口数

D. 散居的少数民族应选当地人民代表大会的代表，每一代表所代表的人口数可以少于当地人民代表大会每一代表所代表的人口数

(四) 填空题

1. 全国人民代表大会的代表，省、自治区、直辖市、设区的市、自治州的人民代表大会的代表，由____选举。

2. 中华人民共和国年满 18 周岁的公民，不分民族、种族、性别、职业、家庭出身、宗教信仰、教育程度、财产状况和居住期限，都有选举权和被选举权。依照法律____的人没有选举权和被选举权。每一选民在一次选举中只有____投票权。
3. 全国人民代表大会和地方各级人民代表大会的选举经费，列入____，由____开支。
4. 旅居国外的中华人民共和国公民在县级以下人民代表大会代表选举期间在国内的，可以参加____或____的选举。
5. 香港特别行政区、澳门特别行政区应选全国人民代表大会代表的名额和代表产生办法，由____另行。

（五）简答题

1. 按照《选举法》的相关规定，简述选区的划分。
2. 简述选举委员会的职责。

参考答案

（一）判断题

1. √，解析：《选举法》第 2 条。
2. ×，解析：《选举法》第 3 条第 1 款规定："全国人民代表大会的代表，省、自治区、直辖市、设区的市、自治州的人民代表大会的代表，由下一级人民代表大会选举。"
3. ×，解析：《选举法》第 4 条规定："中华人民共和国年满十八周岁的公民，不分民族、种族、性别、职业、家庭出身、宗教信仰、教育程度、财产状况和居住期限，都有选举权和被选举权。依照法律被剥夺政治权利的人没有选举权和被选举权。"
4. ×，解析：《选举法》第 16 条第 1 款规定："全国人民代表大会的代表，由省、自治区、直辖市的人民代表大会和人民解放军选举产生。"
5. √，解析：《选举法》第 19 条第 1 款。

（二）单项选择题

1. A，解析：《选举法》第 9 条第 3 款规定："省、自治区、直辖市、设区的市、自治州的人民代表大会常务委员会指导本行政区域内县级以下人民代表大会代表的选举工作。"
2. B，解析：《选举法》第 10 条第 1 款规定："不设区的市、市辖区、县、自治县的选举委员会的组成人员由本级人民代表大会常务委员会任命。乡、民族乡、镇的选举委员会的组成人员由不设区的市、市辖区、县、自治县的人民代表大会常务委员会任命。"
3. D，解析：《选举法》第 14 条第 2 款规定："依照前款规定重新确定代表名额的，省、自治区、直辖市的人民代表大会常务委员会应当在三十日内将重新确定代表名额的情况报全国人民代表大会常务委员会备案。"
4. C，解析：《选举法》第 51 条第 1 款规定："县级以上的地方各级人民代表大会举行会议的时候，主席团或者十分之一以上代表联名，可以提出对由该级人民代表大会选出的上一级人民代表大会代表的罢免案。"
5. B，解析：《选举法》第 53 条第 1 款规定"罢免县级和乡级的人民代表大会代表，须经原选区过半数的选民通过。"

（三）多项选择题

1. ABCD，解析：《选举法》第 11 条规定："选举委员会履行下列职责：（一）划分选举本级人民代表大会代表的选区，分配各选区应选代表的名额；（二）进行选民登记，审查选民资格，公布选民名单；受理对于选民名单不同意见的申诉，并作出决定；（三）确定选举日期；（四）了解核实并组织介绍代表候选人的情况；根据较多数选民的意见，确定和公布正式代表候选人名单；（五）主持投票选举；（六）确定选举结果是否有效，公布当选代表名单；（七）法律规定的其他职责。选举委员会应当及时公布选举信息。"
2. ABCD，解析：《选举法》第 58 条规定："为保障选民和代表自由行使选举权和被选举权，对有下列行为之一，破坏选举，违反治安管理规定的，依法给予治安管理处罚；构成犯罪的，依法追究刑事责任：（一）以金钱或者其他财物贿赂选民或者代表，妨害选民和代表自由行使选举权和被选举权的；（二）以暴力、威胁、欺骗或者其他非法手段妨害选民和代表自由行使选举权和被选举权的；（三）伪造选举文件、虚报选举票数或者有其他违法行为的；（四）对于控告、检举选举中违法行为的人，或者对于提出要求罢免代表的人进行压制、报复的。国家工作人员有前款所列行为的，还应当由监察机关给予政务处分或者由所在机关、单位给予处分。以本条第一款所列违法行为当选的，其当选无效。”

3. ACD，解析：《选举法》第 9 条规定：“全国人民代表大会常务委员会主持全国人民代表大会代表的选举。省、自治区、直辖市、设区的市、自治州的人民代表大会常务委员会主持本级人民代表大会代表的选举。不设区的市、市辖区、县、自治县、乡、民族乡、镇设立选举委员会，主持本级人民代表大会代表的选举。不设区的市、市辖区、县、自治县的选举委员会受本级人民代表大会常务委员会的领导。乡、民族乡、镇的选举委员会受不设区的市、市辖区、县、自治县的人民代表大会常务委员会的领导。省、自治区、直辖市、设区的市、自治州的人民代表大会常务委员会指导本行政区域内县级以下人民代表大会代表的选举工作。”

4. ABC，解析：《选举法》第 16 条规定：“全国人民代表大会的代表，由省、自治区、直辖市的人民代表大会和人民解放军选举产生。全国人民代表大会代表的名额不超过三千人。香港特别行政区、澳门特别行政区应选全国人民代表大会代表的名额和代表产生办法，由全国人民代表大会另行。”《选举法》第 18 条规定：“全国少数民族应选全国人民代表大会代表，由全国人民代表大会常务委员会参照各少数民族的人口数和分布等情况，分配给各省、自治区、直辖市的人民代表大会选出。人口特少的民族，至少应有代表一人。”

5. BCD，解析：《选举法》第 19 条规定：“有少数民族聚居的地方，每一聚居的少数民族都应有代表参加当地的人民代表大会。聚居境内同一少数民族的总人口数占境内总人口数百分之三十以上的，每一代表所代表的人口数应相当于当地人民代表大会每一代表所代表的人口数。聚居境内同一少数民族的总人口数不足境内总人口数百分之十五的，每一代表所代表的人口数可以适当少于当地人民代表大会每一代表所代表的人口数，但不得少于二分之一。”《选举法》第 21 条规定：“散居的少数民族应选当地人民代表大会的代表，每一代表所代表的人口数可以少于当地人民代表大会每一代表所代表的人口数。”

（四）填空题

1. 下一级人民代表大会。（《选举法》第 3 条第 1 款）

2. 被剥夺政治权利；1 个。（《选举法》第 4 条、第 5 条）
3. 财政预算；国库。（《选举法》第 8 条）
4. 原籍地；出国前居住地（《选举法》第 7 条第 3 款）
5. 全国人民代表大会。（《选举法》第 16 条第 3 款）

（五）简答题

1. 答：《选举法》第 25 条规定："不设区的市、市辖区、县、自治县、乡、民族乡、镇的人民代表大会的代表名额分配到选区，按选区进行选举。选区可以按居住状况划分，也可以按生产单位、事业单位、工作单位划分。选区的大小，按照每一选区选一名至三名代表划分。"《选举法》第 26 条规定："本行政区域内各选区每一代表所代表的人口数应当大体相等。"
2. 答：《选举法》第 11 条规定："选举委员会履行下列职责：（一）划分选举本级人民代表大会代表的选区，分配各选区应选代表的名额；（二）进行选民登记，审查选民资格，公布选民名单；受理对于选民名单不同意见的申诉，并作出决定；（三）确定选举日期；（四）了解核实并组织介绍代表候选人的情况；根据较多数选民的意见，确定和公布正式代表候选人名单；（五）主持投票选举；（六）确定选举结果是否有效，公布当选代表名单；（七）法律规定的其他职责。选举委员会应当及时公布选举信息。"

七、民族区域自治法

（一）判断题

1. 民族自治地方的自治机关保障各民族公民有宗教信仰自由。任何国家机关、社会团体和个人不得强制公民信仰宗教或者不信仰宗教，不得歧视信仰宗教的公民和不信仰宗教的公民。（　　）
2. 民族自治地方的自治机关可以把本民族自治地方的利益放在首位，但要积极完成上级国家机关交给的各项任务。（　　）
3. 少数民族聚居的地方，根据当地民族关系、经济发展等条件，并参酌历史情况，只能建立以一个少数民族聚居区为基础的自治地方。（　　）

4. 民族自治地方的建立、区域界线的划分、名称的组成，由本级国家机关会同有关地方的国家机关，和有关民族的代表充分协商拟定，按照法律规定的程序报请批准。(　　)
5. 民族自治地方的自治机关在坚持社会主义原则的前提下，根据法律规定和本地方经济发展的特点，合理调整生产关系和经济结构，努力发展社会主义市场经济。(　　)
6. 民族自治地方的人民法院和人民检察院的领导成员和工作人员中，可以有实行区域自治的民族的人员。(　　)

(二) 单项选择题

1. 民族自治地方内其他少数民族聚居的地方，建立相应的(　　)。

A. 自治地方或者民族乡　　B. 自治县或者民族乡

C. 自治地方或者自治县　　D. 自治区或者自治县

2. 各民族自治地方的人民政府都是(　　)统一领导下的国家行政机关。

A. 全国人民代表大会　　B. 政协

C. 党委　　C. 国务院

3. 民族自治地方的人民代表大会中，实行区域自治的民族和其他少数民族代表的名额和比例，根据法律规定的原则，由省、自治区、直辖市的(　　)决定。

A. 人民代表大会　　B. 人民代表大会常务委员会

C. 人民政府　　D. 人民代表大会及常务委员会

4. 按照《民族区域自治法》的相关规定，我国与外国接壤的民族自治地方须经(　　)批准，开展边境贸易。

A. 全国人民代表大会　　B. 国务院

C. 全国人民代表大会常务委员会　　D. 人民政协

5. 民族自治地方人民法院的审判工作，受最高人民法院和上级人民法院(　　)。民族自治地方的人民检察院的工作，受最高人民检察院和上级人民检察院(　　)。

A. 监督；领导　　B. 监督；监督

C. 领导；监督　　D. 监督；监督

6. 民族自治地方的人民代表大会有权依照当地民族的政治、经济和文化的特点，制定自治条例和单行条例。自治区的自治条例和单行条例，报(　　)批准后生效。

A. 全国人民代表大会

B. 全国人民代表大会常务委员会

C. 全国人民代表大会及其常务委员会

D. 国务院

(三) 多项选择题

1. 我国民族自治地方的人民政府应当对(　　)负责并汇报工作。

A. 本级人民代表大会　　B. 上级人民代表大会

C. 上一级国家行政机关　　D. 本级国家行政机关

2. 按照《民族区域自治法》的相关规定，我国的民族自治地方分为：(　　)

A. 自治区　　B. 自治州

C. 自治县　　D. 自治乡

3. 关于我国民族自治地方内的民族关系，下列说法正确的是：(　　)

A. 民族自治地方的自治机关团结各民族的干部和群众，充分调动他们的积极性，共同建设民族自治地方

B. 民族自治地方的自治机关教育和鼓励各民族的干部互相学习语言文字

C. 民族自治地方的国家工作人员，能够熟练使用两种以上当地通用的语言文字的，应当予以奖励

D. 汉族干部要学习当地少数民族的语言文字，少数民族干部在学习、使用本民族语言文字的同时，也要学习全国通用的普通话和规范文字

4. 关于民族自治地方的人民法院和人民检察院的职责，下列说法正确的是：(　　)

A. 民族自治地方的人民法院和人民检察院应当用全国通用语言审理和检察案件，并合理配备通晓当地通用的少数民族语言文字的人员

B. 对于不通晓当地通用的语言文字的诉讼参与人，应当为他们提供翻译

C. 法律文书应当根据实际需要，使用当地通用的一种或者几种文字

D. 保障各民族公民都有使用本民族语言文字进行诉讼的权利

5. 按照《民族区域自治法》的相关规定，下列说法正确的是：(　　)

A. 上级国家机关的决议、决定、命令和指示，如有不适合民族自治地方实际情况的，自治机关可以报经该上级国家机关批准，变通执行或者停止执行

B. 民族自治地方的自治机关在执行职务的时候，依照本民族自治地方自治条例的规定，使用当地通用的一种或者几种语言文字

C. 民族自治地方的企业、事业单位依照国家规定招收人员时，优先招收农村和牧区中的少数民族

D. 民族自治地方的自治机关依照国家的军事制度和当地的实际需要，经国务院批准，可以组织本地方维护社会治安的公安部队

（四）填空题

1. 各少数民族聚居的地方实行区域自治。民族自治地方分为____，____，____。
2. 民族自治地方设立自治机关，自治机关是国家的____。民族自治地方的自治机关实行____的原则。
3. 民族自治地方的名称，除特殊情况外，按照____、____、____的顺序组成。
4. 民族自治地方的自治机关是自治区、自治州、自治县的____和____。
5. 民族自治地方的财政是____，是国家财政的组成部分。民族自治地方的自治机关有管理地方财政的____。
6. 自治区主席、自治州州长、自治县县长由____担任。民族自治地方的人民政府实行自治区主席、自治州州长、自治县县长____。

（五）简答题

1. 简述民族自治地方的自治机关的性质和概念。
2. 简述民族自治地方的人民代表大会及其常务委员会的组成概况。

参考答案

（一）判断题

1. √，解析：《民族区域自治法》第 11 条。
2. ×，解析：《民族区域自治法》第 7 条规定："民族自治地方的自治机关要

把国家的整体利益放在首位，积极完成上级国家机关交给的各项任务。”

3. ×，解析：《民族区域自治法》第 12 条第 1 款规定：“少数民族聚居的地方，根据当地民族关系、经济发展等条件，并参酌历史情况，可以建立以一个或者几个少数民族聚居区为基础的自治地方。”
4. ×，解析：《民族区域自治法》第 14 条规定：“民族自治地方的建立、区域界线的划分、名称的组成，由上级国家机关会同有关地方的国家机关，和有关民族的代表充分协商拟定，按照法律规定的程序报请批准。”
5. √，解析：《民族区域自治法》第 26 条。
6. ×，解析：《民族区域自治法》第 46 条第 3 款规定：“民族自治地方的人民法院和人民检察院的领导成员和工作人员中，应当有实行区域自治的民族的人员。”

（二）单项选择题

1. A，解析：《民族区域自治法》第 12 条第 2 款规定：“民族自治地方内其他少数民族聚居的地方，建立相应的自治地方或者民族乡。”
2. D，解析：《民族区域自治法》第 15 条第 2 款规定：“各民族自治地方的人民政府都是国务院统一领导下的国家行政机关，都服从国务院。”
3. B，解析：《民族区域自治法》第 16 条第 2 款规定“民族自治地方的人民代表大会中，实行区域自治的民族和其他少数民族代表的名额和比例，根据法律规定的原则，由省、自治区、直辖市的人民代表大会常务委员会决定，并报全国人民代表大会常务委员会备案。”
4. B，解析：《民族区域自治法》第 31 条规定：“民族自治地方依照国家规定，可以开展对外经济贸易活动，经国务院批准，可以开辟对外贸易口岸。与外国接壤的民族自治地方经国务院批准，开展边境贸易。民族自治地方在对外经济贸易活动中，享受国家的优惠政策。”
5. A，解析：《民族区域自治法》第 46 条第 2 款规定：“民族自治地方人民法院的审判工作，受最高人民法院和上级人民法院监督。民族自治地方的人民检察院的工作，受最高人民检察院和上级人民检察院领导。”
6. B，解析：《民族区域自治法》第 19 条规定：“民族自治地方的人民代表大会有权依照当地民族的政治、经济和文化的特点，制定自治条例和单行条例。自治区的自治条例和单行条例，报全国人民代表大会常务委员会批准后生效。自治州、自治县的自治条例和单行条例报省、自治区、直辖市的人民代表大会常务委员会批准后生效，并报全国人民代表大会常务委员会和国务院备案。”

（三）多项选择题

1. AC，解析：《民族区域自治法》第15条第2款规定：“民族自治地方的人民政府对本级人民代表大会和上一级国家行政机关负责并报告工作，在本级人民代表大会闭会期间，对本级人民代表大会常务委员会负责并报告工作。各民族自治地方的人民政府都是国务院统一领导下的国家行政机关，都服从国务院。”
2. ABC，解析：《民族区域自治法》第2条规定：“各少数民族聚居的地方实行区域自治。民族自治地方分为自治区、自治州、自治县。各民族自治地方都是中华人民共和国不可分离的部分。”
3. ABCD，解析：《民族区域自治法》第48条规定：“民族自治地方的自治机关保障本地方内各民族都享有平等权利。民族自治地方的自治机关团结各民族的干部和群众，充分调动他们的积极性，共同建设民族自治地方。”《民族区域自治法》第49条规定：“民族自治地方的自治机关教育和鼓励各民族的干部互相学习语言文字。汉族干部要学习当地少数民族的语言文字，少数民族干部在学习、使用本民族语言文字的同时，也要学习全国通用的普通话和规范文字。民族自治地方的国家工作人员，能够熟练使用两种以上当地通用的语言文字的，应当予以奖励。”
4. BCD，解析：《民族区域自治法》第47条规定：“民族自治地方的人民法院和人民检察院应当用当地通用的语言审理和检察案件，并合理配备通晓当地通用的少数民族语言文字的人员。对于不通晓当地通用的语言文字的诉讼参与人，应当为他们提供翻译。法律文书应当根据实际需要，使用当地通用的一种或者几种文字。保障各民族公民都有使用本民族语言文字进行诉讼的权利。”
5. ABD，解析：《民族区域自治法》第20条规定：“上级国家机关的决议、决定、命令和指示，如有不适合民族自治地方实际情况的，自治机关可以报经该上级国家机关批准，变通执行或者停止执行；该上级国家机关应当在收到报告之日起六十日内给予答复。”第21条规定：“民族自治地方的自治机关在执行职务的时候，依照本民族自治地方自治条例的规定，使用当地通用的一种或者几种语言文字；同时使用几种通用的语言文字执行职务的，可以以实行区域自治的民族的语言文字为主。”第 23 条规定：“民族自治地方的企业、事业单位依照国家规定招收人员时，优先招收少数民族人员，并且可以从农村和牧区少数民族人口中招收。”第 24 条规定：“民族自治地方的自治机关依照国家的军事制度和当地的实际需要，经国务院批准，可以组织本地方维护社会治安的公安部队。”

（四）填空题

1. 自治区；自治州；自治县。（《民族区域自治法》第 2 条）
2. 一级地方政权机关；民主集中制。（《民族区域自治法》第 3 条）
3. 地方名称；民族名称；行政地位。（《民族区域自治法》第 13 条）
4. 人民代表大会；人民政府。（《民族区域自治法》第 15 条第 1 款）
5. 一级财政；自治权。（《民族区域自治法》第 32 条）
6. 实行区域自治的民族的公民；负责制。（《民族区域自治法》第 17 条）

（五）简答题

1. 答：《民族区域自治法》第 15 条规定：“民族自治地方的自治机关是自治区、自治州、自治县的人民代表大会和人民政府。民族自治地方的人民政府对本级人民代表大会和上一级国家行政机关负责并报告工作，在本级人民代表大会闭会期间，对本级人民代表大会常务委员会负责并报告工作。各民族自治地方的人民政府都是国务院统一领导下的国家行政机关，都服从国务院。民族自治地方的自治机关的组织和工作，根据宪法和法律，由民族自治地方的自治条例或者单行条例。”
2. 答：《民族区域自治法》第 16 条规定：“民族自治地方的人民代表大会中，除实行区域自治的民族的代表外，其他居住在本行政区域内的民族也应当有适当名额的代表。民族自治地方的人民代表大会中，实行区域自治的民族和其他少数民族代表的名额和比例，根据法律规定的原则，由省、自治区、直辖市的人民代表大会常务委员会决定，并报全国人民代表大会常务委员会备案。民族自治地方的人民代表大会常务委员会中应当有实行区域自治的民族的公民担任主任或者副主任。”

贰 民法商法

一、民法典

(一) 判断题

1. 民法调整一切主体的自然人、法人和非法人组织之间的人身关系和财产关系。( )
2. 自然人从出生时起到死亡时止，具有民事权利能力，依法享有民事权利，承担民事义务。( )
3. 不能完全辨认自己行为的成年人可以独立实施与其智力、精神健康状况相适应的民事法律行为。( )
4. 失踪人的财产由其配偶、成年子女、父母或者其他愿意担任财产代管人的人代管。( )
5. 自然人被宣告死亡但是并未死亡的，其在被宣告死亡期间实施的民事法律行为无效。( )
6. 自然人因婚姻家庭关系等产生的人身权利受法律保护。( )
7. 民事主体依法享有继承权。( )
8. 民事主体按照自己的意愿依法行使民事权利，不受干涉。( )

(二) 单项选择题

1. 自然人的( )一律平等。

A. 民事能力　　B. 民事权利能力

C. 民事义务　　D. 民事行为能力

2. ( )周岁以上的未成年人，以自己的劳动收入为主要生活来源的，视为完全民事行为能力人。

A. 14　　B. 15

C. 16　　D. 17

3. 被监护人的(　　)担任监护人的，可以通过遗嘱指定监护人。

A. 祖父母　　B. 父母

C. 子女　　D. 兄

4. 具有完全民事行为能力的成年人，可以与其近亲属、其他愿意担任监 护人的个人或者组织事先协商，以(　　)形式确定自己的监护人。

A. 书面　　B. 口头

C. 书面或者口头　　D. 公证

5. 法人、非法人组织享有的权利不包括（　　）

A. 名称权　　B. 名誉权

C. 姓名权　　D. 荣誉权

6. 没有法定的或者约定的义务，为避免他人利益受损失而进行管理的人有权请求受益人偿还由此支出的(　　)费用。

A. 部分　　B. 必要

C. 全部　　D. 适当

7. 因他人没有(　　)根据，取得不当利益受损失的人有权请求其返还不当利益。

A. 事实　　B. 习惯

C. 现实　　D. 法律

8. 知识产权的权利人可以就下列哪项客体依法享有专有权利？(　　)

A. 水流　　B. 通用公式

C. 商业秘密　　D. 矿产资源

（三）多项选择题

1. 下列关于自然人的民事权利能力的说法正确的是：(　　)

A. 自然人的民事权利能力一律平等

B. 自然人从出生时起到死亡时止，具有民事权利能力

C. 涉及遗产继承、接受赠与等胎儿利益保护的，胎儿视为具有民事权利能力

D. 胎儿娩出时为死体的，其民事权利能力自始不存在

2. 8 周岁以上的未成年人可以独立实施的民事法律行为有：(　　)

A. 纯获利益的民事法律行为

B. 与其年龄相适应的民事法律行为

C. 与其智力相适应的民事法律行为

D. 与其精神健康状况相适应的民事法律行为

3. 被人民法院认定为无民事行为能力人的，经(　　)申请，人民法院可以根据其智力、精神健康恢复的状况，认定该成年人恢复为完全民事行为能力人。

A. 本人　　B. 利害关系人

C. 民政部门　　D. 残疾人联合会

4. 监护人有下列哪些行为的，人民法院根据有关组织的申请，撤销其监护人资格，安排必要的临时监护措施，并按照最有利于被监护人的原则依法指定监护？(　　)

A. 实施严重损害被监护人身心健康的行为

B. 无法履行监护职责并且拒绝将监护职责部分或者全部委托给他人，导致被监护人处于危困状态

C. 怠于履行监护职责，导致被监护人处于危困状态

D. 实施侵害被监护人合法权益的行为

5. 自然人在战争期间下落不明的，下落不明的时间自(　　)之日起计 算。

A. 利害关系人确定的下落不明　　B. 失去音讯

C. 战争结束　　D. 有关机关确定的下落不明

6. 自然人享有的权利包括：(　　)

A. 身体权　　B. 肖像权

C. 荣誉权　　D. 婚姻自主权

7. 任何组织或者个人需要获取他人个人信息的，应当依法取得并确保信息安全，不得非法(　　)他人个人信息，不得非法买卖、提供或者公开他人个人信息。

A. 收集　　B. 加工

C. 使用　　D. 传输

8. 法律对(　　)等的民事权利保护有特别规定的，依照其。

A. 未成年人　　B. 残疾人

C. 老年人　　D. 妇女

（四）填空题

1. 自然人从____起到____止，具有____，依法享有 ____，承担____。
2. 成年人为____，可以独立实施民事法律行为。____周岁以上的____，以自己的____为主要生活来源的，____完全民事行为能力人。
3. 无民事行为能力人、限制民事行为能力人的____是其法定代理人。
4. 被人民法院认定为限制民事行为能力人的，经____ 、____或者有关组织申请，人民法院可以根据其____、____恢复的状况，认定 该成年人恢复为完全民事行为能力人。
5. 依法具有____资格的人之间可以____ 确定监护人。协议确定监护人应当尊重被监护人的____。
6. 监护人____履行监护职责产生的权利，受 ____保护。
7. 民事权利可以依据民事法律行为、____ 、____ 或者法律规定的其他方式取得。
8. 民事主体行使权利时，应当履行____的和____的义务。

（五）简答题

1. 简述撤销权消灭的情形。
2. 简述委托代理终止的情形。
3. 简述撤销监护人资格的条件。
4. 简述承担民事责任的方式。

参考答案

（一）判断题

1. ×，解析：《民法典》第 2 条规定：“民法调整平等主体的自然 人、法人和非法人组织之间的人身关系和财产关系。”
2. √，解析：根据《民法典》第 13 条。
3. √，解析：根据《民法典》第 22 条。
4. √，解析：根据《民法典》第 42 条。

5. ×，解析：《民法典》第49条规定："自然人被宣告死亡但是并未死亡的不影响该自然人在被宣告死亡期间实施的民事法律行为的效力。"
6. √，解析：根据《民法典》第112条。
7. ×，解析：《民法典》第124条规定："自然人依法享有继承权，自然人合法的私有财产可以依法继承。"
8. √，解析：根据《民法典》第130条。

（二）单项选择题

1. B，解析：《民法典》第14条规定："自然人的民事权利能力一律平等。"
2. C，解析：《民法典》第18条规定："成年人为完全民事行为能力人，可以独立实施民事法律行为，十六周岁以上的未成年人，以自己的劳动收入为主要生活来源的，视为完全民事行为能力人。"
3. B，解析：《民法典》第29条规定，被监护人的父母担任监护人的，可以通过遗嘱指定监护人。
4. A，解析：《民法典》第33条规定："具有完全民事行为能力的成年人，可以与其近亲属、其他愿意担任监护人的个人或者组织事先协商，以书面形式确定自己的监护人，在自己丧失或者部分丧失民事行为能力时，由该监护人履行监护职责。"
5. C，解析：《民法典》第110条规定："自然人享有生命权、身体权、健康权、姓名权、肖像权、名誉权、荣誉权、隐私权、婚姻自主权等权利，法人、非法人组织享有名称权、名誉权和荣誉权。"
6. B，解析：《民法典》第121条规定："没有法定的或者约定的义务，为避免他人利益受损失而进行管理的人，有权请求受益人偿还由此支出的必要费用。"
7. D，解析：《民法典》第122条规定："他人没有法律根据，取得不当利益，受损失的人有权请求其返还不当利益。"
8. C，解析：《民法典》第123条规定："民事主体依法享有知识产权，知识产权是权利人依法就下列客体享有的专有的权利：（一）作品；（二）发明、实用新型、外观设计；（三）商标；（四）地理标志；（五）商业秘密；（六）集成电路布图设计；（七）植物新品种；（八）法律规定的其他客体。"

（三）多项选择题

1. ABCD，解析：《民法典》第13条、第14条、第16条。

2. ABC，解析：《民法典》第 19 条规定："8 周岁以上的未成年人为限制民事行为能力人，实施民事法律行为由其法定代理人代理或者经其法定代理人同意、追认。但是，可以独立实施纯获利益的民事法律行为或者与其年龄、智力相适应的民事法律行为。"
3. ABCD，解析：《民法典》第 24 条规定："不能辨认或者不能完 全辨认自己行为的成年人，其利害关系人或者有关组织，可以向人民 法院申请认定该成年人为无民事行为能力人或者限制民事行为能力 人，被人民法院认定为无民事行为能力人或者限制民事行为能力人 的，经本人、利害关系人或者有关组织申请，人民法院可以根据其智 力、精神健康恢复的状况，认定该成年人恢复为限制民事行为能力人 或者完全民事行为能力人，本条规定的有关组织包括：居民委员会、村民委员会、学校、医疗机构、妇女联合会、残疾人联合会、依法设立的老年人组织、民政部门等。"
4. ABC，解析：《民法典》第 36 条第 1 款规定："监护人有下列情形之一的，人民法院根据有关个人或者组织的申请，撤销其监护人资格，安排必要的临时监护措施，并按照最有利于被监护人的原则依法指 定监护人：（一）实施严重损害被监护人身心健康的行为；（二）怠于履行监护职责，或者无法履行监护职责并且拒绝将监护职责部分或者全部委托给他人，导致被监护人处于危困状态；（三）实施严重侵害被监护人合法权益的其他行为。"
5. CD，解析：《民法典》第 41 条规定："自然人下落不明的时间自其失去音讯之日起计算，战争期间下落不明的，下落不明的时间自战争结束之日或者有关机关确定的下落不明之日起计算。"
6. ABCD，解析：《民法典》第 110 条规定："自然人享有生命权、身体权、健康权、姓名权、肖像权、名誉权、荣誉权、隐私权、婚姻自主权等权利。法人、非法人组织享有名称权、名誉权和荣誉权。"
7. ABCD，解析：《民法典》第 111 条规定："自然人的个人信息受法律保护，任何组织或者个人需要获取他人个人信息的，应当依法取得并确保信息安全，不得非法收集、使用、加工、传输他人个人信息，不得非法买卖、提供或者公开他人个人信息。"
8. ABCD，解析：《民法典》第 128 条规定："法律对未成年人、老年人、残疾人、妇女、消费者等的民事权利保护有特别规定的，依照其。"

（四）填空题

1. 出生时；死亡时；民事权利能力；民事权利；民事义务。（《民法典》第13条）
2. 完全民事行为能力人；16；未成年人；劳动收入；视为。（《民法典》第18条）
3. 监护人。（《民法典》第23条）
4. 本人；利害关系人；智力；精神健康。（《民法典》第24条第2款）
5. 监护；协议；真实意愿。（《民法典》第30条）
6. 依法；法律。（《民法典》第34条第2款）
7. 法律规定；当事人约定。（《民法典》第131条）
8. 不得；社会公共利益。（《民法典》第132条）

（五）简答题

1. 答：《民法典》152条规定："有下列情形之一的，撤销权消灭：（一）当事人自知道或者应当知道撤销事由之日起1年内、重大误解的，当事人自知道或者应当知道撤销事由之日起90日内没有行使撤销权；（二）当事人受胁迫，自胁迫行为终止之日起1年内没有行使撤销权；（三）当事人知道撤销事由后明确表示或者以自己的行为表明放弃撤销权，当事人自民事法律行为发生之日起五年内没有行使撤销权的，撤销权消灭。"
2. 答：《民法典》第173条规定："有下列情形之一的，委托代理终止：（一）代理期间届满或者代理事务完成；（二）被代理人取消委托或者代理人辞去委托；（三）代理人丧失民事行为能力；（四）代理人或者被代理人死亡；（五）作为代理人或者被代理人的法人、非法人组织终止。"
3. 答：《民法典》第36条1款规定："监护人有下列情形之一的人民法院根据有关个人或者组织的申请，撤销其监护人资格，安排必要的临时监护措施，并按照最有利于被监护人的原则依法指定监护人：（一）实施严重损害被监护人身心健康的行为；（二）怠于履行监护职责，或者无法履行监护职责且拒绝将监护职责部分或者全部委托给他人，导致被监护人处于危困状态 ；（三）实施严重侵害被监护人合法权益的其他行为。"
4. 答：《民法典》第179条第1款规定："承担民事责任的方式主要有：（一）停止侵害；（二）排除妨碍；（三）消除危险；（四）返还财产；（五）恢复原状；（六）修理、重作、更换；（七）继续履行；（八）赔偿损失；（九）支付违约金；（十）消除影响、恢复名誉；（十一）赔礼道歉。

二、公司法

（一）判断题

1. 依法设立的公司，由公司登记机关发给公司营业执照。公司营业执照签发日期为公司成立日期。（　　）
2. 公司以其注册登记地为住所。（　　）
3. 有限责任公司监事会应当包括股东代表和适当比例的公司职工代表，其中职工代表的比例不得高于1/5。（　　）
4. 股东向股东以外的人转让股权，应当经其他股东过半数同意。（　　）
5. 股份有限公司持有的本公司股份有表决权。（　　）

（二）单项选择题

1.《公司法》的规定，下列关于公司的说法，错误的是：（　　）

A. 我国《公司法》中规定的公司，包括在中国境内设立的有限责任公司和股份有限公司

B. 公司是企业法人，有独立的法人财产，享有法人财产权

C. 有限责任公司的股东以其全部个人财产对公司承担责任

D. 股份有限公司的股东以其认购的股份为限对公司承担责任

2. 关于分公司和子公司，下列说法错误的是：（　　）

A. 公司可以设立分公司和子公司

B. 设立分公司，应当向公司登记机关申请登记，领取营业执照

C. 子公司具有法人资格，依法独立承担民事责任

D. 分公司具有法人资格，依法独立承担民事责任

3.《公司法》的规定，有限责任公司由（　　）个以下股东出资设立。设立股份有限公司，应当有2人以上（　　）人以下为发起人，其中须有半数以上的发起人在中国境内有住所。

A. 50；100　　　　B. 50；200

C. 30；100　　D. 30；200

4. 关于一人有限责任公司，下列说法正确的是：（　　）

A. 一个法人只能投资设立一个一人有限责任公司

B. 一人有限责任公司可以投资设立新的一人有限责任公司

C. 一人有限责任公司章程由股东制定

D. 一人有限责任公司的股东对公司债务承担连带责任

5. 关于募集设立的规定，下列说法错误的是：（　　）

A. 以募集设立方式设立股份有限公司的，发起人认购的股份不得少于公司股份总数的25%

B. 发起人向社会公开募集股份，应当由依法设立的证券公司承销

C. 发起人向社会公开募集股份，应当同银行签订代收股款协议

D. 发行股份的股款缴足后，必须经依法设立的验资机构验资并出具证明

（三）多项选择题

1. 关于公司股东的义务和责任，下列说法正确的是：（　　）

A. 公司股东不得滥用股东权利损害公司或者其他股东的利益

B. 公司股东不得滥用公司法人独立地位和股东有限责任损害公司债权人的利益

C. 公司股东滥用股东权利给公司或者其他股东造成损失的，应当依法承担赔偿责任

D. 公司股东滥用公司法人独立地位和股东有限责任，逃避债务，应当对公司债务承担连带责任

2. 关于有限责任公司股东的权利，下列说法正确的是：（　　）

A. 股东可以要求查阅公司会计账簿

B. 股东有权查阅、复制公司财务会计报告

C. 股东按照应缴的出资比例分取红利

D. 公司新增资本时，股东有权优先按照实缴的出资比例认缴出资

3. 关于以发起设立方式设立股份有限公司，下列说法正确的是：（　　）

A. 发起设立，是指由发起人认购公司应发行股份的一部分，其余股份向社会公开募集或者向特定对象募集而设立公司

B. 发起人应当书面认足公司章程规定其认购的股份，并按照公司章程规定缴纳出资

C. 发起人不缴纳出资的，应当按照发起人协议承担违约责任

D. 以非货币财产出资的，应当依法办理其财产权的转移手续

4. 有下列哪些情形，股份有限公司的发起人应当承担责任：(　　)

A. 公司不能成立时，因设立行为所产生的债务和费用

B. 公司不能成立时，对认股人已缴纳的股款，返还股款并加算银行同期存款利息

C. 在公司设立过程中，由于发起人的过失致使公司利益受到损害

D. 股份有限公司成立后，发起人未按照公司章程的规定缴足出资的

5. 关于上市公司，下列说法正确的是：(　　)

A. 上市公司是指其股票在证券交易所上市交易的股份有限公司

B. 上市公司需设独立董事

C. 上市公司在1年内购买重大资产超过公司资产总额30%的，应当由董事会作出决议

D. 上市公司董事与董事会会议决议事项所涉及的企业有关联关系的，不得对该项决议行使表决权

(四) 填空题

1. 公司股东依法享有____、参与重大决策和____等权利。

2. 有限责任公司变更为股份有限公司的，或者股份有限公司变更为有限责任公司的，公司变更前的债权、债务由____承继。

3. 公司为公司股东或者____提供担保的，必须经股东会或者____决议。

4. 股东可以用 ____出资，也可以用实物、____、土地使用权等可以用货币估价并可以____的非货币财产作价出资；但是，法律、行政法规规定不得作为出资的财产除外。

5. 股东会会议作出修改____、增加或者减少注册资本的决议，以及公司合并、分立、解散或者____的决议，必须经代表____以上表决权的股东通过。

（五）简答题

1. 简述股份有限公司股东大会会议召集的相关规则。
2. 简述公司债券募集办法中应当载明的主要事项。

参考答案

（一）判断题

1. √，解析：《公司法》第 7 条第 1 款。
2. ×，解析：《公司法》第 10 条规定：“公司以其主要办事机构所在地为住所。”
3. ×，解析：《公司法》第 51 条第 2 款规定：“监事会应当包括股东代表和适当比例的公司职工代表，其中职工代表的比例不得低于 1/3，具体比例由公司章程。监事会中的职工代表由公司职工通过职工代表大会、职工大会或者其他形式民主选举产生。”
4. √，解析：《公司法》第 71 条。
5. ×，解析：《公司法》第 103 条第 1 款规定：“股东出席股东大会会议，所持每一股份有一表决权。但是，公司持有的本公司股份没有表决权。”

（二）单项选择题

1. C，解析：《公司法》第 2 条规定：“本法所称公司是指依照本法在中国境内设立的有限责任公司和股份有限公司。”《公司法》第 3 条规定：“公司是企业法人，有独立的法人财产，享有法人财产权。公司以其全部财产对公司的债务承担责任。有限责任公司的股东以其认缴的出资额为限对公司承担责任；股份有限公司的股东以其认购的股份为限对公司承担责任。”
2. D，解析：《公司法》第 14 条规定：“公司可以设立分公司。设立分公司，应当向公司登记机关申请登记，领取营业执照。分公司不具有法人资格，其民事责任由公司承担。公司可以设立子公司，子公司具有法人资格，依法独立承担民事责任。”
3. B，解析：《公司法》第 24 条规定：“有限责任公司由五十个以下股东出资设立。”《公司法》第 78 条规定：“设立股份有限公司，应当有二人以上二百人以下为发起人，其中须有半数以上的发起人在中国境内有住所。”

4. C，解析：《公司法》第 58 条规定："一个自然人只能投资设立一个一人有限责任公司。该一人有限责任公司不能投资设立新的一人有限责任公司。"故 A、B 项错误。《公司法》第 60 条规定："一人有限责任公司章程由股东制定。"故 C 项正确。《公司法》第 63 条规定："一人有限责任公司的股东不能证明公司财产独立于股东自己的财产的，应当对公司债务承担连带责任。"故 D 项错误。
5. A，解析：《公司法》第 84 条规定："以募集设立方式设立股份有限公司的，发起人认购的股份不得少于公司股份总数的百分之三十五；但是，法律、行政法规另有规定的，从其规定。"故 A 项错误。根据《公司法》第 87 条、第 88 条、第 89 条的规定，B、C、D 项正确。

（三）多项选择题

1. ABC，解析：《公司法》第 20 条规定："公司股东应当遵守法律、行政法规和公司章程，依法行使股东权利，不得滥用股东权利损害公司或者其他股东的利益；不得滥用公司法人独立地位和股东有限责任损害公司债权人的利益。公司股东滥用股东权利给公司或者其他股东造成损失的，应当依法承担赔偿责任。公司股东滥用公司法人独立地位和股东有限责任，逃避债务，严重损害公司债权人利益的，应当对公司债务承担连带责任。"据此，D 项还需满足"严重损害公司债权人利益"这一要件。故 A、B、C 项正确。
2. ABD，解析：《公司法》第 33 条规定："股东有权查阅、复制公司章程、股东会会议记录、董事会会议决议、监事会会议决议和财务会计报告。股东可以要求查阅公司会计账簿。股东要求查阅公司会计账簿的，应当向公司提出书面请求，说明目的。公司有合理根据认为股东查阅会计账簿有不正当目的，可能损害公司合法利益的，可以拒绝提供查阅，并应当自股东提出书面请求之日起十五日内书面答复股东并说明理由。公司拒绝提供查阅的，股东可以请求人民法院要求公司提供查阅。"《公司法》第 34 条规定："股东按照实缴的出资比例分取红利；公司新增资本时，股东有权优先按照实缴的出资比例认缴出资。但是，全体股东约定不按照出资比例分取红利或者不按照出资比例优先认缴出资的除外。"故 A、B、D 项正确。
3. BCD，解析：《公司法》第 77 条规定："股份有限公司的设立，可以采取发起设立或者募集设立的方式。发起设立，是指由发起人认购公司应发行的全部股份而设立公司。募集设立，是指由发起人认购公司应发行股份的一部分，其余股份向社会公开募集或者向特定对象募集而设立公司。”故 A 项错误。《公司法》第 83 条规定，B、C、D 项正确。

4. ABCD，解析：《公司法》第 93 条规定：“股份有限公司成立后，发起人未按照公司章程的规定缴足出资的，应当补缴；其他发起人承担连带责任。股份有限公司成立后，发现作为设立公司出资的非货币财产的实际价额显著低于公司章程所定价额的，应当由交付该出资的发起人补足其差额；其他发起人承担连带责任。”《公司法》第 94 条规定：“股份有限公司的发起人应当承担下列责任：（一）公司不能成立时，对设立行为所产生的债务和费用负连带责任；（二）公司不能成立时，对认股人已 缴纳的股款，负返还股款并加算银行同期存款利息的连带责任；（三）在公司设立过程中，由于发起人的过失致使公司利益受到损害的，应当对公司承担赔偿责任。”

5. ABD，解析：根据《公司法》第 120 条、第 122 条、第 124 条的规定，A、B、D 项正确。《公司法》第 121 条规定：“上市公司在一年内购买、出售重大资产或者担保金额超过公司资产总额百分之三十的，应当由股东大会作出决议，并经出席会议的股东所持表决权的三分之二以上通过。”故 C 项错误。

（四）填空题

1. 资产收益；选择管理者。（《公司法》第 4 条）
2. 变更后的公司。（《公司法》第 9 条）
3. 实际控制人；股东大会。（《公司法》第 16 条）
4. 货币；知识产权；依法转让。（《公司法》第 27 条）
5. 公司章程；变更公司形式；2/3。（《公司法》第 43 条）

（五）简答题

1. 答：《公司法》第 102 条规定，股份有限公司股东大会会议召集的规则如下：“召开股东大会会议，应当将会议召开的时间、地点和审议的事项于会议召开二十日前通知各股东；临时股东大会应当于会议召开十五日前通知各股东；发行无记名股票的，应当于会议召开三十日前公告会议召开的时间、地点和审议事项。单独或者合计持有公司百分之三以上股份的股东，可以在股东大会召开十日前提出临时提案并书面提交董事会；

董事会应当在收到提案后二日内通知其他股东，并将该临时提案提交股东大会审议。临时提案的内容应当属于股东大会职权范围，并有明确议题和具体决议事项。股东大会不得对上述通知中未列明的事项作出决议。无记名股票持有人出席股东大会会议的，应当于会议召开五日前至股东大会闭会时将股票交存于公司。”

2. 答:《公司法》第 154 条规定:“发行公司债券的中请经国务院授权的部门核准后，应当公告公司债券募集办法。公司债券募集办法中应当载明下列主要事项:（一）公司名称;（二）债券募集资金的用途;（三）债券总额和债券的票面金额;（四）债券利率的确定方式;（五）还本付息的期限和方式;（六）债券担保情况;（七）债券的发行价格、发行的起止日期;（八）公司净资产额;（九）已发行的尚未到期的公司债券总额;（十）公司债券的承销机构。”

三、合伙企业法

（一）判断题

1. 合伙协议依法由全体合伙人协商一致、以口头形式或者书面形式订立。(　　)
2. 合伙企业的生产经营所得和其他所得，按照国家有关税收规定，由合伙企业缴纳所得税。(　　)
3. 合伙人在合伙企业清算前私自转移或者处分合伙企业财产的，合伙企业不得以此对抗善意第三人。(　　)
4. 合伙人之间转让在合伙企业中的全部或者部分财产份额时，须经其他合伙人一致同意。(　　)
5. 合伙人对执行合伙事务享有同等的权利。(　　)

（二）单项选择题

1. 关于合伙协议，下列说法错误的是:(　　)

A. 合伙协议经全体合伙人签名、盖章后生效
B. 合伙协议未约定或者约定不明确的事项，由合伙人协商决定
C. 合伙人按照合伙协议享有权利，履行义务
D. 修改或者补充合伙协议，应当经过半数合伙人同意

2. 关于合伙企业的利润分配、亏损分担的处理，下列说法错误的是：(　　)
A. 按照合伙协议的约定办理
B. 合伙协议未约定或者约定不明确的，由合伙人协商决定
C. 协商不成的，由合伙人按照应缴出资比例分配、分担
D. 无法确定出资比例的，由合伙人平均分配、分担

3. 合伙协议未约定合伙期限的，合伙人在不给合伙企业事务执行造成不利影响的情况下，可以退伙，但应当提前(　　)日通知其他合伙人。

A. 15	B. 30
C. 45	D. 60

4. 关于合伙企业与第三人关系，下列说法错误的是：(　　)
A. 合伙企业对合伙人执行合伙事务的限制，可以对抗善意第三人
B. 合伙企业对其债务，应先以其全部财产进行清偿
C. 合伙企业不能清偿到期债务的，合伙人承担无限连带责任
D. 合伙人发生与合伙企业无关的债务，相关债权人不得以其债权抵销其对合伙企业的债务

5. 下列哪一项不属于合伙人当然退伙的情形？(　　)
A. 作为合伙人的自然人死亡或者被依法宣告死亡
B. 合伙人在合伙企业中的全部财产份额被人民法院强制执行
C. 作为合伙人的法人被宣告破产
D. 合伙协议约定的退伙事由出现

(三) 多项选择题

1. 关于有限合伙企业，下列说法正确的是：(　　)
A. 有限合伙企业由普通合伙人和有限合伙人组成
B. 国有独资公司可成为普通合伙人
C. 有限合伙人以其认缴的出资额为限对合伙企业债务承担责任

D. 普通合伙人对合伙企业债务承担无限连带责任

2. 普通合伙企业中，下列哪些可以作为合伙人的出资？（　　）

A. 实物　　B. 劳务

C. 知识产权　　D. 土地使用权

3. 除合伙协议另有约定外，合伙企业的下列哪些事项应当经全体合伙人一致同意？（　　）

A. 改变合伙企业的名称

B. 改变合伙企业的经营范围、主要经营场所的地点

C. 处分合伙企业的不动产

D. 以合伙企业名义为他人提供担保

4. 合伙协议约定合伙期限的，在合伙企业存续期间，有下列哪些情形的，合伙人可以退伙？（　　）

A. 执行合伙事务时有不正当行为

B. 经全体合伙人一致同意

C. 发生合伙人难以继续参加合伙的事由

D. 合伙协议约定的退伙事由出现

5. 关于特殊的普通合伙企业，下列说法正确的是：（　　）

A. 以专业知识和专门技能为客户提供有偿服务的专业服务机构，可以设立为特殊的普通合伙企业

B. 特殊的普通合伙企业名称中应当标明“特殊普通合伙”字样

C. 一个合伙人或者数个合伙人在执业活动中因故意或者重大过失造成合伙企业债务的，由全体合伙人承担无限连带责任

D. 特殊的普通合伙企业应当建立执业风险基金、办理职业保险

（四）填空题

1. 国有独资公司、国有企业、____以及公益性的事业单位、社会团体不得成为____。

2. 合伙企业的营业执照____，为合伙企业成立日期。合伙企业领取营业执照前，合伙人不得以合伙企业名义从事合伙业务。

3. 合伙人在合伙企业____前，不得请求分割合伙企业的财产；但是，本法

另有规定的除外。合伙人在合伙企业清算前私自转移或者处分合伙企业财产的，合伙企业不得以此对抗____。

4. 合伙人对合伙企业有关事项作出决议，按照合伙协议约定的表决办法办理。合伙协议未约定或者约定不明确的，实行合伙人____并经全体合伙人____通过的表决办法。
5. 入伙的新合伙人与原合伙人享有____，承担同等责任。入伙协议另有约定的，从其约定。新合伙人对入伙前合伙企业的债务承担____。

（五）简答题

1. 简述合伙人履行合伙协议发生争议时的解决途径。
2. 简述有限合伙人的哪些行为不视为执行合伙事务。
3. 简述合伙协议应当载明的事项。

参考答案

（一）判断题

1. ×，解析：《合伙企业法》第 4 条规定："合伙协议依法由全体合伙人协商一致、以书面形式订立。"
2. ×，解析：《合伙企业法》第 6 条规定："合伙企业的生产经营所得和其他所得，按照国家有关税收规定，由合伙人分别缴纳所得税。"
3. √，解析：《合伙企业法》第 21 条第 2 款。
4. ×，解析：《合伙企业法》第 22 条第 2 款规定："合伙人之间转让在合伙企业中的全部或者部分财产份额时，应当通知其他合伙人。"
5. √，解析：《合伙企业法》第 26 条第 1 款。

（二）单项选择题

1. D，解析：《合伙企业法》第 19 条规定："合伙协议经全体合伙人签名、盖章后生效。合伙人按照合伙协议享有权利，履行义务。修改或者补充合伙协议，应当经全体合伙人一致同意；但是，合伙协议另有约定的除外。合伙协议未约定或者约定不明确的事项，由合伙人协商决定；协商不成的，依照本法和其他有关法律、行政法规的规定处理。"

2. C，解析：《合伙企业法》第 33 条第 1 款规定：“合伙企业的利润分配、亏损分担，按照合伙协议的约定办理；合伙协议未约定或者约定不明确的，由合伙人协商决定；协商不成的，由合伙人按照实缴出资比例分配、分担；无法确定出资比例的，由合伙人平均分配、分担。”
3. B，解析：《合伙企业法》第 46 条规定：“合伙协议未约定合伙期限的，合伙人在不给合伙企业事务执行造成不利影响的情况下，可以退伙，但应当提前 30 日通知其他合伙人。”
4. A，解析：《合伙企业法》第 37 条规定：“合伙企业对合伙人执行合伙事务以及对外代表合伙企业权利的限制，不得对抗善意第三人。”故 A 项错误。根据《合伙企业法》第 38 条、第 39 条、第 42 条的规定，B、C、D 项正确。
5. D，解析：《合伙企业法》第 48 条第 1 款规定：“合伙人有下列情形之一的，当然退伙：（一）作为合伙人的自然人死亡或者被依法宣告死亡；（二）个人丧失偿债能力；（三）作为合伙人的法人或者其他组织依法被吊销营业执照、责令关闭、撤销，或者被宣告破产；（四）法律规定或者合伙协议约定合伙人必须具有相关资格而丧失该资格；（五）合伙人在合伙企业中的全部财产份额被人民法院强制执行。”故 D 项不是当然退伙的情形，当选。

（三）多项选择题

1. ACD，解析：《合伙企业法》第 2 条第 3 款规定：“有限合伙企业由普通合伙人和有限合伙人组成，普通合伙人对合伙企业债务承担无限连带责任，有限合伙人以其认缴的出资额为限对合伙企业债务承担责任。”故 A、C、D 项正确。《合伙企业法》第 3 条规定：“国有独资公司、国有企业、上市公司以及公益性的事业单位、社会团体不得成为普通合伙人。”故 B 项错误。
2. ABCD，解析：《合伙企业法》第 16 条规定：“合伙人可以用货币、实物、知识产权、土地使用权或者其他财产权利出资，也可以用劳务出资。合伙人以实物、知识产权、土地使用权或者其他财产权利出资，需要评估作价的，可以由全体合伙人协商确定，也可以由全体合伙人委托法定评估机构评估。合伙人以劳务出资的，其评估办法由全体合伙人协商确定，并在合伙协议中载明。”故 A、B、C、D 项正确。

3. ABCD，解析：《合伙企业法》第 31 条规定：“除合伙协议另有约定外，合伙企业的下列事项应当经全体合伙人一致同意：（一）改变合伙企业的名称；（二）改变合伙企业的经营范围、主要经营场所的地点；（三）处分合伙企业的不动产；（四）转让或者处分合伙企业的知识产权和其他财产权利；（五）以合伙企业名义为他人提供担保；（六）聘任合伙人以外的人担任合伙企业的经营管理人员。”
4. BCD，解析：《合伙企业法》第 45 条规定：“合伙协议约定合伙期限的，在合伙企业存续期间，有下列情形之一的，合伙人可以退伙：（一）合伙协议约定的退伙事由出现；（二）经全体合伙人一致同意；（三）发生合伙人难以继续参加合伙的事由；（四）其他合伙人严重违反合伙协议约定的义务。”据此，B、C、D 项正确。
5. ABD，解析：根据《合伙企业法》第 55 条、第 56 条、第 59 条的规定，A、B、D 项正确。《合伙企业法》第 57 条第 1 款规定：“一个合伙人或者数个合伙人在执业活动中因故意或者重大过失造成合伙企业债务的，应当承担无限责任或者无限连带责任，其他合伙人以其在合伙企业中的财产份额为限承担责任。”故 C 项错误。

（四）填空题

1. 上市公司；普通合伙人。（《合伙企业法》第 3 条）
2. 签发日期。（《合伙企业法》第 11 条）
3. 清算；善意第三人。（《合伙企业法》第 21 条）
4. 一人一票；过半数。（《合伙企业法》第 30 条）
5. 同等权利；无限连带责任。（《合伙企业法》第 44 条）

（五）简答题

1. 答：《合伙企业法》第 103 条规定，合伙人履行合伙协议发生争议时的解决途径如下：（1）合伙人可以通过协商或者调解解决。（2）不愿通过协商、调解解决或者协商、调解不成的，可以按照合伙协议约定的仲裁条款或者事后达成的书面仲裁协议，向仲裁机构申请仲裁。（3）合伙协议中未订立仲裁条款，事后又没有达成书面仲裁协议的，可以向人民法院起诉。
2. 答：《合伙企业法》第 68 条规定：“有限合伙人的下列行为，不视为执行合伙事务：（一）参与决定普通合伙人入伙、退伙；（二）对企业的经营管理提出建议；（三）参与选择承办有限合伙企业审计业务的会计师事务所；（四）获取经审计的有限合伙企业财务会计报告；（五）对涉及自身利益的情况，查阅有限合伙企业财务会计账簿等财务资料；（六）在有限合伙企业中的利益受到侵害时，向有责任的合伙人主张权利或者提起诉讼；（七）执行事务合伙人怠于行使权利时，督促其行使权利或者为了本企业的利益以自己的名义提起诉讼；（八）依法为本企业提供担保。”

3. 答：《合伙企业法》第 18 条规定：“合伙协议应当载明下列事项：（一）合伙企业的名称和主要经营场所的地点；（二）合伙目的和合伙经营范围；（三）合伙人的姓名或者名称、住所；（四）合伙人的出资方式、数额和缴付期限；（五）利润分配、亏损分担方式；（六）合伙事务的执行；（七）入伙与退伙；（八）争议解决办法；（九）合伙企业的解散与清算；（十）违约责任。”

四、个人独资企业法

（一）判断题

1. 个人独资企业，是指依照本法在中国境内设立，由一个自然人投资，财产为投资人个人所有，以个人独资企业的所有财产对企业债务承担责任的经营实体。（　　）
2. 个人独资企业以其主要办事机构所在地为住所。（　　）
3. 个人独资企业的名称应当与其责任形式及从事的营业相符合。（　　）
4. 法律、行政法规禁止从事营利性活动的人，不得作为投资人申请设立个人独资企业。（　　）
5. 个人独资企业解散的，应优先清偿所欠税款。（　　）

（二）单项选择题

1. 个人独资企业解散后，原投资人对个人独资企业存续期间的债务仍应承担偿还责任，但债权人在（　　）年内未向债务人提出偿债请求的，该责任消灭。

A. 1　　B. 5

C. 10　　D. 20

2. 关于个人独资企业设立的分支机构，下列说法错误的是：(　　)

A. 应当由投资人或者其委托的代理人向分支机构所在地的登记机关申请登记，领取营业执照

B. 分支机构经核准登记后，应将登记情况报该分支机构隶属的个人独资企业的登记机关备案

C. 分支机构的民事责任，由设立该分支机构的个人独资企业承担

D. 分支机构的民事责任，由该分支机构独立承担

3. 对于个人独资企业的登记，登记机关应当在收到设立申请文件之日起(　　)日内，对符合本法规定条件的，予以登记，发给营业执照；对不符合本法规定条件的，不予登记，并应当给予书面答复，说明理由。

A. 10　　B. 15

C. 20　　D. 25

4. 个人独资企业投资人在申请企业设立登记时明确以其家庭共有财产作为个人出资的，应当依法以家庭共有财产对企业债务承担(　　)。

A. 有限责任　　B. 连带责任

C. 无限责任　　D. 无限连带责任

5. 关于个人独资企业的法律责任，下列说法不正确的是：(　　)

A. 提交虚假文件或采取其他欺骗手段，取得企业登记的，责令改正，处以5000元以下的罚款；情节严重的，并处吊销营业执照

B. 个人独资企业使用的名称与其在登记机关登记的名称不相符合的，责令限期改正，处以2000元以下的罚款

C. 涂改、出租、转让营业执照的，责令改正，没收违法所得，处以3000元以下的罚款；情节严重的，吊销营业执照

D. 个人独资企业成立后无正当理由超过5个月未开业的，或者开业后自行停业连续5个月以上的，吊销营业执照

（三）多项选择题

1. 个人独资企业投资人委托或者聘用的管理个人独资企业事务的人员，不得有下列哪些行为？（　　）

A. 利用职务上的便利，索取或者收受贿赂

B. 擅自以企业财产提供担保

C. 未经投资人同意，同本企业订立合同或者进行交易

D. 泄露本企业的商业秘密

2. 个人独资企业有下列哪些情形之一时，应当解散？（　　）

A. 投资人决定解散

B. 投资人死亡或者被宣告死亡，无继承人或者继承人决定放弃继承

C. 被依法吊销营业执照

D. 投资人丧失民事行为能力

3. 关于设立个人独资企业应当具备的条件，下列说法正确的是：（　　）

A. 投资人为一个自然人或一个法人

B. 有合法的企业名称

C. 有投资人申报的出资

D. 有固定的生产经营场所和必要的生产经营条件

4. 对于企业事务的管理，个人独资企业投资人可以：（　　）

A. 自行管理

B. 委托其他任何人

C. 聘任其他具有民事行为能力的人

D. 委托其他具有民事行为能力的人

5. 个人独资企业应当依法履行的义务和依法享有的权利包括：（　　）

A. 个人独资企业应当依法设置会计帐簿，进行会计核算

B. 个人独资企业招用职工的，应当依法与职工签订劳动合同，保障职工的劳动安全，按时、足额发放职工工资

C. 个人独资企业应当按照国家规定参加社会保险，为职工缴纳社会保险费

D. 个人独资企业可以依法申请贷款、取得土地使用权，并享有法律、行政法规规定的其他权利

（四）填空题

1. 个人独资企业投资人对本企业的财产依法享有所有权，其有关权利可以依法进行____或____。
2. 个人独资企业投资人在申请企业设立登记时明确以其家庭共有财产作为个人出资的，应当依法以家庭共有财产对企业债务承担____。
3. 个人独资企业存续期间登记事项发生变更的，应当在作出变更决定之日起的____日内依法向登记机关申请办理变更登记。
4. 申请设立个人独资企业，应当由____或者其____向个人独资企业所在地的登记机关提交设立申请书、投资人身份证明、生产经营场所使用证明等文件。
5. 个人独资企业解散的，财产应当按照下列顺序清偿：（1）____；（2）____；（3）____。

（五）简答题

1. 个人独资企业的投资者委托或者聘用的管理个人独资企业事务的人员不得做出哪些行为？
2. 试述个人独资企业解散后的清算规则。

参考答案

（一）判断题

1. ×，解析：《个人独资企业法》第2条规定："本法所称个人独资企业，是指依照本法在中国境内设立，由一个自然人投资，财产为投资人个人所有，投资人以其个人财产对企业债务承担无限责任的经营实体。"
2. √，解析：《个人独资企业法》第3条。
3. √，解析：《个人独资企业法》第11条。
4. √，解析：《个人独资企业法》第16条。
5. ×，解析：《个人独资企业法》第29条规定："个人独资企业解散的，财产应当按照下列顺序清偿：（一）所欠职工工资和社会保险费用；（二）所欠税款；（三）其他债务。”

（二）单项选择题

1. B，解析：《个人独资企业法》第 28 条规定：“个人独资企业解散后，原投资人对个人独资企业存续期间的债务仍应承担偿还责任，但债权人在 5 年内未向债务人提出偿债请求的，该责任消灭。”故 B 项正确。
2. D，解析：《个人独资企业法》第 14 条规定：“个人独资企业设立分支机构，应当由投资人或者其委托的代理人向分支机构所在地的登记机关申请登记，领取营业执照。分支机构经核准登记后，应将登记情况报该分支机构隶属的个人独资企业的登记机关备案。分支机构的民事责任由设立该分支机构的个人独资企业承担。”故 C 项错误。
3. B，解析：《个人独资企业法》第 12 条规定：“登记机关应当在收到设立申请文件之日起 15 日内，对符合本法规定条件的，予以登记，发给营业执照；对不符合本法规定条件的，不予登记，并应当给予书面答复，说明理由。”故 B 项正确。
4. C，解析：《个人独资企业法》第 18 条规定：“个人独资企业投资人在申请企业设立登记时明确以其家庭共有财产作为个人出资的，应当依法以家庭共有财产对企业债务承担无限责任。”故 C 项正确。
5. D，解析：《个人独资企业法》第 33 条规定：“违反本法规定，提交虚假文件或采取其他欺骗手段，取得企业登记的，责令改正，处以 5000 元以下的罚款；情节严重的，并处吊销营业执照。”第 34 条规定：“违反本法规定，个人独资企业使用的名称与其在登记机关登记的名称不相符合的，责令限期改正，处以 2000 元以下的罚款。”第 35 条第 1 款规定：“涂改、出租、转让营业执照的，责令改正，没收违法所得，处以 3000 元以下的罚款；情节严重的，吊销营业执照。”第 36 条规定：“个人独资企业成立后无正当理由超过 6 个月未开业的，或者开业后自行停业连续 6 个月以上的，吊销营业执照。”故 D 项错误。

（三）多项选择题

1. ABCD，解析：《个人独资企业法》第 20 条规定：“投资人委托或者聘用的管理个人独资企业事务的人员不得有下列行为：（一）利用职务上的便利，索取或者收受贿赂；（二）利用职务或者工作上的便利侵占企业财产；（三）挪用企业的资金归个人使用或者借贷给他人；（四）擅自将企业资金以个人名义或者以他人名义开立帐户储存；（五）擅自以企业财产提供担保；（六）未经投资人同意，从事与本企业相竞争的业务；（七）未经投资人同意，同本企业订立合同或者进行交易；（八）未经投资人同意，擅自将企业商标或者其他知识产权转让给他人使用；（九）泄露本企业的商业秘密；（十）法律、行政法规禁止的其他行为。”故 A、B、C、D 项正确。

2. ABC，解析：《个人独资企业法》第 26 条规定：“个人独资企业有下列情形之一时，应当解散：（一）投资人决定解散；（二）投资人死亡或者被宣告死亡，无继承人或者继承人决定放弃继承；（三）被依法吊销营业执照；（四）法律、行政法规规定的其他情形。”故 A、B、C 项正确。
3. BCD，解析：《个人独资企业法》第 8 条规定：“设立个人独资企业应当具备下列条件：（一）投资人为一个自然人；（二）有合法的企业名称；（三）有投资人申报的出资；（四）有固定的生产经营场所和必要的生产经营条件；（五）有必要的从业人员。”故 B、C、D 项正确。
4. ACD，解析：《个人独资企业法》第 19 条第 1 款规定：“个人独资企业投资人可以自行管理企业事务，也可以委托或者聘用其他具有民事行为能力的人负责企业的事务管理。”故 A、C、D 项正确。
5. ABCD，解析：《个人独资企业法》第 21 条规定：“个人独资企业应当依法设置会计帐簿，进行会计核算。”第 22 条规定：“个人独资企业招用职工的，应当依法与职工签订劳动合同，保障职工的劳动安全，按时、足额发放职工工资。”第 23 条规定：“个人独资企业应当按照国家规定参加社会保险，为职工缴纳社会保险费。”第 24 条规定：“个人独资企业可以依法申请贷款、取得土地使用权，并享有法律、行政法规规定的其他权利。”

（四）填空题

1. 转让；继承。（《个人独资企业法》第 17 条）
2. 无限责任。（《个人独资企业法》第 18 条）
3. 15。（《个人独资企业法》第 15 条）
4. 投资人；委托的代理人（《个人独资企业法》第 9 条）
5. 所欠职工工资和社会保险费用；所欠税款；其他债务。（《个人独资企业法》第 29 条）

（五）简答题

1. 答：根据《个人独资企业法》第 20 条规定：“投资人委托或者聘用的管理个人独资企业事务的人员不得有下列行为：（一）利用职务上的便利，索取或者收受贿赂；（二）利用职务或者工作上的便利侵占企业财产；（三）挪用企业的资金归个人使用或者借贷给他人；（四）擅自将企业资金以个人名义或者以他人名义开立帐户储存；（五）擅自以企业财产提供担保；（六）未经投资人同意，从事与本企业相竞争的业务；（七）未经投资人同意，同本企业订立合同或者进行交易；（八）未经投资人同意，擅自将企业商标或者其他知识产权转让给他人使用；（九）泄露本企业的商业秘密；（十）法律、行政法规禁止的其他行为。”
2. 答：《个人独资企业法》第 27 条规定：“个人独资企业解散，由投资人自行清算或者由债权人申请人民法院指定清算人进行清算。投资人自行清算的，应当在清算前十五日内书面通知债权人，无法通知的，应当予以公告。债权人应当在接到通知之日起三十日内，未接到通知的应当在公告之日起六十日内，向投资人申报其债权。”第 30 条规定：“清算期间，个人独资企业不得开展与清算目的无关的经营活动。在按前条规定清偿债务前，投资人不得转移、隐匿财产。”第 31 条规定：“个人独资企业财产不足以清偿债务的，投资人应当以其个人的其他财产予以清偿。”第 32 条规定：“个人独资企业清算结束后，投资人或者人民法院指定的清算人应当编制清算报告，并于十五日内到登记机关办理注销登记。”

五、证券法

（一）判断题

1. 在中华人民共和国境内，股票、公司债券、存托凭证和国务院依法认定的其他证券的发行和交易，适用《证券法》；《证券法》未规定的，适用《公司法》和其他法律、行政法规的。（　　）

2. 股票依法发行后，发行人经营与收益的变化，由投资者自行负责；由此变化引致的投资风险，由发行人自行负责。(　　)
3. 证券包销是指证券公司将发行人的证券按照协议全部购入或者在承销期结束时将售后剩余证券全部自行购入的承销方式。(　　)
4. 非公开发行的证券，不可以在证券交易所、国务院批准的其他全国性证券交易场所、按照国务院规定设立的区域性股权市场转让。(　　)
5. 采取协议收购方式的，收购人可以依照法律、行政法规的规定同被收购公司的股东以协议方式进行股份转让。以协议方式收购上市公司时，达成协议后，收购人必须在5日内将该收购协议向国务院证券监督管理机构及证券交易所作出书面报告，并予公告。(　　)

（二）单项选择题

1. 按照《证券法》的相关规定，关于公开发行证券，下列说法错误的是：(　　)

   A. 公开发行证券，必须符合法律、行政法规规定的条件，并依法报经国务院证券监督管理机构或者国务院授权的部门注册

   B. 非公开发行证券，也可以采用广告、公开劝诱和变相公开方式

   C. 向不特定对象发行证券的为公开发行

   D. 证券发行注册制的具体范围、实施步骤，由国务院规定

2. 国务院证券监督管理机构或者国务院授权的部门应当自受理证券发行申请文件之日起(　　)内，依照法定条件和法定程序作出予以注册或者不予注册的决定，发行人根据要求补充、修改发行申请文件的时间不计算在内。

   A. 15 日　　　　B. 1 个月

   C. 2 个月　　　　D. 3 个月

3. 按照《证券法》的相关规定，对证券交易所作出的不予上市交易、终止上市交易决定不服的，相关的当事人可以采取哪种措施？(　　)

   A. 向国务院证券监督管理机构设立的复核机构申请复核

   B. 向证券交易所设立的复核机构申请复核

   C. 向证券交易所所在地的中中级人民法院起诉

   D. 向国务院证券监督管理机构申请复核

4. 国务院证券监督管理机构依法有权对有关单位进行监督检查或者调查，下列说法中，错误的是：（　　）
   A. 国务院证券监督管理机构监督检查、调查的人员不得少于3人
   B. 应当出示合法证件和监督检查、调查通知书或者其他执法文书
   C. 被检查、调查的单位和个人应当配合，如实提供有关文件和资料，不得拒绝、阻碍和隐瞒
   D. 不得泄露其有关单位的商业秘密
5. 关于证券登记结算机构的职能，下列说法不正确的是：（　　）
   A. 证券账户、结算账户的设立　　B. 证券的托管和过户
   C. 证券持有人名册登记　　D. 证券交易的清算和交收

（三）多项选择题

1.《证券法》的相关规定，公司开发新股，应当报送募股申请和（　　）等文件。
   A. 公司营业执照　　B. 公司章程
   C. 股东大会决议　　D. 财务会计报告
2. 关于证券业协会，下列说法正确的是：（　　）
   A. 证券业协会是证券业的自律性组织，是营利性法人
   B. 证券公司应当加入证券业协会
   C. 证券业协会的权力机构为全体会员组成的会员大会
   D. 证券业协会章程由会员大会制定，并报国务院证券监督管理机构备案
3. 按照《证券法》的相关规定，证券投资咨询机构及其从业人员从事证券服务业务不得有哪些行为？（　　）
   A. 代理委托人从事证券投资
   B. 与委托人约定分享证券投资收益或者分担证券投资损失
   C. 买卖本证券投资咨询机构提供服务的证券
   D. 法律、行政法规禁止的其他行为
4. 关于证券公司，下列说法正确的是：（　　）
   A. 证券公司的从业人员在证券交易活动中，执行所属的证券公司的指令或者利用职务违反交易规则的，由所属的证券公司承担全部责任

B. 证券公司的从业人员不得私下接受客户委托买卖证券

C. 证券公司应当建立客户信息查询制度，确保客户能够查询其账户信息、委托记录、交易记录以及其他与接受服务或者购买产品有关的重要信息

D. 证券公司应当妥善保存客户开户资料、委托记录、交易记录和与内部管理、业务经营有关的各项信息，任何人不得隐匿、伪造、篡改或者毁损。上述信息的保存期限不得少于30年

5. 设立证券登记结算机构，应当具备下列哪些条件？（　　）

A. 自有资金不少于人民币3亿元

B. 具有证券登记、存管和结算服务所必须的场所和设施

C. 国务院证券监督管理机构规定的其他条件

D. 证券登记结算机构的名称中应当标明证券登记结算字样

（四）填空题

1. 证券的发行、交易活动，必须遵守法律、行政法规；____、____和____的行为。

2. 国务院证券监督管理机构依法对全国证券市场实行____。国务院证券监督管理机构根据需要可以设立____，按照授权履行监督管理职责。

3. 公司对公开发行股票所募集资金，必须按照招股说明书或者其他公开发行募集文件所列资金用途使用；改变资金用途，必须经____作出决议。

4. 发行人向不特定对象发行的证券，法律、行政法规规定应当由证券公司承销的，发行人应当同证券公司签订____。证券承销业务采取____或者____方式。

5. 证券在证券交易所上市交易，应当采用____方式或者____批准的其他方式。

（五）简答题

1. 国务院证券监督管理机构或者国务院授权的部门做出哪些行为时，对直接负责的主管人员和其他直接责任人员，依法给予处分。

2. 简述证券业协会应当履行的职责。

参考答案

（一）判断题

1. √，解析：《证券法》第 2 条第 1 款。
2. ×，解析：《证券法》第 25 条规定：“股票依法发行后，发行人经营与收益的变化，由发行人自行负责；由此变化引致的投资风险，由投资者自行负责。”
3. √，解析：《证券法》第 26 条第 3 款。
4. ×，解析：《证券法》第 37 条规定：“公开发行的证券，应当在依法设立的证券交易所上市交易或者在国务院批准的其他全国性证券交易场所交易。非公开发行的证券，可以在证券交易所、国务院批准的其他全国性证券交易场所、按照国务院规定设立的区域性股权市场转让。”
5. ×，解析：《证券法》第 71 条规定：“采取协议收购方式的，收购人可以依照法律、行政法规的规定同被收购公司的股东以协议方式进行股份转让。以协议方式收购上市公司时，达成协议后，收购人必须在三日内将该收购协议向国务院证券监督管理机构及证券交易所作出书面报告，并予公告。在公告前不得履行收购协议。”

（二）单项选择题

1. B，解析：《证券法》第 9 条规定：“公开发行证券，必须符合法律、行政法规规定的条件，并依法报经国务院证券监督管理机构或者国务院授权的部门注册。未经依法注册，任何单位和个人不得公开发行证券。证券发行注册制的具体范围、实施步骤，由国务院。有下列情形之一的，为公开发行：（一）向不特定对象发行证券；（二）向特定对象发行证券累计超过二百人，但依法实施员工持股计划的员工人数不计算在内；（三）法律、行政法规规定的其他发行行为。非公开发行证券，不得采用广告、公开劝诱和变相公开方式。”
2. D，解析：《证券法》第 22 条规定：“国务院证券监督管理机构或者国务院授权的部门应当自受理证券发行申请文件之日起三个月内，依照法定条件和法定程序作出予以注册或者不予注册的决定，发行人根据要求补充、修改发行申请文件的时间不计算在内。不予注册的，应当说明理由。”

3. B，解析：《证券法》第 49 条规定："对证券交易所作出的不予上市交易、终止上市交易决定不服的，可以向证券交易所设立的复核机构申请复核。"
4. A，解析：《证券法》第 172 条规定："国务院证券监督管理机构依法履行职责，进行监督检查或者调查，其监督检查、调查的人员不得少于二人，并应当出示合法证件和监督检查、调查通知书或者其他执法文书。监督检查、调查的人员少于二人或者未出示合法证件和监督检查、调查通知书或者其他执法文书的，被检查、调查的单位和个人有权拒绝。"第 173 条规定："国务院证券监督管理机构依法履行职责，被检查、调查的单位和个人应当配合，如实提供有关文件和资料，不得拒绝、阻碍和隐瞒。"
5. B，解析：《证券法》第 147 条规定："证券登记结算机构履行下列职能：（一）证券账户、结算账户的设立；（二）证券的存管和过户；（三）证券持有人名册登记；（四）证券交易的清算和交收；（五）受发行人的委托派发证券权益；（六）办理与上述业务有关的查询、信息服务；（七）国务院证券监督管理机构批准的其他业务。"

（三）多项选择题

1. ABCD，解析：《证券法》第 13 条规定："公司公开发行新股，应当报送募股申请和下列文件：（一）公司营业执照；（二）公司章程；（三）股东大会决议；（四）招股说明书或者其他公开发行募集文件；（五）财务会计报告；（六）代收股款银行的名称及地址。依照本法规定聘请保荐人的，还应当报送保荐人出具的发行保荐书。依照本法规定实行承销的，还应当报送承销机构名称及有关的协议。"
2. BCD，解析：《证券法》第 164 条规定："证券业协会是证券业的自律性组织，是社会团体法人。证券公司应当加入证券业协会。证券业协会的权力机构为全体会员组成的会员大会。"第 165 条规定："证券业协会章程由会员大会制定，并报国务院证券监督管理机构备案。"
3. ABCD，解析：《证券法》第 161 条规定："证券投资咨询机构及其从业人员从事证券服务业务不得有下列行为：（一）代理委托人从事证券投资；（二）与委托人约定分享证券投资收益或者分担证券投资损失；（三）买卖本证券投资咨询机构提供服务的证券；（四）法律、行政法规禁止的其他行为。有前款所列行为之一，给投资者造成损失的，应当依法承担赔偿责任。"

4. ABC，解析：《证券法》第 136 条规定："证券公司的从业人员在证券交易活动中，执行所属的证券公司的指令或者利用职务违反交易规则的，由所属的证券公司承担全部责任。证券公司的从业人员不得私下接受客户委托买卖证券。"第 137 条规定："证券公司应当建立客户信息查询制度，确保客户能够查询其账户信息、委托记录、交易记录以及其他与接受服务或者购买产品有关的重要信息。证券公司应当妥善保存客户开户资料、委托记录、交易记录和与内部管理、业务经营有关的各项信息，任何人不得隐匿、伪造、篡改或者毁损。上述信息的保存期限不得少于二十年。"
5. BCD，解析：《证券法》第 146 条规定："设立证券登记结算机构，应当具备下列条件：（一）自有资金不少于人民币二亿元；（二）具有证券登记、存管和结算服务所必须的场所和设施；（三）国务院证券监督管理机构规定的其他条件。证券登记结算机构的名称中应当标明证券登记结算字样。"

（四）填空题

1. 禁止欺诈；内幕交易；操纵证券市场。（《证券法》第 5 条）
2. 集中统一监督管理；派出机构（《证券法》第 7 条）
3. 股东大会。（《证券法》第 14 条）
4. 承销协议；代销；包销。（《证券法》第 26 条第 1 款）
5. 公开的集中交易；国务院证券监督管理机构。（《证券法》第 38 条）

（五）简答题

1. 答：《证券法》第 216 条规定："国务院证券监督管理机构或者国务院授权的部门有下列情形之一的，对直接负责的主管人员和其他直接责任人员，依法给予处分：（一）对不符合本法规定的发行证券、设立证券公司等申请予以核准、注册、批准的；（二）违反本法规定采取现场检查、调查取证、查询、冻结或者查封等措施的；（三）违反本法规定对有关机构和人员采取监督管理措施的；（四）违反本法规定对有关机构和人员实施行政处罚的；（五）其他不依法履行职责的行为。"
2. 答：《证券法》第 166 条规定："证券业协会履行下列职责：（一）教育和组织会员及其从业人员遵守证券法律、行政法规，组织开展证券行业诚信建设，督促证券行业履行社会责任；（二）依法维护会员的合法权益，向证券监督管理机构反映会员的建议和要求；（三）督促会员开展投资者教育和保护活动，维护投资者合法权益；（四）制定和实施证券行业自律规则，监督、检查会员及其从业人员行为，对违反法律、行政法规、自律规则或者协会章程的，按照规定给予纪律处分或者实施其他自律管理措施；（五）制定证券行业业务规范，组织从业人员的业务培训；（六）组织会员就证券行业的发展、运作及有关内容进行研究，收集整理、发布证券相关信息，提供会员服务，组织行业交流，引导行业创新发展；（七）对会员之间、会员与客户之间发生的证券业务纠纷进行调解；（八）证券业协会章程规定的其他职责。"

六、票据法

（一）判断题

1. 票据出票人制作票据，应当按照法定条件在票据上签章，并按照所记载的事项承担票据责任。（　　）
2. 票据当事人可以委托其代理人在票据上签章，并可以在票据上表明其代理关系。（　　）
3. 无民事行为能力人或者限制民事行为能力人在票据上签章的，其签章无效，其他签章一并无效。（　　）
4. 票据金额、日期、收款人名称不得更改，更改的票据无效。（　　）
5. 失票人应当在通知挂失止付后5日内，也可以在票据丧失后，依法向人民法院申请公示催告，或者向人民法院提起诉讼。（　　）

（二）单项选择题

1. 按照《票据法》的相关规定，持票人对支票出票人的权利，自出票日起（　　）。

A. 3个月　　B. 5个月

C. 6个月　　D. 1年

2. 关于汇票上的记载事项，下列说法错误的是：（　　）

A. 汇票上记载付款日期、付款地、出票地等事项的，应当清楚、明确

B. 汇票上未记载付款日期的，为定日付款

C. 汇票上未记载付款地的，付款人的营业场所、住所或者经常居住地为付款地

D. 汇票上未记载出票地的，出票人的营业场所、住所或者经常居住地为出票地

3. 按照《票据法》的有关规定，下列关于背书的说法错误的是：（　　）

A. 背书是指在票据背面或者粘单上记载有关事项并签章的票据行为

B. 背书由背书人签章并记载背书日期。背书未记载日期的，视为在汇票到期日前背书

C. 背书可以附有条件。背书时附有条件的，所附条件仍具有汇票上的效力

D. 以背书转让的汇票，后手应当对其直接前手背书的真实性负责。后手是指在票据签章人之后签章的其他票据债务人

4. 关于被保证的汇票，下列说法错误的是：（　　）

A. 被保证的汇票，保证人应当与被保证人对持票人承担有限责任

B. 汇票到期后得不到付款的，持票人有权向保证人请求付款，保证人应当足额付款

C. 保证人为 2 人以上的，保证人之间承担连带责任

D. 保证人清偿汇票债务后，可以行使持票人对被保证人及其前手的追索权

5. 关于提示付款，下列说法错误的是：（　　）

A. 定日付款、出票后定期付款或者见票后定期付款的汇票，自到期日起 10 日内向承兑人提示付款

B. 持票人未按照规定期限提示付款的，在作出说明后，承兑人或者付款人仍应当继续对持票人承担付款责任

C. 通过委托收款银行或者通过票据交换系统向付款人提示付款的，视同持票人提示付款

D. 见票即付的汇票，自出票日起 2 个月内向付款人提示付款

（三）多项选择题

1. 因(　　)可以依法无偿取得票据的，不受给付对价的限制。但是，所享有的票据权利不得优于其前手的权利。

A. 税收　　B. 继承

C. 赠与　　D. 拾得

2. 按照《票据法》的相关规定，关于票据时效，下列说法正确的是：(　　)

A. 持票人对票据的出票人和承兑人的权利，自票据到期日起2年。见票即付的汇票、本票，自出票日起2年

B. 持票人对支票出票人的权利，自出票日起1年

C. 持票人对前手的追索权，自被拒绝承兑或者被拒绝付款之日起6个月

D. 持票人对前手的再追索权，自清偿日或者被提起诉讼之日起3个月

3. 汇票必须记载下列哪些事项？(　　)

A. 表明“汇票”的字样　　B. 无条件支付的委托

C. 确定的金额　　D. 付款人名称

4. 汇票到期日前，发生以下哪些情形，持票人可以行使追索权？(　　)

A. 汇票到期被拒绝付款

B. 承兑人或者付款人死亡、逃匿的

C. 承兑人或者付款人被依法宣告破产

D. 因违法被责令终止业务活动

5. 持票人行使追索权，可以请求被追索人支付下列哪些金额和费用？(　　)

A. 被拒绝付款的汇票金额

B. 汇票金额自到期日或者提示付款日起至清偿日止，按照中国人民银行规定的利率计算的利息

C. 取得有关拒绝证明费用

D. 发出通知书的费用

（四）填空题

1.《票据法》所称的票据，是指____、____和____。

2. 《票据法》所称的票据权利，是指持票人向票据债务人请求支付票据金额的权利，包括____和____。
3. 票据上的签章，应为____、____或者____。
4. 汇票是出票人签发的，委托付款人在见票时或者在指定日期无条件支付确定的金额给收款人或者持票人的票据。汇票分为____和____。
5. 汇票的____、____、____和____对持票人承担连带责任。

（五）简答题

1. 简述支票必须记载的事项。
2. 简述应当依法追究刑事责任的票据行为。

参考答案

（一）判断题

1. √，解析：《票据法》第 4 条第 1 款。
2. ×，解析：《票据法》第 5 条规定：“票据当事人可以委托其代理人在票据上签章，并应当在票据上表明其代理关系。没有代理权而以代理人名义在票据上签章的，应当由签章人承担票据责任；代理人超越代理权限的，应当就其超越权限的部分承担票据责任。”
3. ×，解析：《票据法》第 6 条规定：“无民事行为能力人或者限制民事行为能力人在票据上签章的，其签章无效，但是不影响其他签章的效力。”
4. √，解析：《票据法》第 9 条。
5. ×，解析：《票据法》第 15 条规定：“票据丧失，失票人可以及时通知票据的付款人挂失止付，但是，未记载付款人或者无法确定付款人及其代理付款人的票据除外。收到挂失止付通知的付款人，应当暂停支付。失票人应当在通知挂失止付后三日内，也可以在票据丧失后，依法向人民法院申请公示催告，或者向人民法院提起诉讼。”

（二）单项选择题

1. C，解析：《票据法》第 17 条规定：“票据权利在下列期限内不行使而消灭：（一）持票人对票据的出票人和承兑人的权利，自票据到期日起二年。见票即付的汇票、本票，自出票日起二年；（二）持票人对支票出票人的权利，自出票日起六个月；（三）持票人对前手的追索权，自被拒绝承兑或者被拒绝付款之日起六个月；（四）持票人对前手的再追索权，自清偿日或者被提起诉讼之日起三个月。票据的出票日、到期日由票据当事人依法确定。”

2. B，解析：《票据法》第23条规定：“汇票上记载付款日期、付款地、出票地等事项的，应当清楚、明确。汇票上未记载付款日期的，为见票即付。汇票上未记载付款地的，付款人的营业场所、住所或者经常居住地为付款地。汇票上未记载出票地的，出票人的营业场所、住所或者经常居住地为出票地。”
3. C，解析：《票据法》第33条规定：“背书不得附有条件。背书时附有条件的，所附条件不具有汇票上的效力。将汇票金额的一部分转让的背书或者将汇票金额分别转让给二人以上的背书无效。”
4. A，解析：《票据法》第50条规定：“被保证的汇票，保证人应当与被保证人对持票人承担连带责任。汇票到期后得不到付款的，持票人有权向保证人请求付款，保证人应当足额付款。”第51条规定：“保证人为二人以上的，保证人之间承担连带责任。”第52条规定：“保证人清偿汇票债务后，可以行使持票人对被保证人及其前手的追索权。”
5. D，解析：《票据法》第53条规定：“持票人应当按照下列期限提示付款：（一）见票即付的汇票，自出票日起一个月内向付款人提示付款；（二）定日付款、出票后定期付款或者见票后定期付款的汇票，自到期日起十日内向承兑人提示付款。持票人未按照前款规定期限提示付款的，在作出说明后，承兑人或者付款人仍应当继续对持票人承担付款责任。通过委托收款银行或者通过票据交换系统向付款人提示付款的，视同持票人提示付款。”

（三）多项选择题

1. ABC，解析：《票据法》第11条规定：“因税收、继承、赠与可以依法无偿取得票据的，不受给付对价的限制。但是，所享有的票据权利不得优于其前手的权利。前手是指在票据签章人或者持票人之前签章的其他票据债务人。”
2. ACD，解析：《票据法》第17条规定：“票据权利在下列期限内不行使而消灭：（一）持票人对票据的出票人和承兑人的权利，自票据到期日起二年。见票即付的汇票、本票，自出票日起二年；（二）持票人对支票出票人的权利，自出票日起六个月；（三）持票人对前手的追索权，自被拒绝承兑或者被拒绝付款之日起六个月；（四）持票人对前手的再追索权，自清偿日或者被提起诉讼之日起三个月。票据的出票日、到期日由票据当事人依法确定。”

3. ABCD，解析：《票据法》第22条规定：“汇票必须记载下列事项：（一）表明“汇票”的字样；（二）无条件支付的委托；（三）确定的金额；（四）付款人名称；（五）收款人名称；（六）出票日期；（七）出票人签章。汇票上未记载前款规定事项之一的，汇票无效。”
4. ABCD，解析：《票据法》第61条规定：“汇票到期被拒绝付款的，持票人可以对背书人、出票人以及汇票的其他债务人行使追索权。汇票到期日前，有下列情形之一的，持票人也可以行使追索权：（一）汇票被拒绝承兑的；（二）承兑人或者付款人死亡、逃匿的；（三）承兑人或者付款人被依法宣告破产的或者因违法被责令终止业务活动的。”
5. ABCD，解析：《票据法》第70条规定：“持票人行使追索权，可以请求被追索人支付下列金额和费用：（一）被拒绝付款的汇票金额；（二）汇票金额自到期日或者提示付款日起至清偿日止，按照中国人民银行规定的利率计算的利息；（三）取得有关拒绝证明和发出通知书的费用。被追索人清偿债务时，持票人应当交出汇票和有关拒绝证明，并出具所收到利息和费用的收据。”

（四）填空题

1. 汇票；本票；支票。（《票据法》第2条第2款）
2. 付款请求权；追索权。（《票据法》第4条第4款）
3. 签名；盖章；签名加盖章。（《票据法》第7条第1款）
4. 银行汇票；商业汇票。（《票据法》第19条）
5. 出票人；背书人；承兑人；保证人。（《票据法》第68条）

（五）简答题

1. 答：《票据法》第84条规定：“支票必须记载下列事项：（一）表明“支票”的字样；（二）无条件支付的委托；（三）确定的金额；（四）付款人名称；（五）出票日期；（六）出票人签章。支票上未记载前款规定事项之一的，支票无效。”

2. 答：《票据法》第102条规定："有下列票据欺诈行为之一的，依法追究刑事责任：（一）伪造、变造票据的；（二）故意使用伪造、变造的票据的；（三）签发空头支票或者故意签发与其预留的本名签名式样或者印鉴不符的支票，骗取财物的；（四）签发无可靠资金来源的汇票、本票，骗取资金的；（五）汇票、本票的出票人在出票时作虚假记载，骗取财物的；（六）冒用他人的票据，或者故意使用过期或者作废的票据，骗取财物的；（七）付款人同出票人、持票人恶意串通，实施前六项所列行为之一的。"

七、保险法

（一）判断题

1. 保险是指投保人根据合同约定，向保险人支付保险费，保险人对于合同约定的可能发生的事故因其发生所造成的财产损失承担赔偿保险金责任，或者当被保险人死亡、伤残、疾病或者达到合同约定的年龄、期限等条件时承担给付保险金责任的商业保险行为。（　　）
2. 投保人可以为无民事行为能力人投保以死亡为给付保险金条件的人身保险，保险人也可以承保。（　　）
3. 保险合同是投保人与保险人约定保险权利义务关系的协议。投保人是指与保险人订立保险合同，并按照合同约定负有支付保险费义务的人。保险人是指与投保人订立保险合同，并按照合同约定承担赔偿或者给付保险金责任的保险公司。（　　）
4. 以死亡为给付保险金条件的合同，未经被保险人同意并认可保险金额的，合同也依然有效。（　　）
5. 人身保险的受益人由被保险人或者投保人指定。投保人指定受益人时须经被保险人同意。投保人为与其有劳动关系的劳动者投保人身保险，不得指定被保险人及其近亲属以外的人为受益人。（　　）

（二）单项选择题

1. 投保人故意造成被保险人死亡、伤残或者疾病的，保险人不承担给付保险金的责任。投保人已交足（　　）保险费的，保险人应当按照合同约定向其他权利人退还保险单的现金价值。

A. 2 年以上　　B. 3 年以上

C. 1 年以上　　D. 6 个月以上

2. 保险标的转让的，保险标的的（　　）承继被保险人的权利和义务。

A. 出让人　　B. 受让人

C. 保险人　　D. 投保人

3. 保险标的转让的，被保险人或者受让人应当及时通知保险人，但（　　）和另有约定的合同除外。

A. 保证保险　　B. 责任保险

C. 货物运输保险合同　　D. 信用保险

4. （　　）应当遵守国家有关消防、安全、生产操作、劳动保护等方面的规定，维护保险标的的安全。

A. 保险人　　B. 被保险人

C. 投保人　　D. 受益人

5. 被保险人未及时履行通知义务的，因保险标的的危险程度显著增加而发生的保险事故，保险人（　　）的责任。

A. 不承担赔偿保险金　　B. 承担按比例承担赔偿保险金

C. 承担全额的赔偿保险金　　D. 承担一定的赔偿保险金

（三）多项选择题

1. 设立保险公司应当具备以下哪些条件？（　　）

A. 主要股东具有持续盈利能力，信誉良好，最近 3 年内无重大违法违规记录，净资产不低于人民币 2 亿元

B. 有符合本法和《公司法》规定的章程

C. 有符合本法规定的注册资本

D. 有健全的组织机构和管理制度

2. 关于保险公司，下列说法正确的是：(　　)

A. 设立保险公司，其注册资本的最低限额为人民币3亿元

B. 保险公司的注册资本必须为实缴货币资本

C. 保险公司在中华人民共和国境内设立分支机构，应当经保险监督管理机构批准

D. 保险公司分支机构不具有法人资格，其民事责任由保险公司承担

3. 保险公司申请设立分支机构，应当向保险监督管理机构提出书面申请，并提交(　　)材料。

A. 设立申请书

B. 拟设机构3年业务发展规划和市场分析材料

C. 拟任高级管理人员的简历及相关证明材料

D. 国务院保险监督管理机构规定的其他材料

4. 保险公司有(　　)情形的，应当经保险监督管理机构批准。

A. 变更名称　　B. 变更注册资本

C. 变更公司内部的管理体系　　D. 撤销分支机构

5. 下列属于保险公司业务范围的是：(　　)

A. 人寿保险　　B. 健康保险

C. 责任保险　　D. 信用保险

(四) 填空题

1. 保险公司对危险单位的划分方法和巨灾风险安排方案，应当报____备案。

2. 保险公司开展业务，应当遵循____的原则，不得____。

3. 保险经纪人是基于____的利益，为投保人与保险人订立保险合同提供中介服务，并依法收取____的机构。

4. ____、____，应当品行良好，熟悉保险法律、行政法规，具有履行职责所需的经营管理能力，并在任职前取得保险监督管理机构核准的任职资格。

5. 个人保险代理人在代为办理人寿保险业务时，不得同时接受____保险人的委托。

（五）简答题

1. 保险代理人、保险经纪人及其从业人员在办理保险业务活动中不得有哪些行为？
2. 简述国务院保险监督管理机构可以对保险公司实行接管的情形。

参考答案

（一）判断题

1. √，解析：《保险法》第 2 条。
2. ×，解析：《保险法》第 33 条规定："投保人不得为无民事行为能力人投保以死亡为给付保险金条件的人身保险，保险人也不得承保。父母为其未成年子女投保的人身保险，不受前款规定限制。但是，因被保险人死亡给付的保险金总和不得超过国务院保险监督管理机构规定的限额。"
3. √，解析：《保险法》第 10 条。
4. ×，解析：《保险法》第 34 条规定："以死亡为给付保险金条件的合同，未经被保险人同意并认可保险金额的，合同无效。按照以死亡为给付保险金条件的合同所签发的保险单，未经被保险人书面同意，不得转让或者质押。父母为其未成年子女投保的人身保险，不受本条第一款规定限制。"
5. √，解析：《保险法》第 39 条。

（二）单项选择题

1. A，解析：《保险法》第 43 条规定："投保人故意造成被保险人死亡、伤残或者疾病的，保险人不承担给付保险金的责任。投保人已交足 2 年以上保险费的，保险人应当按照合同约定向其他权利人退还保险单的现金价值。受益人故意造成被保险人死亡、伤残、疾病的，或者故意杀害被保险人未遂的，该受益人丧失受益权。"
2. B，解析：《保险法》第 49 条第 1 款规定："保险标的转让的，保险标的的受让人承继被保险人的权利和义务。"
3. C，解析：《保险法》第 49 条第 2 款规定："保险标的转让的，被保险人或者受让人应当及时通知保险人，但货物运输保险合同和另有约定的合同除外。"

4. B，解析：《保险法》第 51 条规定："被保险人应当遵守国家有关消防、安全、生产操作、劳动保护等方面的规定，维护保险标的的安全。"
5. A，解析：《保险法》第 52 条第 2 款规定："被保险人未履行前款规定的通知义务的，因保险标的的危险程度显著增加而发生的保险事故，保险人不承担赔偿保险金的责任。"

（三）多项选择题

1. ABCD，解析：《保险法》第 68 条规定："设立保险公司应当具备下列条件：（一）主要股东具有持续盈利能力，信誉良好，最近三年内无重大违法违规记录，净资产不低于人民币二亿元；（二）有符合本法和《中华人民共和国公司法》规定的章程；（三）有符合本法规定的注册资本；（四）有具备任职专业知识和业务工作经验的董事、监事和高级管理人员；（五）有健全的组织机构和管理制度；（六）有符合要求的营业场所和与经营业务有关的其他设施；（七）法律、行政法规和国务院保险监督管理机构规定的其他条件。"
2. BCD，解析：《保险法》第 69 条规定："设立保险公司，其注册资本的最低限额为人民币二亿元。国务院保险监督管理机构根据保险公司的业务范围、经营规模，可以调整其注册资本的最低限额，但不得低于本条第一款规定的限额。保险公司的注册资本必须为实缴货币资本。"第 74 条规定，保险公司在中华人民共和国境内设立分支机构，应当经保险监督管理机构批准。保险公司分支机构不具有法人资格，其民事责任由保险公司承担。"
3. ABCD，解析：《保险法》第 75 条规定："保险公司申请设立分支机构，应当向保险监督管理机构提出书面申请，并提交下列材料：（一）设立申请书；（二）拟设机构三年业务发展规划和市场分析材料；（三）拟任高级管理人员的简历及相关证明材料；（四）国务院保险监督管理机构规定的其他材料。"
4. ABD，解析：《保险法》第 84 条规定："保险公司有下列情形之一的，应当经保险监督管理机构批准：（一）变更名称；（二）变更注册资本；（三）变更公司或者分支机构的营业场所；（四）撤销分支机构；（五）公司分立或者合并；（六）修改公司章程；（七）变更出资额占有限责任公司资本总额百分之五以上的股东，或者变更持有股份有限公司股份百分之五以上的股东；（八）国务院保险监督管理机构规定的其他情形。"

5. ABCD，解析：《保险法》第 95 条规定："保险公司的业务范围：（一）人身保险业务，包括人寿保险、健康保险、意外伤害保险等保险业务；（二）财产保险业务，包括财产损失保险、责任保险、信用保险、保证保险等保险业务；（三）国务院保险监督管理机构批准的与保险有关的其他业务。保险人不得兼营人身保险业务和财产保险业务。但是，经营财产保险业务的保险公司经国务院保险监督管理机构批准，可以经营短期健康保险业务和意外伤害保险业务。保险公司应当在国务院保险监督管理机构依法批准的业务范围内从事保险经营活动。"

（四）填空题

1. 国务院保险监督管理机构。（《保险法》第 104 条）
2. 公平竞争；从事不正当竞争（《保险法》第 115 条）
3. 投保人；佣金（《保险法》第 118 条）
4. 保险专业代理机构；保险经纪人的高级管理人员（《保险法》第 121 条）
5. 两个以上。（《保险法》第 125 条）

（五）简答题

1. 答：《保险法》第 131 条规定："保险代理人、保险经纪人及其从业人员在办理保险业务活动中不得有下列行为：（一）欺骗保险人、投保人、被保险人或者受益人；（二）隐瞒与保险合同有关的重要情况；（三）阻碍投保人履行本法规定的如实告知义务，或者诱导其不履行本法规定的如实告知义务；（四）给予或者承诺给予投保人、被保险人或者受益人保险合同约定以外的利益；（五）利用行政权力、职务或者职业便利以及其他不正当手段强迫、引诱或者限制投保人订立保险合同；（六）伪造、擅自变更保险合同，或者为保险合同当事人提供虚假证明材料；（七）挪用、截留、侵占保险费或者保险金；（八）利用业务便利为其他机构或者个人牟取不正当利益；（九）串通投保人、被保险人或者受益人，骗取保险金；（十）泄露在业务活动中知悉的保险人、投保人、被保险人的商业秘密。"
2. 答：《保险法》第 144 条规定："保险公司有下列情形之一的，国务院保险监督管理机构可以对其实行接管：（一）公司的偿付能力严重不足的；（二）违反本法规定，损害社会公共利益，可能严重危及或者已经严重危及公司的偿付能力的。被接管的保险公司的债权债务关系不因接管而变化。"

八、著作权法

（一）判断题

1. 著作权法的立法宗旨为保护文学、艺术和科学作品作者的著作权，以及与著作权有关的权益，鼓励有益于社会主义精神文明、物质文明建设的作品的创作和传播，促进社会主义文化和科学事业的发展与繁荣。（　　）
2. 中国公民、法人或者非法人组织的作品，必须经发表后，才能依法享有著作权。（　　）
3. 工程设计图、产品设计图、地图、示意图等图形作品和模型作品属于著作权法所称的作品。（　　）
4. 著作权人和与著作权有关的权利人行使权利，不得违反宪法和法律，不得损害公共利益。（　　）
5. 历法、通用数表、通用表格和公式属于著作权法所称的作品。（　　）

（二）单项选择题

1. 外国人、无国籍人的作品（　　），依照著作权法的规定享有著作权。
   A. 首先在中国参加的国际条约的成员国出版的
   B. 首先在中国境内出版的
   C. 首先在非成员国出版的
   D. 在成员国和非成员国同时出版的
2. 下列选项中，属于著作权所称的“作品”的是：（　　）
   A. 单纯事实消息　　B. 通用数表
   C. 法律、法规　　D. 计算机软件
3. 下列选项中，不适用《著作权法》的有：（　　）
   A. 历法　　B. 工程设计图
   C. 产品设计图　　D. 建筑作品

4. 民间文学艺术作品的著作权保护办法由(　　)另行。

A. 全国人民代表大会　　B. 国务院

C. 国家著作权主管部门　　D. 省级以上地方主管著作权的部门

5. (　　)负责各行政区域的著作权管理工作。

A. 国家著作权主管部门

B. 省级以上地方主管著作权的部门

C. 市级以上地方主管著作权的部门

D. 县级以上地方主管著作权的部门

(三) 多项选择题

1. 下列选项中，属于著作权法所称的作品有：(　　)

A. 文字作品　　B. 口述作品

C. 摄影作品　　D. 公式

2. 下列选项说法正确的是：(　　)

A. 著作权人和与著作权有关的权利人行使权利，不得违反宪法和法律，不得损害公共利益。

B. 国家对作品的出版、传播依法进行监督管理。

C. 民间文学艺术作品的著作权保护办法由国务院另行。

D. 影视作品的著作权保护办法由国务院另行。

3. 关于著作权集体管理组织向使用者收取使用费，下列说法正确的是：(　　)

A. 著作权集体管理组织根据授权向使用者收取使用费

B. 使用费的收取标准由著作权集体管理组织和使用者代表协商确定，协商不成的，可以向国家著作权主管部门申请裁决

C. 对使用费的收取标准的裁决不服的，可以向人民法院提起诉讼

D. 可以直接向人民法院提起诉讼

4. 关于著作权集体管理组织，下列说法正确的是：(　　)

A. 著作权人和与著作权有关的权利人可以授权著作权集体管理组织行使著作权或者与著作权有关的权利

B. 著作权集体管理组织被授权后，可以以自己的名义为著作权人和与著作权有关的权利人主张权利

C. 著作权集体管理组织不得作为侵犯著作权诉讼的当事人

D. 著作权集体管理组织是非营利性组织

（四）填空题

1. 本法所称的作品，是指文学、艺术和科学领域内具有____并能以一定形式表现的____。
2. 国家对作品的____、____依法进行监督管理。
3. ____的著作权保护办法由国务院另行。
4. ____负责全国的著作权管理工作。
5. 著作权集体管理组织应当将____的收取和转付、____的提取和使用、____的未分配部分等总体情况定期向社会公布，并应当建立____，供____查询。

（五）简答题

1. 简述《著作权法》所称的作品类型。
2. 简述著作权集体管理组织的职能。
3. 简述表演者对于表演享有的具体权利。

参考答案

（一）判断题

1. √，解析：《著作权法》第 1 条。
2. ×，解析：《著作权法》第 2 条第 1 款规定："中国公民、法人或者非法人组织的作品，不论是否发表，依照本法享有著作权。"
3. √，解析：《著作权法》第 3 条。
4. √，解析：《著作权法》第 4 条。
5. ×，解析：《著作权法》第 5 条规定："本法不适用于：（一）法律、法规，国家机关的决议、决定、命令和其他具有立法、行政、司法性质的文件，及其官方正式译文；（二）单纯事实消息；（三）历法、通用数表、通用表格和公式。"

（二）单项选择题

1. B，解析：《著作权法》第2条第3款规定：“外国人、无国籍人的作品首先在中国境内出版的，依照本法享有著作权。”
2. D，解析：《著作权法》第3条规定：“本法所称的作品，是指文学、艺术和科学领域内具有独创性并能以一定形式表现的智力成果，包括：（一）文字作品；（二）口述作品；（三）音乐、戏剧、曲艺、舞蹈、杂技艺术作品；（四）美术、建筑作品；（五）摄影作品；（六）视听作品；（七）工程设计图、产品设计图、地图、示意图等图形作品和模型作品；（八）计算机软件；（九）符合作品特征的其他智力成果。”
3. A，解析：《著作权法》第5条规定：“本法不适用于：（一）法律、法规，国家机关的决议、决定、命令和其他具有立法、行政、司法性质的文件，及其官方正式译文；（二）单纯事实消息；（三）历法、通用数表、通用表格和公式。”
4. B，解析：《著作权法》第6条规定，民间文学艺术作品的著作权保护办法由国务院另行。
5. D，解析：《著作权法》第7条规定，县级以上地方主管著作权的部门负责本行政区域的著作权管理工作。

（三）多项选择题

1. ABC，解析：《著作权法》第3条规定：“本法所称的作品，是指文学、艺术和科学领域内具有独创性并能以一定形式表现的智力成果，包括：（一）文字作品；（二）口述作品；（三）音乐、戏剧、曲艺、舞蹈、杂技艺术作品；（四）美术、建筑作品；（五）摄影作品；（六）视听作品；（七）工程设计图、产品设计图、地图、示意图等图形作品和模型作品；（八）计算机软件；（九）符合作品特征的其他智力成果。”
2. ABC，《著作权法》第4条规定，著作权人和与著作权有关的权利人行使权利，不得违反宪法和法律，不得损害公共利益。国家对作品的出版、传播依法进行监督管理。第6条规定，民间文学艺术作品的著作权保护办法由国务院另行。
3. ABCD，《著作权法》第8条规定，著作权集体管理组织根据授权向使用者收取使用费。使用费的收取标准由著作权集体管理组织和使用者代表协商确定，协商不成的，可以向国家著作权主管部门申请裁决，对裁决不服的，可以向人民法院提起诉讼；当事人也可以直接向人民法院提起诉讼。

4. ABD，解析：《著作权法》第 8 条规定，著作权人和与著作权有关的权利人可以授权著作权集体管理组织行使著作权或者与著作权有关的权利。依法设立的著作权集体管理组织是非营利法人，被授权后可以以自己的名义为著作权人和与著作权有关的权利人主张权利，并可以作为当事人进行涉及著作权或者与著作权有关的权利的诉讼、仲裁、调解活动。

（四）填空题

1. 独创性；智力成果。（《著作权法》第 3 条）
2. 出版；传播。（《著作权法》第 4 条）
3. 民间文学艺术作品。（《著作权法》第 6 条）
4. 国家著作权主管部门。（《著作权法》第 7 条）
5. 使用费；管理费；使用费；权利信息查询系统；权利人和使用者。（《著作权法》第 8 条）

（五）简答题

1. 答：《著作权法》第 3 条规定，作品包括：（1）文字作品；（2）口述作品；（3）音乐、戏剧、曲艺、舞蹈、杂技艺术作品；（4）美术、建筑作品；（5）摄影作品；（6）视听作品；（7）工程设计图、产品设计图、地图、示意图等图形作品和模型作品；（8）计算机软件；（9）符合作品特征的其他智力成果。
2. 答：《著作权法》第 8 条规定，著作权集体管理组织的职能包括：（1）经著作权人和与著作权有关的权利人授权，以自己的名义为著作权人和与著作权有关的权利人主张权利；（2）经著作权人和与著作权有关的权利人授权，可以作为当事人进行涉及著作权或者与著作权有关的权利的诉讼、仲裁、调解活动；（3）根据授权向使用者收取使用费。
3. 答：《著作权法》第 39 条规定："表演者对其表演享有下列权利：（一）表明表演者身份；（二）保护表演形象不受歪曲；（三）许可他人从现场直播和公开传送其现场表演，并获得报酬；（四）许可他人录音录像，并获得报酬；（五）许可他人复制、发行、出租录有其表演的录音录像制品，并获得报酬；（六）许可他人通过信息网络向公众传播其表演，并获得报酬。被许可人以前款第三项至第六项规定的方式使用作品，还应当取得著作权人许可，并支付报酬。"

九、商标法

（一）判断题

1. 商标法是为了加强商标管理，保护商标专用权，促使生产、经营者保证商品和服务质量，维护商标信誉，以保障消费者和生产、经营者的利益，促进社会主义市场经济的发展所制定的。（　　）
2. 国务院工商行政管理部门商标局主管全国商标注册和管理的工作。（　　）
3. 经商标局核准注册的商标为注册商标，包括商品商标、服务商标和集体商标、证明商标；商标注册人享有商标专用权，受法律保护。（　　）
4. 自然人、法人或者其他组织在生产经营活动中，对其商品或者服务不需要取得商标专用权。（　　）
5. 两个以上的自然人、法人或者其他组织不能共同向商标局申请注册同一商标，不能共同享有和行使该商标专用权。（　　）

（二）单项选择题

1. （　　）在生产经营活动中，对其商品或者服务需要取得商标专用权的，应当向商标局申请商标注册。

   A. 自然人、法人或者其他组织　　B. 自然人

   C. 法人或者股东　　D. 公益组织

2. 自然人、法人或者其他组织在生产经营活动中，对其商品或者服务需要取得商标专用权的，应当向商标局申请商标注册。下列哪种情形应当予以驳回？（　　）

   A. 不以使用为目的商标注册　　B. 不以使用为目的恶意商标注册申请

   C. 一切恶意的商标注册　　D. 商标的恶意注册申请

3. （　　）个以上的自然人、法人或者其他组织可以共同向商标局申请注册同一商标，共同享有和行使该商标专用权。

A. 2　　B. 3
C. 4　　D. 5

4. 法律、行政法规规定必须使用注册商标的商品，未经核准注册的，该商品(　　)。
A. 可以在市场上销售，但其商标不受法律保护
B. 原则上可以在市场上销售，但商标法另有规定的除外
C. 原则上不得在市场上销售，但商标法另有规定的除外
D. 不得在市场上销售

5. 申请注册和使用商标应当遵循(　　)原则。
A. 合法　　B. 自愿
C. 平等　　D. 诚实信用

(三) 多项选择题

1. 商标法所称集体商标，是指以(　　)名义注册，供该组织成员在商事活动中使用，以表明使用者在该组织中的成员资格的标志。
A. 团体　　B. 协会
C. 自然人　　D. 其他组织

2. 下列说法中，正确的有：(　　)
A. 法律、行政法规规定必须使用注册商标的商品，必须申请商标注册，未经核准注册的，不得生产
B. 法律、行政法规规定必须使用注册商标的商品，必须申请商标注册，未经核准注册的，不得在市场销售
C. 申请注册和使用商标，应当遵循公平原则
D. 申请注册和使用商标，应当遵循诚实信用原则

3. 下列关于注册商标显著性的描述错误的是：(　　)
A. 注册商标不一定非要具有显著性
B. 商标注册人不一定有权利标明注册标记
C. 申请注册的商标可以与他人在先取得的某项权利冲突
D. 有显著性的标志一定可以注册成为商标

（四）填空题

1. 商标注册人有权标明“____”或者注册标记。
2. 中华人民共和国的国家名称、国旗、____、国歌、军旗、____、军歌、勋章等相同或者近似的，以及同中央国家机关的____、____、所在地特定地点的名称或者标志性建筑物的名称、图形相同的不得作为商标使用。
3. 仅有本商品的通用名称、____、型号的；仅直接表示商品的 ____、主要原料、功能、用途、重量、数量及其他特点的；不得作为商标注册。
4. 以____申请注册商标的，仅由商品自身的性质产生的形状、为获得技术效果而需有的商品形状或者使商品具有实质性价值的形状，不得注册。
5. 为相关公众所熟知的商标，持有人认为其权利受到侵害时，可以依照《商标法》的规定请求____保护。

（五）简答题

1. 简述《商标法》所规定的不得作为商标使用的标志。
2. 简述《商标法》所规定的不得作为商标注册的标注。
3. 简述认定驰名商标应当考虑的因素。

参考答案

（一）判断题

1. √，解析：《商标法》第 1 条。
2. √，解析：《商标法》第 2 条第 1 款。
4. √，解析：《商标法》第 3 条第 1 款。
4. ×，解析：《商标法》第 4 条第 1 款规定：“自然人、法人或者其他组织在生产经营活动中，对其商品或者服务需要取得商标专用权的，应当向商标局申请商标注册。”
5. ×，解析：《商标法》第 5 条规定：“两个以上的自然人、法人或者其他组织可以共同向商标局申请注册同一商标，共同享有和行使该商标专用权。”

（二）单项选择题

1. A，解析：《商标法》第4条第1款规定："自然人、法人或者其他组织在生产经营活动中，对其商品或者服务需要取得商标专用权的，应当向商标局申请商标注册。"
2. B，解析：《商标法》第4条第1款规定："自然人、法人或者其他组织在生产经营活动中，对其商品或者服务需要取得商标专用权的，应当向商标局申请商标注册。不以使用为目的的恶意商标注册申请，应当予以驳回。"
4. A，解析：《商标法》第5条规定："两个以上的自然人、法人或者其他组织可以共同向商标局申请注册同一商标，共同享有和行使该商标专用权。"
4. B，解析：《商标法》第6条规定："法律、行政法规规定必须使用注册商标的商品，必须申请商标注册，未经核准注册的，不得在市场销售。"
5. D，解析：《商标法》第7条第1款规定："商标使用人应当对其使用商标的商品质量负责。"

（三）多项选择题

1. ABD，解析：《商标法》第3条第2款规定："本法所称集体商标，是指以团体、协会或者其他组织名义注册，供该组织成员在商事活动中使用，以表明使用者在该组织中的成员资格的标志。"
2. BD，解析：《商标法》第6条规定："法律、行政法规规定必须使用注册商标的商品，必须申请商标注册，未经核准注册的，不得在市场销售。"第7条第1款规定："申请注册和使用商标，应当遵循诚实信用原则。"
3. ABCD，解析：《商标法》第9条规定："申请注册的商标，应当有显著特征，便于识别，并不得与他人在先取得的合法权利相冲突。商标注册人有权标明'注册商标'或者注册标记。"

（四）填空题

1. 注册商标。（《商标法》第9条）
2. 国徽；军徽；名称；标志（《商标法》第10条）
3. 图形；质量。（《商标法》第11条）
4. 三维标志。（《商标法》第12条）
5. 驰名商标。（《商标法》第13条）

（五）简答题

1. 答：《商标法》第 10 条第 1 款规定：“不得作为商标使用的标志包括：（一）同中华人民共和国的国家名称、国旗、国徽、国歌、军旗、军徽、军歌、勋章等相同或者近似的，以及同中央国家机关的名称、标志、所在地特定地点的名称或者标志性建筑物的名称、图形相同的；（二）同外国的国家名称、国旗、国徽、军旗等相同或者近似的，但经该国政府同意的除外；（三）同政府间国际组织的名称、旗帜、徽记等相同或者近似的，但经该组织同意或者不易误导公众的除外；（四）与表明实施控制、予以保证的官方标志、检验印记相同或者近似的，但经授权的除外；（五）同‘红十字’、‘红新月’的名称、标志相同或者近似的；（六）带有民族歧视性的；（七）带有欺骗性，容易使公众对商品的质量等特点或者产地产生误认的；（八）有害于社会主义道德风尚或者有其他不良影响的。”
2. 答：《商标法》第 11 条第 1 款规定：“不得作为商标注册的标志包括：（一）仅有本商品的通用名称、图形、型号的；（二）仅直接表示商品的质量、主要原料、功能、用途、重量、数量及其他特点的；（三）其他缺乏显著特征的。”
3. 答：《商标法》第 14 条规定，认定驰名商标应当考虑下列因素：（1）相关公众对该商标的知晓程度；（2）该商标使用的持续时间；（3）该商标的任何宣传工作的持续时间、程度和地理范围；（4）该商标作为驰名商标受保护的记录；（5）该商标驰名的其他因素。

十、专利法

（一）判断题

1. 在中国没有经常居所或者营业所的外国人、外国企业或者外国其他组织无权在中国申请专利。（　　）
2. 中国单位或者个人在国内申请专利和办理其他专利事务的，应当委托依法设立的专利代理机构办理。（　　）

3. 任何单位或者个人不得将在中国完成的发明或者实用新型向外国申请专利。(　　)
4. 滥用专利权，排除或者限制竞争，构成垄断行为的，依照《反垄断法》处理。(　　)
5. 在专利申请公布或者公告前，国务院专利行政部门的工作人员及有关人员对其内容负有保密责任。(　　)

(二) 单项选择题

1. 专利权人(　　)在其专利产品或者该产品的包装上标明专利标识。

A. 应当　　B. 必须

C. 有权　　D. 不得

2. 在中国没有经常居所或者营业所的外国人、外国企业或者外国其他组织在中国申请专利的，依照其所属国同中国签订的协议或者共同参加的国际条约，或者依照(　　)原则，根据专利法办理。

A. 平等　　B. 互惠

C. 诚信　　D. 协调

3. 在中国没有经常居所或者营业所的外国人，外国企业或者外国其他组织在中国申请专利的，应当委托(　　)办理。

A. 其本国专利代理机构

B. 在中国依法设立的专利代理机构

C. 中国国务院指定的专利代理机构

D. 中国国务院专利行政部门指定的律师事务所

4. 中国单位或者个人在国内申请专利和办理其他专利事务的，(　　)委托依法设立的专利代理机构办理。

A. 可以　　B. 应当

C. 必须　　D. 不得

5. 任何单位或者个人将在中国完成的发明或者实用新型向外国申请专利的，应当事先报经国务院专利行政部门进行(　　)审查。

A. 实质　　B. 保密

C. 形式　　D. 合法性

（三）多项选择题

1. 关于专利申请，下列说法正确的是：（　　）
   A. 国务院专利行政部门负责管理全国的专利工作
   B. 国务院专利行政部门负责统一受理和审查专利申请，依法授予专利权
   C. 省、自治区、直辖市人民政府管理专利工作的部门负责本行政区域内的专利管理工作
   D. 国务院专利行政部门设立的专利代办处受理所有专利申请
2. 申请专利的发明创造涉及(　　)需要保密的，按照国家有关规定办理。
   A. 国家安全　　B. 商业秘密
   C. 重大利益　　D. 社会公共利益
3. 对(　　)的发明创造，不授予专利权。
   A. 违反法律　　B. 违反社会公德
   C. 妨害公共利益　　D. 侵犯他人权益
4. 关于职务发明创造，下列说法正确的是：（　　）
   A. 执行本单位的任务或者主要是利用本单位的物质技术条件所完成的发明创造为职务发明创造
   B. 职务发明创造申请专利的权利属于发明人，申请被批准后，该发明人为专利权人
   C. 非职务发明创造，申请专利的权利属于发明人或者设计人；申请被批准后，该发明人或者设计人为专利权人
   D. 利用本单位的物质技术条件所完成的发明创造，单位与发明人或者设计人订有合同，对申请专利的权利和专利权的归属作出约定的，从其约定
5. 除另有协议的以外，(　　)申请专利的权利属于完成或者共同完成的单位或者个人。
   A. 1 个以上单位或者个人合作完成的发明创造
   B. 2 个以上单位或者个人合作完成的发明创造
   C. 1 个单位接受其他单位或者个人委托所完成的发明创造
   D. 个人接受其他单位或者个人委托所完成的发明创造

（四）填空题

1. 申请专利的发明创造涉及____或者____需要保密的，按照国家有关规定办理。
2. 对违反____、____或者妨害____的发明创造，不授予专利权。
3. 对违反法律、行政法规的规定____或者____遗传资源，并____该遗传资源完成的发明创造，不授予专利权。
4. ____或者____所完成的发明创造为职务发明创造。
5. 非职务发明创造，申请专利的权利属于____或者____。

（五）简答题

1. 简述我国《专利法》的保护对象。
2. 简述外观设计的含义和特点。
3. 简述职务发明创造的类型。

参考答案

（一）判断题

1. ×，解析：《专利法》第 17 条规定："在中国没有经常居所或者营业所的外国人、外国企业或者外国其他组织在中国申请专利的，依照其所属国同中国签订的协议或者共同参加的国际条约，或者依照互惠原则，根据本法办理。"
2. ×，解析：《专利法》第 18 条第 2 款规定："中国单位或者个人在国内申请专利和办理其他专利事务的，可以委托依法设立的专利代理机构办理。"
3. ×，解析：《专利法》第 19 条规定，任何单位或者个人将在中国完成的发明或者实用新型向外国申请专利的，应当事先报经国务院专利行政部门进行保密审查。
4. √，解析：《专利法》第 20 条。
5. √，解析：《专利法》第 21 条。

（二）单项选择题

1. C，解析：《专利法》第 16 条第 2 款规定："专利权人有权在其专利产品或者该产品的包装上标明专利标识。"
2. B，解析：《专利法》第 17 条规定："在中国没有经常居所或者营业所的外国人、外国企业或者外国其他组织在中国申请专利的，依照其所属国同中国签订的协议或者共同参加的国际条约，或者依照互惠原则，根据本法办理。"
3. B，解析：《专利法》第 18 条第 1 款规定："在中国没有经常居所或者营业所的外国人、外国企业或者外国其他组织在中国申请专利和办理其他专利事务的，应当委托依法设立的专利代理机构办理。"
4. A，解析：《专利法》第 18 条第 2 款规定："中国单位或者个人在国内申请专利和办理其他专利事务的，可以委托依法设立的专利代理机构办理。"
5. B，解析：《专利法》第 19 条规定，任何单位或者个人将在中国完成的发明或者实用新型向外国申请专利的，应当事先报经国务院专利行政部门进行保密审查。

（三）多项选择题

1. ABC，解析：《专利法》第 3 条规定："国务院专利行政部门负责管理全国的专利工作；统一受理和审查专利申请，依法授予专利权。省、自治区、直辖市人民政府管理专利工作的部门负责本行政区域内的专利管理工作。"
2. AC，解析：《专利法》第 4 条规定："申请专利的发明创造涉及国家安全或者重大利益需要保密的，按照国家有关规定办理。"
3. ABC，解析：《专利法》第 5 条规定："对违反法律、社会公德或者妨害公共利益的发明创造，不授予专利权。"
4. ACD，解析：《专利法》第 6 条规定："执行本单位的任务或者主要是利用本单位的物质技术条件所完成的发明创造为职务发明创造。职务发明创造申请专利的权利属于该单位，申请被批准后，该单位为专利权人。该单位可以依法处置其职务发明创造申请专利的权利和专利权，促进相关发明创造的实施和运用。非职务发明创造，申请专利的权利属于发明人或者设计人；申请被批准后，该发明人或者设计人为专利权人。利用本单位的物质技术条件所完成的发明创造，单位与发明人或者设计人订有合同，对申请专利的权利和专利权的归属作出约定的，从其约定。”

5. BCD，解析：《专利法》第8条规定：“两个以上单位或者个人合作完成的发明创造、一个单位或者个人接受其他单位或者个人委托所完成的发明创造，除另有协议的以外，申请专利的权利属于完成或者共同完成的单位或者个人；申请被批准后，申请的单位或者个人为专利权人。”

（四）填空题

1. 国家安全；重大利益。（《专利法》第4条）
2. 法律；社会公德；公共利益。（《专利法》第5条第1款）
3. 获取；利用；依赖。（《专利法》第5条第2款）
4. 执行本单位的任务；主要是利用本单位的物质技术条件。（《专利法》第6条第1款）
5. 发明人；设计人。（《专利法》第6条第2款）

（五）简答题

1. 答：《专利法》第2条规定，我国《专利法》保护的对象有发明、实用新型和外观设计。（1）发明，是指对产品、方法或者其改进所提出的新的技术方案。（2）实用新型，是指对产品的形状、构造或者其结合所提出的适于实用的新的技术方案。（3）外观设计，是指对产品的形状、图案或者其结合以及色彩与形状、图案的结合所作出的富有美感并适于工业应用的新设计。
2. 答：《专利法》第2条第4款规定，外观设计，是指对产品的整体或者局部的形状、图案或者其结合以及色彩与形状、图案的结合所作出的富有美感并适于工业应用的新设计。外观设计的特点具体如下：（1）是对工业产品的外观设计。（2）是对产品的形状、图案和色彩的设计。（3）富有美感。
3. 答：《专利法》第6条第1款规定，执行本单位的任务或者主要是利用本单位的物质技术条件所完成的发明创造为职务发明创造。职务发明创造的类型具体如下：（1）执行本单位的任务所完成的发明创造。（2）主要是利用本单位的物质技术条件所完成的发明创造。

叁 行政法

一、行政许可法

（一）判断题

1. 为了规范行政许可的设定和实施，保护公民、法人和其他组织的权益，维护公共利益和社会秩序，保障和监督行政机关有效实施行政管理，根据宪法，制定《行政许可法》。（　　）
2. 公民、法人或者其他组织的权益因行政机关实施行政许可受到损害的，有权依法要求赔偿。（　　）
3. 行政许可需要行政机关内设的多个机构办理的，该行政机关应当统一受理行政许可申请，统一送达行政许可决定。（　　）
4. 行政许可的申请人、利害关系人有权进行陈述和申辩。（　　）
5. 申请人提交的申请材料齐全、符合法定形式，行政机关能够当场作出决定的，可以当场作出口头或者书面的行政许可决定。（　　）

（二）单项选择题

1. 设定和实施行政许可，应当依照(　　)的权限、范围、条件和程序。

A. 法定　　B. 规定

C. 制定　　D. 确定

2. 符合法定条件、标准的，申请人有依法取得行政许可的平等权利，行政机关不得歧视(　　)。

A. 申请人　　B. 申请的公民、法人或者其他组织

C. 任何人　　D. 任何公民、法人或者其他组织

3. 行政许可的实施机关可以对已设定的行政许可的实施情况及存在的必要性(　　)进行评价，并将意见报告该行政许可的设定机关。

A. 及时　　B. 适时

C. 定时　　　　D. 定期

4. 省、自治区、直辖市人民政府对行政法规设定的有关经济事务的行政许可，根据本行政区域经济和社会发展情况，认为通过本法第十三条所列方式能够解决的，报(　　)批准后，可以在本行政区域内停止实施该行政许可。

A. 全国人民代表大会

B. 全国人民代表大会及其常务委员会

C. 国务院

D. 本级人民代表大会及其常务委员会

5. 行政机关应当建立和完善有关制度，推行(　　)，在行政机关的网站上公布行政许可事项，方便申请人采取数据电文等方式提出行政许可申请。

A. 电子政务　　　　B. 阳光政务

C. 互联网＋政务　　　　D. 智慧云政务

（三）多项选择题

1. 关于听证的程序下列选项表述正确的是？(　　)

A. 行政机关应当于举行听证的7日前将举行听证的时间、地点通知申请人、利害关系人，必要时予以公告

B. 行政机关应当指定审查该行政许可申请的工作人员以外的人员为听证主持人，申请人、利害关系人认为主持人与该行政许可事项有直接利害关系的，有权申请回避

C. 举行听证时，审查该行政许可申请的工作人员应当提供审查意见的证据、理由，申请人、利害关系人可以提出证据，并进行申辩和质证

D. 听证应当制作笔录，听证笔录应当交听证参加人确认无误后签字或者盖章

2. 申请人的申请符合法定(　　)的，行政机关应当依法作出准予行政许可的书面决定。

A. 现实　　　　B. 条件

C. 标准　　　　D. 程序

3. 行政机关作出准予行政许可的决定，需要颁发行政许可证件的，应当向申请人颁发加盖本行政机关印章的哪些行政许可证件？(　　)

A. 许可证、执照或者其他许可证书

B. 资格证、资质证或者其他合格证书

C. 行政机关的批准文件或者证明文件

D. 法律、法规规定的其他行政许可证件

4. 行政机关实施行政许可，依照法律、行政法规收取费用的，应当按照公布的法定项目和标准收费；所收取的费用必须全部上缴国库，任何机关或者个人不得以任何形式(　　)。

A. 截留　　B. 挪用

C. 私分　　D. 变相私分

5. 国务院实施行政许可的程序，适用有关(　　)的。

A. 法律　　B. 法规

C. 行政法规　　D. 地方性法规

(四) 填空题

1. 行政机关____行政许可申请，应当出具加盖本行政机关____和注明日期的____。

2. 行政机关应当____有关制度，推行____，在行政机关的____上公布行政许可事项，方便申请人采取____等方式提出行政许可申请；应当与其他行政机关____有关行政许可信息，提高____。

3. 行政机关对行政许可申请进行____时，发现行政许可事项____的，应当告知该____。

4. 行政机关对____进行审查后，除____作出行政许可决定的外，应当在法定期限内按照____作出行政许可决定。

5. 行政许可____申请人与他人之间重大利益关系的，行政机关在作出行政许可____，应当告知申请人、利害关系人享有____的权利。

(五) 简答题

1. 简述作出行政许可决定的行政机关或者其上级行政机关，根据利害关系人的请求或者依据职权，可以撤销行政许可的情形。

2. 简述行政机关应当依法办理有关行政许可的注销手续的情形。

3. 简述行政机关组织听证的程序。
4. 简述行政机关对申请人提出的行政许可申请应当如何处理。
5. 简述行政机关作出准予行政许可的决定，需要颁发行政许可证件的，应当向申请人颁发的行政许可证件的范围。

参考答案

（一）判断题

1. ×，解析：《行政许可法》第1条规定：“为了规范行政许可的设定和实施，保护公民、法人和其他组织的合法权益，维护公共利益和社会秩序，保障和监督行政机关有效实施行政管理，根据宪法，制定本法。”
2. ×，解析：《行政许可法》第7条规定：“公民、法人或者其他组织对行政机关实施行政许可，享有陈述权、申辩权；有权依法申请行政复议或者提起行政诉讼；其合法权益因行政机关违法实施行政许可受到损害的，有权依法要求赔偿。”
3. ×，解析：《行政许可法》第26条第1款规定：“行政许可需要行政机关内设的多个机构办理的，该行政机关应当确定一个机构统一受理行政许可申请，统一送达行政许可决定。”
4. √，解析：《行政许可法》第36条。
5. ×，解析：《行政许可法》第34条第2款规定：“申请人提交的申请材料齐全、符合法定形式，行政机关能够当场作出决定的，应当当场作出书面的行政许可决定。”

（二）单项选择题

1. A，解析：《行政许可法》第4条规定：“设定和实施行政许可，应当依照法定的权限、范围、条件和程序。”
2. C，解析：《行政许可法》第5条第3款规定：“符合法定条件、标准的，申请人有依法取得行政许可的平等权利，行政机关不得歧视任何人。”
3. B，解析：《行政许可法》第20条第2款规定：“行政许可的实施机关可以对已设定的行政许可的实施情况及存在的必要性适时进行评价，并将意见报告该行政许可的设定机关。”
4. C，解析：《行政许可法》第21条规定：“省、自治区、直辖市人民政府对行政法规设定的有关经济事务的行政许可，根据本行政区域经济和社会发展情况，认为通过本法第十三条所列方式能够解决的，报国务院批准后，可以在本行政区域内停止实施该行政许可。”

5. A，解析：《行政许可法》第 33 条规定：“行政机关应当建立和完善有关制度，推行电子政务，在行政机关的网站上公布行政许可事项，方便申请人采取数据电文等方式提出行政许可申请；应当与其他行政机关共享有关行政许可信息，提高办事效率。”

（三）多项选择题

1. ABCD，解析：《行政许可法》第 48 条第 1 款规定：“听证按照下列程序进行：（一）行政机关应当于举行听证的七日前将举行听证的时间、地点通知申请人、利害关系人，必要时予以公告；（二）听证应当公开举行；（三）行政机关应当指定审查该行政许可申请的工作人员以外的人员为听证主持人，申请人、利害关系人认为主持人与该行政许可事项有直接利害关系的，有权申请回避；（四）举行听证时，审查该行政许可申请的工作人员应当提供审查意见的证据、理由，申请人、利害关系人可以提出证据，并进行申辩和质证；（五）听证应当制作笔录，听证笔录应当交听证参加人确认无误后签字或者盖章。”
2. BC，解析：《行政许可法》第 38 条第 1 款规定：“申请人的申请符合法定条件、标准的，行政机关应当依法作出准予行政许可的书面决定。”
3. ABCD，解析：《行政许可法》第 39 条第 1 款规定：“行政机关作出准予行政许可的决定，需要颁发行政许可证件的，应当向申请人颁发加盖本行政机关印章的下列行政许可证件：（一）许可证、执照或者其他许可证书；（二）资格证、资质证或者其他合格证书；（三）行政机关的批准文件或者证明文件；（四）法律、法规规定的其他行政许可证件。”
4. ABCD，解析：《行政许可法》第 59 条规定：“行政机关实施行政许可，依照法律、行政法规收取费用的，应当按照公布的法定项目和标准收费；所收取的费用必须全部上缴国库，任何机关或者个人不得以任何形式截留、挪用、私分或者变相私分。财政部门不得以任何形式向行政机关返还或者变相返还实施行政许可所收取的费用。”
5. AC，解析：《行政许可法》第 52 条规定：“国务院实施行政许可的程序，适用有关法律、行政法规的。”

（四）填空题

1. 受理或者不予受理；专用印章；书面凭证。（《行政许可法》第 32 条第 2 款）
2. 建立和完善；电子政务；网站；数据电文；共享；办事效率。（《行政许可法》第 33 条）
3. 审查；直接关系他人重大利益；利害关系人。（《行政许可法》第 36 条）
4. 行政许可申请；当场；规定程序。（《行政许可法》第 37 条）
5. 直接涉及；决定前；要求听证。（《行政许可法》第 47 条）

（五）简答题

1. 答：根据《行政许可法》第 69 条第 1－3 款的规定："有下列情形之一的，作出行政许可决定的行政机关或者其上级行政机关，根据利害关系人的请求或者依据职权，可以撤销行政许可：（一）行政机关工作人员滥用职权、玩忽职守作出准予行政许可决定的；（二）超越法定职权作出准予行政许可决定的；（三）违反法定程序作出准予行政许可决定的；（四）对不具备申请资格或者不符合法定条件的申请人准予行政许可的；（五）依法可以撤销行政许可的其他情形。被许可人以欺骗、贿赂等不正当手段取得行政许可的，应当予以撤销。依照前两款的规定撤销行政许可，可能对公共利益造成重大损害的，不予撤销。"
2. 答：根据《行政许可法》第 70 条的规定："有下列情形之一的，行政机关应当依法办理有关行政许可的注销手续：（一）行政许可有效期届满未延续的；（二）赋予公民特定资格的行政许可，该公民死亡或者丧失行为能力的；（三）法人或者其他组织依法终止的；（四）行政许可依法被撤销、撤回，或者行政许可证件依法被吊销的；（五）因不可抗力导致行政许可事项无法实施的；（六）法律、法规规定的应当注销行政许可的其他情形。"
3. 答：根据《行政许可法》第 48 条的规定："听证按照下列程序进行：（一）行政机关应当于举行听证的七日前将举行听证的时间、地点通知申请人、利害关系人，必要时予以公告；（二）听证应当公开举行；（三）行政机关应当指定审查该行政许可申请的工作人员以外的人员为听证主持人，申请人、利害关系人认为主持人与该行政许可事项有直接利害关系的，有权申请回避；（四）举行听证时，审查该行政许可申请的工作人员应当提供审查意见的证据、理由，申请人、利害关系人可以提出证据，并进行申辩和质证；（五）听证应当制作笔录，听证笔录应当交听证参加人确认无误后签字或者盖章。”

4. 答：根据《行政许可法》第 32 条第 1 款的规定：“行政机关对申请人提出的行政许可申请，应当根据下列情况分别作出处理：（一）申请事项依法不需要取得行政许可的，应当即时告知申请人不受理；（二）申请事项依法不属于本行政机关职权范围的，应当即时作出不予受理的决定，并告知申请人向有关行政机关申请；（三）申请材料存在可以当场更正的错误的，应当允许申请人当场更正；（四）申请材料不齐全或者不符合法定形式的，应当当场或者在五日内一次告知申请人需要补正的全部内容，逾期不告知的，自收到申请材料之日起即为受理；（五）申请事项属于本行政机关职权范围，申请材料齐全、符合法定形式，或者申请人按照本行政机关的要求提交全部补正申请材料的，应当受理行政许可申请。”

5. 答：根据《行政许可法》第 39 条第 1 款规定：“行政机关作出准予行政许可的决定，需要颁发行政许可证件的，应当向申请人颁发加盖本行政机关印章的下列行政许可证件：（一）许可证、执照或者其他许可证书；（二）资格证、资质证或者其他合格证书；（三）行政机关的批准文件或者证明文件；（四）法律、法规规定的其他行政许可证件。”

二、行政强制法

（一）判断题

1. 行政强制的设定和实施，应当依照法定的权限、范围、条件和程序。（　　）

2. 法律对行政强制措施的对象、条件、种类作了规定的，行政法规、地方性法规可以作出适当扩大。（　　）

3. 违法行为涉嫌犯罪应当移送司法机关的，行政机关应当将查封、扣押、冻结的财物一并移送，并书面告知当事人。（　　）

4. 当事人收到催告书后有权进行陈述和申辩。行政机关应当充分听取当事人的意见，对当事人提出的事实、理由和证据，应当进行记录、复核。当事人提出的事实、理由或者证据成立的，行政机关应当采纳。(　　)
5. 当事人在法定期限内不申请行政复议或者提起行政诉讼，又不履行行政决定的，没有行政强制执行权的行政机关可以自期限届满之日起 1 个月内，依照《行政处罚法》的规定申请人民法院强制执行。(　　)

(二) 单项选择题

1. 人民法院接到行政机关强制执行的申请，应当在(　　)日内受理。行政机关对人民法院不予受理的裁定有异议的，可以在(　　)日内向上一级人民法院申请复议，上一级人民法院应当自收到复议申请之日起(　　)日内作出是否受理的裁定。

   A. 5；15；15　　B. 15；30；30

   C. 3；5；5　　D. 5；15；30
2. 行政机关及其工作人员利用行政强制权为单位或者个人谋取利益的，由上级行政机关或者有关部门责令改正，对(　　)依法给予处分。

   A. 直接负责的主管人员

   B. 其他直接责任人员

   C. 直接负责的主管人员和其他直接责任人员

   D. 单位全体员工
3. 实施行政强制，应当坚持(　　)相结合。

   A. 惩罚与教育　　B. 强制与宽容

   C. 宽容与教育　　D. 教育与强制
4. 法律对行政强制措施的(　　)作了规定的，行政法规、地方性法规不得作出扩大。

   A. 范围、条件，程度　　B. 种类、对象、范围

   C. 对象、条件、种类　　D. 程度、对象、范围
5. 违法行为涉嫌犯罪应当移送司法机关的，行政机关应当将查封、扣押、冻结的财物一并移送，并(　　)告知当事人。

A. 书面　　B. 口头

C. 邮件　　D. 转达

（三）多项选择题

1. 以下哪些选项属于行政强制措施？（　　）

A. 限制公民人身自由　　B. 查封场所、设施或者财物

C. 扣押财物　　D. 冻结存款、汇款

2. 以下哪些选项属于可以查封、扣押的范围？（　　）

A. 涉案的场所　　B. 涉案的设施

C. 涉案的财物　　D. 涉案的生活必需品

3. 行政机关作出强制执行决定前，应当事先催告当事人履行义务。催告应当以书面形式作出，并载明以下哪些事项？（　　）

A. 履行义务的期限

B. 履行义务的方式

C. 涉及金钱给付的，应当有明确的金额和给付方式

D. 当事人依法享有的陈述权和申辩权

4. 人民法院发现有下列哪些情形之一的，在作出裁定前可以听取被执行人和行政机关的意见？（　　）

A. 明显缺乏事实根据的

B. 明显缺乏法律、法规依据的

C. 其他明显违法并损害被执行人合法权益的

D. 涉及多人利益的

5.《行政强制法》所称的行政强制，包括以下哪些选项？（　　）

A. 行政强制措施　　B. 行政强制执行

C. 行政强制程序　　D. 行政强制履行

（四）填空题

1. 行政强制的____和____，应当适当。采用____可以达到行政管理目的的，不得设定和实施行政强制。

2. 为了规范行政强制的设定和实施，保障和监督行政机关依法履行职责，

维护____和____，保护公民、法人和其他组织的____，根据宪法，制定本法。

3. 行政强制的设定和实施，应当依照法定的____，____，____，____。
4. 查封、扣押应当由____，____规定的行政机关实施，其他任何行政机关或者组织不得实施。
5. 公民、法人或者其他组织对行政机关实施行政强制，享有____，____；有权依法申请____或者提起____；因行政机关违法实施行政强制受到损害的，有权依法要求赔偿。

（五）简答题

1. 简述行政强制执行的方式。
2. 简述行政机关实施行政强制措施应当遵守的规定。
3. 简述行政机关应当及时作出解除查封、扣押决定的具体情形。

参考答案

（一）判断题

1. √，解析：《行政强制法》第 4 条。
2. ×，解析：《行政强制法》第 11 条规定：“法律对行政强制措施的对象、条件、种类作了规定的，行政法规、地方性法规不得作出扩大。法律中未设定行政强制措施的，行政法规、地方性法规不得设定行政强制措施。但是，法律规定特定事项由行政法规规定具体管理措施的，行政法规可以设定除本法第九条第一项、第四项和应当由法律规定的行政强制措施以外的其他行政强制措施。
3. √，解析：《行政强制法》第 21 条。
4. √，解析：《行政强制法》第 36 条。
5. ×，解析：《行政强制法》第 53 条规定：“当事人在法定期限内不申请行政复议或者提起行政诉讼，又不履行行政决定的，没有行政强制执行权的行政机关可以自期限届满之日起三个月内，依照本章规定申请人民法院强制执行。”

（二）单项选择题

1. A，解析：《行政强制法》第 56 条规定："人民法院接到行政机关强制执行的申请，应当在五日内受理。行政机关对人民法院不予受理的裁定有异议的，可以在十五日内向上一级人民法院申请复议，上一级人民法院应当自收到复议申请之日起十五日内作出是否受理的裁定。"
2. C，解析：《行政强制法》第 64 条规定："行政机关及其工作人员利用行政强制权为单位或者个人谋取利益的，由上级行政机关或者有关部门责令改正，对直接负责的主管人员和其他直接责任人员依法给予处分。"
3. D，解析：《行政强制法》第 6 条规定："实施行政强制，应当坚持教育与强制相结合。"
4. C，解析：《行政强制法》第 11 条第 1 款规定："法律对行政强制措施的对象、条件、种类作了规定的，行政法规、地方性法规不得作出扩大。"
5. A，解析：《行政强制法》第 21 条规定："违法行为涉嫌犯罪应当移送司法机关的，行政机关应当将查封、扣押、冻结的财物一并移送，并书面告知当事人。"

（三）多项选择题

1. ABCD，解析：《行政强制法》第 9 条规定："行政强制措施的种类：（一）限制公民人身自由；（二）查封场所、设施或者财物；（三）扣押财物；（四）冻结存款、汇款；（五）其他行政强制措施。
2. ABC，解析：《行政强制法》第 23 条第 1 款规定："查封、扣押限于涉案的场所、设施或者财物，不得查封、扣押与违法行为无关的场所、设施或者财物；不得查封、扣押公民个人及其所扶养家属的生活必需品。"
3. ABCD，解析：《行政强制法》第 35 条规定："行政机关作出强制执行决定前，应当事先催告当事人履行义务。催告应当以书面形式作出，并载明下列事项：（一）履行义务的期限；（二）履行义务的方式；（三）涉及金钱给付的，应当有明确的金额和给付方式；（四）当事人依法享有的陈述权和申辩权。"
4. ABC，解析：《行政强制法》第 58 条规定："人民法院发现有下列情形之一的，在作出裁定前可以听取被执行人和行政机关的意见：（一）明显缺乏事实根据的；（二）明显缺乏法律、法规依据的；（三）其他明显违法并损害被执行人合法权益的。人民法院应当自受理之日起三十日内作出是否执行的裁定。裁定不予执行的，应当说明理由，并在五日内将不予执行的裁定送达行政机关。行政机关对人民法院不予执行的裁定有异议的，可以自收到裁定之日起十五日内向上一级人民法院申请复议，上一级人民法院应当自收到复议申请之日起三十日内作出是否执行的裁定。”

5. AB，解析：《行政强制法》第 2 条规定：“本法所称行政强制，包括行政强制措施和行政强制执行。行政强制措施，是指行政机关在行政管理过程中，为制止违法行为、防止证据损毁、避免危害发生、控制危险扩大等情形，依法对公民的人身自由实施暂时性限制，或者对公民、法人或者其他组织的财物实施暂时性控制的行为。行政强制执行，是指行政机关或者行政机关申请人民法院，对不履行行政决定的公民、法人或者其他组织，依法强制履行义务的行为。”

（四）填空题

1. 设定；实施；非强制手段。（《行政强制法》第 5 条）
2. 公共秩序；社会秩序；合法权益。（《行政强制法》第 1 条）
3. 权限；范围；条件；程序。（《行政强制法》第 4 条）
4. 法律；法规。（《行政强制法》第 22 条）
5. 陈述权；申辩权；行政复议；行政诉讼。（《行政强制法》第 8 条）

（五）简答题

1. 根据《行政强制法》第 12 条的规定：“行政强制执行的方式：（一）加处罚款或者滞纳金；（二）划拨存款、汇款；（三）拍卖或者依法处理查封、扣押的场所、设施或者财物；（四）排除妨碍、恢复原状；（五）代履行；（六）其他强制执行方式。”
2. 根据《行政强制法》第 18 条的规定：“行政机关实施行政强制措施应当遵守下列规定：（一）实施前须向行政机关负责人报告并经批准；（二）由两名以上行政执法人员实施；（三）出示执法身份证件；（四）通知当事人到场；（五）当场告知当事人采取行政强制措施的理由、依据以及当事人依法享有的权利、救济途径；（六）听取当事人的陈述和申辩；（七）制作现场笔录；（八）现场笔录由当事人和行政执法人员签名或者盖章，当事人拒绝的，在笔录中予以注明；（九）当事人不到场的，邀请见证人到场，由见证人和行政执法人员在现场笔录上签名或者盖章；（十）法律、法规规定的其他程序。”

3. 根据《行政强制法》第 28 条的规定："有下列情形之一的，行政机关应当及时作出解除查封、扣押决定：（一）当事人没有违法行为；（二）查封、扣押的场所、设施或者财物与违法行为无关；（三）行政机关对违法行为已经作出处理决定，不再需要查封、扣押；（四）查封、扣押期限已经届满；（五）其他不再需要采取查封、扣押措施的情形。解除查封、扣押应当立即退还财物；已将鲜活物品或者其他不易保管的财物拍卖或者变卖的，退还拍卖或者变卖所得款项。变卖价格明显低于市场价格，给当事人造成损失的，应当给予补偿。"

三、行政复议法

（一）判断题

1. 为了防止和纠正违法的或者不当的具体行政行为，保护公民、法人和其他组织的权益，保障和监督行政机关依法行使职权，根据宪法，制定《行政复议法》。(　　)
2. 公民、法人或者其他组织认为具体行政行为侵犯其合法权益，向行政机关提出行政复议申请，行政机关受理行政复议申请、作出行政复议决定，适用《行政复议法》。(　　)
3. 对被撤销的行政机关在撤销前所作出的具体行政行为不服的，向继续行使其职权的行政机关的上一级行政机关申请行政复议。(　　)
4. 公民、法人或者其他组织向人民法院提起行政诉讼，人民法院依法受理的，可以申请行政复议。(　　)
5. 公民、法人或者其他组织依法提出行政复议申请，行政复议机关不予受理的，上级行政机关直接受理。(　　)

（二）单项选择题

1. 在行政复议(　　)，被申请人不得自行向申请人和其他有关组织或者个人收集证据。

A. 期间　　B. 决定作出前

C. 30 日内　　D. 过程中

2. 行政复议决定作出前，申请人要求撤回行政复议申请的，经说明理由，可以撤回；撤回行政复议申请的，行政复议(　　)。

A. 停止　　B. 中止

C. 不停止　　D. 终止

3. 申请人在申请行政复议时，一并提出对《行政复议法》第 7 条所列有关规定的审查申请的，行政复议机关对该规定有权处理的，应当在 30 日内依法处理；无权处理的，应当在(　　)日内按照法定程序转送有权处理的行政机关依法处理，有权处理的行政机关应当在(　　)依法处理。处理期间，中止对具体行政行为的审查。

A. 5；30　　B. 5；60

C. 7；30　　D. 7；60

4. 行政复议机关工作人员在行政复议活动中，徇私舞弊或者有其他渎职、失职行为的，依法给予(　　)的行政处分；情节严重的，依法给予降级、撤职、开除的行政处分；构成犯罪的，依法追究刑事责任。

A. 警告、记过、记大过　　B. 警告、记过、降级

C. 警告、记过、撤职　　D. 警告、记过、开除

5. (　　)违反本法规定，不提出书面答复或者不提交作出具体行政行为的证据、依据和其他有关材料，或者阻挠、变相阻挠公民、法人或者其他组织依法申请行政复议的，对直接负责的主管人员和其他直接责任人员依法给予警告、记过、记大过的行政处分；进行报复陷害的，依法给予降级、撤职、开除的行政处分；构成犯罪的，依法追究刑事责任。

A. 申请人　　B. 被申请人

C. 第三人　　D. 行政复议机关工作人员

(三) 多项选择题

1. (　　)在中华人民共和国境内申请行政复议，适用本法。

A. 外资企业　　B. 外国人

C. 无国籍人　　D. 外国组织

2. 行政复议机关工作人员在行政复议活动中，(　　)的，依法给予警告、记过、记大过的行政处分；情节严重的，依法给予降级、撤职、开除的行政处分；构成犯罪的，依法追究刑事责任。

A. 玩忽职守　　B. 滥用职权

C. 徇私舞弊　　D. 有其他渎职、失职行为

3. 被申请人违反本法规定，(　　)的，对直接负责的主管人员和其他直接责任人员依法给予警告、记过、记大过的行政处分。

A. 不提出书面答复

B. 不提交作出具体行政行为的证据、依据和其他有关材料

C. 阻挠、变相阻挠公民、法人或者其他组织依法申请行政复议

D. 进行报复陷害

4. 被申请人(　　)行政复议决定的，对直接负责的主管人员和其他直接责任人员依法给予警告、记过、记大过的行政处分；经责令履行仍拒不履行的，依法给予降级、撤职、开除的行政处分。

A. 不履行　　B. 无正当理由不履行

C. 拖延履行　　D. 无正当理由拖延履行

5. 行政复议机关负责法制工作的机构发现有(　　)或者不履行行政复议决定等情形的，应当向有关行政机关提出建议，有关行政机关应当依照本法和有关法律、行政法规的规定作出处理。

A. 无正当理由不予受理行政复议申请

B. 不按照规定期限作出行政复议决定

C. 徇私舞弊

D. 对申请人打击报复

(四) 填空题

1. 行政复议机关违反《行政复议法》规定，____不予受理依法提出的行政复议申请或者____转送行政复议申请的，或者在____内不作出行政复议决定的，对直接负责的主管人员和其他直接责任人员依法给予____的行政处分；经责令受理仍不受理或者不按照规定转送行政复议申请，造成严重后果的，依法给予____的行政处分。

2. 行政复议机关工作人员在____中，徇私舞弊或者有其他渎职、失职行为的，依法给予____的行政处分；情节严重的，依法给予____的行政处分；构成犯罪的，依法追究____。
3. ____违反《行政复议法》规定，不提出____或者不提交作出具体行政行为的证据、依据和其他有关材料，或者____公民、法人或者其他组织依法申请行政复议的，对直接负责的主管人员和其他直接责任人员依法给予警告、记过、记大过的行政处分；进行____的，依法给予降级、撤职、开除的行政处分；构成犯罪的，依法追究刑事责任。
4. 被申请人不履行或者____拖延履行行政复议决定的，对直接负责的主管人员和其他直接责任人员依法给予____的行政处分；经责令履行____的，依法给予降级、撤职、开除的____。
5. 被申请人____或者____拖延履行行政复议决定的，行政复议机关或者____行政机关应当责令其____。

（五）简答题

1. 申请人逾期不起诉又不履行行政复议决定的，或者不履行最终裁决的行政复议决定的，应当如何处理？
2. 简述行政复议期间，具体行政行为可以停止执行的情形。
3. 简述行政复议机关的职责。

参考答案

（一）判断题

1. ×，解析：《行政复议法》第1条规定："为了防止和纠正违法的或者不当的具体行政行为，保护公民、法人和其他组织的合法权益，保障和监督行政机关依法行使职权，根据宪法，制定本法。"
2. √，解析：《行政复议法》第2条。
3. √，解析：《行政复议法》第15条第1款。
4. ×，解析：《行政复议法》第16条第2款规定："公民、法人或者其他组织向人民法院提起行政诉讼，人民法院已经依法受理的，不得申请行政复议。"

5. ×，解析：《行政复议法》第 20 条规定：“公民、法人或者其他组织依法提出行政复议申请，行政复议机关无正当理由不予受理的，上级行政机关应当责令其受理；必要时，上级行政机关也可以直接受理。”

（二）单项选择题

1. D，解析：《行政复议法》第 24 条规定：“在行政复议过程中，被申请人不得自行向申请人和其他有关组织或者个人收集证据。”
2. D，解析：《行政复议法》第 25 条规定：“行政复议决定作出前，申请人要求撤回行政复议申请的，经说明理由，可以撤回；撤回行政复议申请的，行政复议终止。”
3. D，解析：《行政复议法》第 26 条规定：“申请人在申请行政复议时，一并提出对本法第七条所列有关规定的审查申请的，行政复议机关对该规定有权处理的，应当在三十日内依法处理；无权处理的，应当在七日内按照法定程序转送有权处理的行政机关依法处理，有权处理的行政机关应当在六十日内依法处理。处理期间，中止对具体行政行为的审查。”
4. A，解析：《行政复议法》第 35 条规定：“行政复议机关工作人员在行政复议活动中，徇私舞弊或者有其他渎职、失职行为的，依法给予警告、记过、记大过的行政处分；情节严重的，依法给予降级、撤职、开除的行政处分；构成犯罪的，依法追究刑事责任。”
5. B，解析：《行政复议法》第 36 条规定：“被申请人违反本法规定，不提出书面答复或者不提交作出具体行政行为的证据、依据和其他有关材料，或者阻挠、变相阻挠公民、法人或者其他组织依法申请行政复议的，对直接负责的主管人员和其他直接责任人员依法给予警告、记过、记大过的行政处分；进行报复陷害的，依法给予降级、撤职、开除的行政处分；构成犯罪的，依法追究刑事责任。”

（三）多项选择题

1. BCD，解析：《行政复议法》第 41 条规定：“外国人、无国籍人、外国组织在中华人民共和国境内申请行政复议，适用本法。”
2. CD，解析：《行政复议法》第 35 条规定：“行政复议机关工作人员在行政复议活动中，徇私舞弊或者有其他渎职、失职行为的，依法给予警告、记过、记大过的行政处分；情节严重的，依法给予降级、撤职、开除的行政处分；构成犯罪的，依法追究刑事责任。”

3. ABC，解析：《行政复议法》第36条规定："被申请人违反本法规定，不提出书面答复或者不提交作出具体行政行为的证据、依据和其他有关材料，或者阻挠、变相阻挠公民、法人或者其他组织依法申请行政复议的，对直接负责的主管人员和其他直接责任人员依法给予警告、记过、记大过的行政处分；进行报复陷害的，依法给予降级、撤职、开除的行政处分；构成犯罪的，依法追究刑事责任。"
4. AD，解析：《行政复议法》第37条规定："被申请人不履行或者无正当理由拖延履行行政复议决定的，对直接负责的主管人员和其他直接责任人员依法给予警告、记过、记大过的行政处分；经责令履行仍拒不履行的，依法给予降级、撤职、开除的行政处分。"
5. ABCD，解析：《行政复议法》第38条规定："行政复议机关负责法制工作的机构发现有无正当理由不予受理行政复议申请、不按照规定期限作出行政复议决定、徇私舞弊、对申请人打击报复或者不履行行政复议决定等情形的，应当向有关行政机关提出建议，有关行政机关应当依照本法和有关法律、行政法规的规定作出处理。"

（四）填空题

1. 无正当理由；不按照规定；法定期限；警告、记过、记大过；降级、撤职、开除。（《行政复议法》第34条）
2. 行政复议活动；警告、记过、记大过；降级、撤职、开除；刑事责任。（《行政复议法》第35条）
3. 被申请人；书面答复；阻挠、变相阻挠；报复陷害。（《行政复议法》第36条）
4. 无正当理由；警告、记过、记大过；仍拒不履行；行政处分。（《行政复议法》第37条）
5. 不履行；无正当理由；有关上级；限期履行。（《行政复议法》第32条）

（五）简答题

1. 答：《行政复议法》第33条规定："申请人逾期不起诉又不履行行政复议决定的，或者不履行最终裁决的行政复议决定的，按照下列规定分别处理：（一）维持具体行政行为的行政复议决定，由作出具体行政行为的行政机关依法强制执行，或者申请人民法院强制执行；（二）变更具体行政行为的行政复议决定，由行政复议机关依法强制执行，或者申请人民法院强制执行。"

2. 答：《行政复议法》第 21 条规定："行政复议期间具体行政行为不停止执行；但是，有下列情形之一的，可以停止执行：（一）被申请人认为需要停止执行的；（二）行政复议机关认为需要停止执行的；（三）申请人申请停止执行，行政复议机关认为其要求合理，决定停止执行的；（四）法律规定停止执行的。"
3. 答：《行政复议法》第 3 条第 1 款规定："依照本法履行行政复议职责的行政机关是行政复议机关。行政复议机关负责法制工作的机构具体办理行政复议事项，履行下列职责：（一）受理行政复议申请；（二）向有关组织和人员调查取证，查阅文件和资料；（三）审查申请行政复议的具体行政行为是否合法与适当，拟订行政复议决定；（四）处理或者转送对本法第七条所列有关规定的审查申请；（五）对行政机关违反本法规定的行为依照规定的权限和程序提出处理建议；（六）办理因不服行政复议决定提起行政诉讼的应诉事项；（七）法律、法规规定的其他职责。"

四、行政处罚法

（一）判断题

1. 公民、法人或者其他组织因行政机关给予行政处罚受到损害的，有权依法提出赔偿要求。（　　）
2. 公民、法人或者其他组织因违法行为受到行政处罚，其违法行为对他人造成损害的，应当依法承担民事责任。（　　）
3. 行政法规可以设定限制人身自由的行政处罚。（　　）
4. 违法行为轻微并及时改正，没有造成危害后果的，不予行政处罚。（　　）
5. 违法行为构成犯罪，人民法院判处拘役或者有期徒刑时，行政机关已经给予当事人行政拘留的，可以依法折抵相应刑期。（　　）
6. 公民、法人或者其他组织违反行政管理秩序的行为，依法应当给予行政处罚的，行政机关必须查明事实；违法事实不清、证据不足的，不得给予行政处罚。（　　）

（二）单项选择题

1. 已满 14 周岁不满 18 周岁的未成年人有违法行为的，(　　)。

A. 不予行政处罚　　B. 可以从轻行政处罚

C. 可以减轻行政处罚　　D. 应当从轻或者减轻行政处罚

2. 两个以上行政机关都有管辖权的，由(　　)行政机关管辖。

A. 最先受理的　　B. 最先立案的

C. 共同的上一级　　D. 当事人选择的

3. 行政处罚由(　　)地方人民政府具有行政处罚权的行政机关管辖。法律、行政法规另有规定的，从其。

A. 乡级以上　　B. 县级以上

C. 市级以上　　D. 省级

4. 限制人身自由的行政处罚权只能由(　　)和法律规定的其他机关行使。

A. 公安机关　　B. 监察机关

C. 检察机关　　D. 审判机关

5. 对当事人的同一个违法行为，不得给予(　　)次以上罚款的行政处罚。同一个违法行为违反多个法律规范应当给予罚款处罚的，按照罚款数额高的规定处罚。

A. 1　　B. 3

C. 2　　D. 4

6. 执法人员当场收缴的罚款，应当自收缴罚款之日起(　　)日内，交至行政机关；在水上当场收缴的罚款，应当自抵岸之日起(　　)日内交至行政机关；行政机关应当在(　　)日内将罚款缴付指定的银行。

A. 2；2；2　　B. 1；2；3

C. 2；3；3　　D. 3；3；3

（三）多项选择题

1. 当事人有下列哪些情形的，应当从轻或者减轻行政处罚？(　　)

A. 主动消除或者减轻违法行为危害后果的

B. 受他人胁迫或者诱骗实施违法行为的

C. 主动供述行政机关尚未掌握的违法行为的

D. 配合行政机关查处违法行为有立功表现的

2. 有下列哪些情形之一的，在行政机关负责人作出行政处罚的决定之前，应当由从事行政处罚决定法制审核的人员进行法制审核；未经法制审核或者审核未通过的，不得作出决定？（　　）

A. 涉及重大公共利益的

B. 直接关系当事人或者第三人重大权益，经过听证程序的

C. 案件情况疑难复杂、涉及多个法律关系的

D. 法律、法规规定应当进行法制审核的其他情形

3. 行政处罚决定书应当载明下列哪些事项？（　　）

A. 当事人的姓名或者名称、地址

B. 违反法律、法规、规章的事实和证据

C. 行政处罚的种类和依据

D. 行政处罚的履行方式和期限

4. 关于听证程序，下列哪些说法是正确的？（　　）

A. 当事人要求听证的，应当在行政机关告知后 7 日内提出

B. 行政机关应当在举行听证的 5 日前，通知当事人及有关人员听证的时间、地点

C. 当事人可以亲自参加听证，也可以委托 1 至 2 人代理

D. 听证应当制作笔录

5. 当事人逾期不履行行政处罚决定的，作出行政处罚决定的行政机关可以采取下列哪些措施？（　　）

A. 到期不缴纳罚款的，每日按罚款数额的 2% 加处罚款，加处罚款的数额不得超出罚款的数额

B. 根据法律规定，将查封、扣押的财物拍卖、依法处理或者将冻结的存款、汇款划拨抵缴罚款

C. 根据法律规定，采取其他行政强制执行方式

D. 依照《行政强制法》的规定申请人民法院强制执行

（四）填空题

1. ____，____，应当坚持____与____相结合，教育公民、法人或者其他组织自觉守法。
2. 公民、法人或者其他组织对行政机关所给予的行政处罚，享有____、____；对行政处罚不服的，有权依法申请____或者提起____。
3. 不满____周岁的人有违法行为的，不予行政处罚，责令____加以管教；已满 14 周岁不满 18 周岁的人有违法行为的，____行政处罚。
4. ____、____在不能辨认或者不能控制自己行为时有违法行为的，不予行政处罚，但应当责令其监护人____。间歇性精神病人在____时有违法行为的，应当给予行政处罚。
5. 违法行为在____年内未被发现的，不再给予行政处罚；涉及公民生命健康安全、金融安全且有危害后果的，上述期限延长至____年。法律另有规定的除外。前款规定的期限，从违法行为____起计算；违法行为有连续或者继续状态的，从行为____起计算。

（五）简答题

1. 简述行政处罚的听证程序。
2. 简述行政处罚的设定权。
3. 简述行政处罚的种类。

参考答案

（一）判断题

1. ×，解析：《行政处罚法》第 7 条第 2 款规定："公民、法人或者其他组织因行政机关违法给予行政处罚受到损害的，有权依法提出赔偿要求。"
2. √，解析：《行政处罚法》第 8 条第 1 款规定："公民、法人或者其他组织因违法行为受到行政处罚，其违法行为对他人造成损害的，应当依法承担民事责任。"
3. ×，解析：《行政处罚法》第 11 条第 1 款规定："行政法规可以设定除限制人身自由以外的行政处罚。”

4. √，解析：《行政处罚法》第 33 条第 1 款。

5. ×，解析：《行政处罚法》第 35 条第 1 款规定：“违法行为构成犯罪，人民法院判处拘役或者有期徒刑时，行政机关已经给予当事人行政拘留的，应当依法折抵相应刑期。”

6. √，解析：《行政处罚法》第 40 条。

（二）单项选择题

1. D，解析：《行政处罚法》第 30 条规定：“不满十四周岁的未成年人有违法行为的，不予行政处罚，责令监护人加以管教；已满十四周岁不满十八周岁的未成年人有违法行为的，应当从轻或者减轻行政处罚。”

2. B，解析：《行政处罚法》第 25 条第 1 款规定：“两个以上行政机关都有管辖权的，由最先立案的行政机关管辖。”

3. B，解析：《行政处罚法》第 23 条规定：“行政处罚由县级以上地方人民政府具有行政处罚权的行政机关管辖。法律、行政法规另有规定的，从其规定。”

4. A，解析：《行政处罚法》第 18 条第 3 款规定：“限制人身自由的行政处罚权只能由公安机关和法律规定的其他机关行使。”

5. C，解析：《行政处罚法》第 29 条规定：“对当事人的同一个违法行为，不得给予两次以上罚款的行政处罚。同一个违法行为违反多个法律规范应当给予罚款处罚的，按照罚款数额高的规定处罚。”

6. A，解析：《行政处罚法》第 71 条规定：“执法人员当场收缴的罚款，应当自收缴罚款之日起二日内，交至行政机关；在水上当场收缴的罚款，应当自抵岸之日起二日内交至行政机关；行政机关应当在二日内将罚款缴付指定的银行。”

（三）多项选择题

1. ABCD，解析：《行政处罚法》第 32 条规定：“当事人有下列情形之一，应当从轻或者减轻行政处罚：（一）主动消除或者减轻违法行为危害后果的；（二）受他人胁迫或者诱骗实施违法行为的；（三）主动供述行政机关尚未掌握的违法行为的；（四）配合行政机关查处违法行为有立功表现的；（五）法律、法规、规章规定其他应当从轻或者减轻行政处罚的。”

2. ABCD，解析：《行政处罚法》第 58 条规定：“有下列情形之一，在行政机关负责人作出行政处罚的决定之前，应当由从事行政处罚决定法制审核的人员进行法制审核；未经法制审核或者审核未通过的，不得作出决定：（一）涉及重大公共利益的；（二）直接关系当事人或者第三人重大权益，经过听证程序的；（三）案件情况疑难复杂、涉及多个法律关系的；（四）法律、法规规定应当进行法制审核的其他情形。”

3. ABCD，解析：《行政处罚法》第59条第1款规定：“行政处罚决定书应当载明下列事项：（一）当事人的姓名或者名称、地址；（二）违反法律、法规、规章的事实和证据；（三）行政处罚的种类和依据；（四）行政处罚的履行方式和期限；（五）申请行政复议、提起行政诉讼的途径和期限；（六）作出行政处罚决定的行政机关名称和作出决定的日期。”
4. CD，解析：《行政处罚法》第64条规定：“听证应当依照以下程序组织：（一）当事人要求听证的，应当在行政机关告知后五日内提出；（二）行政机关应当在举行听证的七日前，通知当事人及有关人员听证的时间、地点；（三）除涉及国家秘密、商业秘密或者个人隐私依法予以保密外，听证公开举行；（四）听证由行政机关指定的非本案调查人员主持；当事人认为主持人与本案有直接利害关系的，有权申请回避；（五）当事人可以亲自参加听证，也可以委托一至二人代理；（六）当事人及其代理人无正当理由拒不出席听证或者未经许可中途退出听证的，视为放弃听证权利，行政机关终止听证；（七）举行听证时，调查人员提出当事人违法的事实、证据和行政处罚建议，当事人进行申辩和质证；（八）听证应当制作笔录。笔录应当交当事人或者其代理人核对无误后签字或者盖章。当事人或者其代理人拒绝签字或者盖章的，由听证主持人在笔录中注明。”
5. BCD，解析：《行政处罚法》第72条第1款规定：“当事人逾期不履行行政处罚决定的，作出行政处罚决定的行政机关可以采取下列措施：（一）到期不缴纳罚款的，每日按罚款数额的百分之三加处罚款，加处罚款的数额不得超出罚款的数额；（二）根据法律规定，将查封、扣押的财物拍卖、依法处理或者将冻结的存款、汇款划拨抵缴罚款；（三）根据法律规定，采取其他行政强制执行方式；（四）依照《中华人民共和国行政强制法》的规定申请人民法院强制执行。”

（四）填空题

1. 实施行政处罚；纠正违法行为；处罚；教育。（《行政处罚法》第6条）

2. 陈述权；申辩权；行政复议；行政诉讼。（《行政处罚法》第7条第1款）
3. 14；监护人；应当从轻或者减轻。（《行政处罚法》第30条）
4. 精神病人；智力残疾人；严加看管和治疗；精神正常。（《行政处罚法》第31条）
5. 2；5；发生之日；终了之日。（《行政处罚法》第36条）

（五）简答题

1. 答：《行政处罚法》第64条规定："听证应当依照以下程序组织：（一）当事人要求听证的，应当在行政机关告知后五日内提出；（二）行政机关应当在举行听证的七日前，通知当事人及有关人员听证的时间、地点；（三）除涉及国家秘密、商业秘密或者个人隐私依法予以保密外，听证公开举行；（四）听证由行政机关指定的非本案调查人员主持；当事人认为主持人与本案有直接利害关系的，有权申请回避；（五）当事人可以亲自参加听证，也可以委托一至二人代理；（六）当事人及其代理人无正当理由拒不出席听证或者未经许可中途退出听证的，视为放弃听证权利，行政机关终止听证；（七）举行听证时，调查人员提出当事人违法的事实、证据和行政处罚建议，当事人进行申辩和质证；（八）听证应当制作笔录。笔录应当交当事人或者其代理人核对无误后签字或者盖章。当事人或者其代理人拒绝签字或者盖章的，由听证主持人在笔录中注明。"
2. 答：根据《行政处罚法》第10－16条的规定，行政处罚的设定权如下：（1）法律可以设定各种行政处罚。限制人身自由的行政处罚，只能由法律设定。（2）行政法规可以设定除限制人身自由以外的行政处罚。（3）地方性法规可以设定除限制人身自由、吊销企业营业执照以外的行政处罚。（4）国务院部门规章可以在法律、行政法规规定的给予行政处罚的行为、种类和幅度的范围内作出具体。（5）地方政府规章可以在法律、法规规定的给予行政处罚的行为、种类和幅度的范围内作出具体。（6）除法律、法规、规章以外的其他规范性文件不得设定行政处罚。
3. 答：《行政处罚法》第9条规定："行政处罚的种类：（一）警告、通报批评；（二）罚款、没收违法所得、没收非法财物；（三）暂扣许可证件、降低资质等级、吊销许可证件；（四）限制开展生产经营活动、责令停产停业、责令关闭、限制从业；（五）行政拘留；（六）法律、行政法规规定的其他行政处罚。"

五、国家赔偿法

（一）判断题

1. 赔偿请求人根据受到的不同损害，可以同时提出数项赔偿要求。（　　）
2. 赔偿义务机关在规定期限内未作出是否赔偿的决定，赔偿请求人可以自期限届满之日起1个月内，向人民法院提起诉讼。（　　）
3. 侵犯公民人身自由的，每日赔偿金按照国家本年度职工日平均工资计算。（　　）
4. 外国人、外国企业和组织在中华人民共和国领域内要求中华人民共和国国家赔偿的，适用《中华人民共和国国家赔偿法》。（　　）
5. 经复议机关复议的，最初造成侵权行为的行政机关为赔偿义务机关，但复议机关的复议决定加重损害的，复议机关对加重的部分履行赔偿义务。（　　）

（二）单项选择题

1. 人民法院赔偿委员会应当自收到赔偿申请之日起____内作出决定；属于疑难、复杂、重大案件的，经本院院长批准，可以延长____。

A. 3个月；1个月　　B. 15日；1个月

C. 3个月；3个月　　D. 1个月；3个月

2. 国家赔偿以____为主要方式。

A. 支付赔偿金　　B. 发放救济金

C. 支付补偿金　　C. 发放补助金

3. 赔偿义务机关在规定期限内未作出是否赔偿的决定，赔偿请求人可以自期限届满之日起____内，向人民法院提起诉讼。

A. 1个月　　B. 15日

C. 6个月　　D. 3个月

4. 中级以上的人民法院设立赔偿委员会，由人民法院____人以上审判员组成，组成人员的人数应当为____。

A. 3；双数　　B. 3；单数

C. 2；单数　　D. 2；双数

（三）多项选择题

1. 赔偿请求人要求国家赔偿的，____不得向赔偿请求人收取任何费用。

A. 赔偿义务机关　　B. 检察院

C. 人民法院　　D. 复议机关

2. 赔偿义务机关赔偿损失后，应当责令________赔偿费用。

A. 有故意或者重大过失的工作人员

B. 受委托的组织

C. 个人

D. 全体成员

3. 赔偿义务机关包括以下哪些主体？（　　）

A. 行使侦查职权的机关　　B. 行使审判职权的机关

C. 看守所、监狱管理机关　　D. 行使检察职权的机关

4. 赔偿请求人对赔偿的____，____，____有异议的，或者赔偿义务机关作出不予赔偿决定的，赔偿请求人可以自赔偿义务机关作出赔偿或者不予赔偿决定之日起3个月内，向人民法院提起诉讼。

A. 方式　　B. 数额

C. 项目　　D. 范围

（四）填空题

1. 为保障____，____，____享有依法取得____的权利，促进国家机关依法行使职权，根据宪法，制定本法。

2. 人民法院赔偿委员会处理赔偿请求，____，____对自己提出的主张，应当____。

3. 人民法院赔偿委员会处理赔偿请求，采取书面审查的办法。必要时，可以向有关单位和人员____，____。赔偿请求人与赔偿义务机关对损害事

实及因果关系有争议的，赔偿委员会可以听取赔偿请求人和赔偿义务机关的____，____，并可以进行质证。

4. 人民法院在民事诉讼、行政诉讼过程中，违法采取对妨害诉讼的____，____或者对判决、裁定及其他生效法律文书执行错误，造成损害的，赔偿请求人要求赔偿的程序，适用本法刑事赔偿程序的。
5. 有《国家赔偿法》第3条或者第17条规定情形之一，致人精神损害的，应当在侵权行为影响的范围内，为受害人____，____，____；造成严重后果的，应当支付相应的____。

（五）简答题

1. 行政机关及其工作人员在行使行政职权时有哪些侵犯人身权情形的，受害人有取得赔偿的权利？
2. 行政机关及其工作人员在行使行政职权时有哪些侵犯财产权情形的，受害人有取得赔偿的权利？
3. 赔偿申请书应当载明哪些事项？
4. 国家不承担赔偿责任的情形有哪些？
5. 侵犯公民、法人和其他组织的财产权造成损害的，应该采取怎样的措施？

参考答案

（一）判断题

1. √，解析：《国家赔偿法》第11条。
2. ×，解析：《国家赔偿法》第14条第1款规定："赔偿义务机关在规定期限内未作出是否赔偿的决定，赔偿请求人可以自期限届满之日起三个月内，向人民法院提起诉讼。"
3. ×，解析：《国家赔偿法》第33条规定："侵犯公民人身自由的，每日赔偿金按照国家上年度职工日平均工资计算。"
4. √，解析：《国家赔偿法》第40条第1款。
5. √，解析：《国家赔偿法》第8条。

（二）单项选择题

1. C，解析：《国家赔偿法》第28条规定："人民法院赔偿委员会应当自收到赔偿申请之日起三个月内作出决定；属于疑难、复杂、重大案件的，经本院院长批准，可以延长三个月。"
2. A，解析：《国家赔偿法》第32条规定："国家赔偿以支付赔偿金为主要方式。能够返还财产或者恢复原状的，予以返还财产或者恢复原状。"
3. D，解析：《国家赔偿法》第14条规定："赔偿义务机关在规定期限内未作出是否赔偿的决定，赔偿请求人可以自期限届满之日起三个月内，向人民法院提起诉讼。赔偿请求人对赔偿的方式、项目、数额有异议的，或者赔偿义务机关作出不予赔偿决定的，赔偿请求人可以自赔偿义务机关作出赔偿或者不予赔偿决定之日起三个月内，向人民法院提起诉讼。"
4. B，解析：《国家赔偿法》第29条规定："中级以上的人民法院设立赔偿委员会，由人民法院三名以上审判员组成，组成人员的人数应当为单数。赔偿委员会作赔偿决定，实行少数服从多数的原则。赔偿委员会作出的赔偿决定，是发生法律效力的决定，必须执行。"

（三）多项选择题

1. ACD，解析：《国家赔偿法》第41条规定："赔偿请求人要求国家赔偿的，赔偿义务机关、复议机关和人民法院不得向赔偿请求人收取任何费用。对赔偿请求人取得的赔偿金不予征税。"
2. ABC，解析：《国家赔偿法》第16条第1款规定："赔偿义务机关赔偿损失后，应当责令有故意或者重大过失的工作人员或者受委托的组织或者个人承担部分或者全部赔偿费用。"
3. ABCD，解析：《国家赔偿法》第21条规定："行使侦查、检察、审判职权的机关以及看守所、监狱管理机关及其工作人员在行使职权时侵犯公民、法人和其他组织的合法权益造成损害的，该机关为赔偿义务机关。对公民采取拘留措施，依照本法的规定应当给予国家赔偿的，作出拘留决定的机关为赔偿义务机关。对公民采取逮捕措施后决定撤销案件、不起诉或者判决宣告无罪的，作出逮捕决定的机关为赔偿义务机关。再审改判无罪的，作出原生效判决的人民法院为赔偿义务机关。二审改判无罪，以及二审发回重审后作无罪处理的，作出一审有罪判决的人民法院为赔偿义务机关。"

4. ABC，解析：《国家赔偿法》第14条规定："赔偿义务机关在规定期限内未作出是否赔偿的决定，赔偿请求人可以自期限届满之日起三个月内，向人民法院提起诉讼。赔偿请求人对赔偿的方式、项目、数额有异议的，或者赔偿义务机关作出不予赔偿决定的，赔偿请求人可以自赔偿义务机关作出赔偿或者不予赔偿决定之日起三个月内，向人民法院提起诉讼。"

（四）填空题

1. 公民；法人；其他组织；国家赔偿。（《国家赔偿法》第1条）
2. 赔偿请求人；赔偿义务机关；提供证据。（《国家赔偿法》第26条）
3. 调查情况；收集证据；陈述；申辩。（《国家赔偿法》第27条）
4. 强制措施；保全措施。（《国家赔偿法》第38条）
5. 消除影响；恢复名誉；赔礼道歉；精神损害抚慰金。（《国家赔偿法》第35条）

（五）简答题

1.《国家赔偿法》第3条规定："行政机关及其工作人员在行使行政职权时有下列侵犯人身权情形之一的，受害人有取得赔偿的权利：（一）违法拘留或者违法采取限制公民人身自由的行政强制措施的；（二）非法拘禁或者以其他方法非法剥夺公民人身自由的；（三）以殴打、虐待等行为或者唆使、放纵他人以殴打、虐待等行为造成公民身体伤害或者死亡的；（四）违法使用武器、警械造成公民身体伤害或者死亡的；（五）造成公民身体伤害或者死亡的其他违法行为。"

2.《国家赔偿法》第4条规定："行政机关及其工作人员在行使行政职权时有下列侵犯财产权情形之一的，受害人有取得赔偿的权利：（一）违法实施罚款、吊销许可证和执照、责令停产停业、没收财物等行政处罚的；（二）违法对财产采取查封、扣押、冻结等行政强制措施的；（三）违法征收、征用财产的；（四）造成财产损害的其他违法行为。"

3.《国家赔偿法》第12条规定："要求赔偿应当递交申请书，申请书应当载明下列事项：（一）受害人的姓名、性别、年龄、工作单位和住所，法人或者其他组织的名称、住所和法定代表人或者主要负责人的姓名、职务；（二）具体的要求、事实根据和理由；（三）申请的年、月、日。赔偿请求人书写申请书确有困难的，可以委托他人代书；也可以口头申请，由赔偿义务机关记入笔录。赔偿请求人不是受害人本人的，应当说明与受害人的关系，并提供相应证明。赔偿请求人当面递交申请书的，赔偿义务机关应当当场出具加盖本行政机关专用印章并注明收讫日期的书面凭证。申请材料不齐全的，赔偿义务机关应当当场或者在五日内一次性告知赔偿请求人需要补正的全部内容。”

4.《国家赔偿法》第 19 条规定：“属于下列情形之一的，国家不承担赔偿责任：（一）因公民自己故意作虚伪供述，或者伪造其他有罪证据被羁押或者被判处刑罚的；（二）依照刑法第十七条、第十八条规定不负刑事责任的人被羁押的；（三）依照刑事诉讼法第十五条、第一百七十三条第二款、第二百七十三条第二款、第二百七十九条规定不追究刑事责任的人被羁押的；（四）行使侦查、检察、审判职权的机关以及看守所、监狱管理机关的工作人员与行使职权无关的个人行为；（五）因公民自伤、自残等故意行为致使损害发生的；（六）法律规定的其他情形。”

5.《国家赔偿法》第 36 条规定：“侵犯公民、法人和其他组织的财产权造成损害的，按照下列规定处理：（一）处罚款、罚金、追缴、没收财产或者违法征收、征用财产的，返还财产；（二）查封、扣押、冻结财产的，解除对财产的查封、扣押、冻结，造成财产损坏或者灭失的，依照本条第三项、第四项的规定赔偿；（三）应当返还的财产损坏的，能够恢复原状的恢复原状，不能恢复原状的，按照损害程度给付相应的赔偿金；（四）应当返还的财产灭失的，给付相应的赔偿金；（五）财产已经拍卖或者变卖的，给付拍卖或者变卖所得的价款；变卖的价款明显低于财产价值的，应当支付相应的赔偿金；（六）吊销许可证和执照、责令停产停业的，赔偿停产停业期间必要的经常性费用开支；（七）返还执行的罚款或者罚金、追缴或者没收的金钱，解除冻结的存款或者汇款的，应当支付银行同期存款利息；（八）对财产权造成其他损害的，按照直接损失给予赔偿。”

六、治安管理处罚法

（一）判断题

1. 违反治安管理的行为对他人造成损害的，行为人或者其监护人应当依法承担刑事责任。（　　）
2. 出于他人胁迫或者诱骗，违反治安管理的，一律不予处罚。（　　）
3. 违反治安管理行为在6个月内没有被公安机关发现的，不再处罚。（　　）
4. 冒充国家机关工作人员或者以其他虚假身份招摇撞骗，情节较轻的，处5日以下拘留或者200元以下罚款。（　　）
5. 买卖或者使用伪造、变造的国家机关、人民团体、企业、事业单位或者其他组织的公文、证件、证明文件的，处10日以上15日以下拘留，可以并处1000元以下罚款。（　　）

（二）单项选择题

1. 下列哪一证据可以作为治安管理处罚的根据？（　　）
   A. 以合法手段收集的涉及当事人隐私的证据
   B. 以刑讯逼供手段收集的证据
   C. 采用威胁手段收集的证据
   D. 采取引诱、欺骗等手段收集的证据
2. 人民警察在办理治安案件过程中，发生下列哪一情形的，应当回避？（　　）
   A. 是本案当事人的远房亲戚
   B. 本人的远房亲戚与本案有利害关系
   C. 与本案当事人有其他关系，不会影响案件公正处理
   D. 是本案当事人
3. 关于传唤违反治安管理行为人接受调查，下列哪一说法是错误的？（　　）
   A. 经公安机关办案部门负责人批准，使用传唤证传唤

B. 不能口头传唤

C. 对现场发现的违反治安管理行为人，人民警察经出示工作证件，可以口头传唤

D. 口头传唤的，应当在询问笔录中注明

4. 关于询问查证，下列哪一说法是错误的？（　　）

A. 对违反治安管理行为人，公安机关传唤后应当及时询问查证

B. 询问查证的时间一般不得超过8小时

C. 情况复杂的，询问查证的时间不得超过24小时

D. 情况复杂，依照《治安管理处罚法》规定可能适用行政拘留处罚的，询问查证的时间不得超过24小时

5. 公安机关依法实施罚款处罚，应当依照有关法律、行政法规的规定，实行（　　）。

A. 罚款决定与罚款收缴分离　　B. 罚款决定与罚款收缴一体

C. 罚款决定当场作出　　D. 罚款由银行统一收缴

（三）多项选择题

1. 有下列哪些妨害社会管理的行为的，处警告或者200元以下罚款；情节严重的，处5日以上10日以下拘留，可以并处500元以下罚款？（　　）

A. 拒不执行人民政府在紧急状态情况下依法发布的决定、命令的

B. 阻碍国家机关工作人员依法执行职务的

C. 阻碍执行紧急任务的消防车、救护车、工程抢险车、警车等车辆通行的

D. 强行冲闯公安机关设置的警戒带、警戒区的

2. 伪造下列哪些主体的印章，处10日以上15日以下拘留，可以并处1000元以下罚款；情节较轻的，处5日以上10日以下拘留，可以并处500元以下罚款？（　　）

A. 国家机关　　B. 事业单位

C. 企业　　D. 人民团体

3. 公安机关及其人民警察办理治安案件，禁止对违反治安管理行为人（　　）。

A. 罚款　　B. 打骂

C. 虐待　　D. 侮辱

4. 公安机关及其人民警察办理治安案件，应当自觉接受(　　)的监督。

A. 社会　　B. 公众

C. 公民　　D. 人民

5. 对违反治安管理的行为人，在下列哪些情况下，可以强制传唤？(　　)

A. 经公安机关办案部门负责人批准的

B. 现场发现违反治安管理行为人的

C. 违反治安管理行为人无正当理由不接受传唤

D. 违反治安管理行为人逃避传唤

（四）填空题

1. 国务院公安部门负责____的治安管理工作。县级以上地方各级人民政府公安机关负责____的治安管理工作。治安案件的管辖由____规定。
2. 违反治安管理的行为对他人造成损害的，行为人或者其监护人应当依法承担____。
3. 对于因____引起的打架斗殴或者损毁他人财物等违反治安管理行为，情节较轻的，公安机关可以调解处理。
4. 违反治安管理有下列情形之一的，减轻处罚或者不予处罚：（1）情节特别轻微的；（2）主动消除或者减轻违法后果，并取得____的；（3）出于他人____的；（4）主动投案，向公安机关如实陈述自己的违法行为的；（5）有____表现的。
5. 违反治安管理有下列情形之一的，从重处罚：（1）有____的；（2）教唆、胁迫、诱骗他人违反治安管理的；（3）对报案人、控告人、举报人、证人____的；（4）____个月内曾受过治安管理处罚的。

（五）简答题

1. 简述对扰乱文化、教育等大型群众性活动秩序行为的治安管理处罚措施。
2. 简述对非法携带枪支、弹药行为的治安管理处罚措施。
3. 简述对猥亵行为的治安管理处罚措施。
4. 简述对招摇撞骗行为的治安管理处罚措施
5. 简述治安管理处罚中当场收缴罚款的具体情形。

参考答案

（一）判断题

1. ×，解析：《治安管理处罚法》第 8 条规定："违反治安管理的行为对他人造成损害的，行为人或者其监护人应当依法承担民事责任。"
2. ×，解析：《治安管理处罚法》第 19 条规定："违反治安管理有下列情形之一的，减轻处罚或者不予处罚：（一）情节特别轻微的；（二）主动消除或者减轻违法后果，并取得被侵害人谅解的；（三）出于他人胁迫或者诱骗的；（四）主动投案，向公安机关如实陈述自己的违法行为的；（五）有立功表现的。"
3. √，解析：《治安管理处罚法》第 22 条。
4. ×，解析：《治安管理处罚法》第 51 条第 1 款规定："冒充国家机关工作人员或者以其他虚假身份招摇撞骗的，处五日以上十日以下拘留，可以并处五百元以下罚款；情节较轻的，处五日以下拘留或者五百元以下罚款。"
5. √，解析：《治安管理处罚法》第 52 条。

（二）单项选择题

1. A，解析：《治安管理处罚法》第 79 条规定："公安机关及其人民警察对治安案件的调查，应当依法进行。严禁刑讯逼供或者采用威胁、引诱、欺骗等非法手段收集证据。以非法手段收集的证据不得作为处罚的根据。"
2. D，解析：《治安管理处罚法》第 81 条第 1 款规定："人民警察在办理治安案件过程中，遇有下列情形之一的，应当回避；违反治安管理行为人、被侵害人或者其法定代理人也有权要求他们回避：（一）是本案当事人或者当事人的近亲属的；（二）本人或者其近亲属与本案有利害关系的；（三）与本案当事人有其他关系，可能影响案件公正处理的。"
3. B，解析：《治安管理处罚法》第 82 条第 1 款规定："需要传唤违反治安管理行为人接受调查的，经公安机关办案部门负责人批准，使用传唤证传唤。对现场发现的违反治安管理行为人，人民警察经出示工作证件，可以口头传唤，但应当在询问笔录中注明。"

4. C，解析：《治安管理处罚法》第 83 条第 1 款规定："对违反治安管理行为人，公安机关传唤后应当及时询问查证，询问查证的时间不得超过八小时；情况复杂，依照本法规定可能适用行政拘留处罚的，询问查证的时间不得超过二十四小时。"
5. A，解析：《治安管理处罚法》第 115 条规定："公安机关依法实施罚款处罚，应当依照有关法律、行政法规的规定，实行罚款决定与罚款收缴分离；收缴的罚款应当全部上缴国库。"

（三）多项选择题

1. ABCD，解析：《治安管理处罚法》第 50 条规定："有下列行为之一的，处警告或者二百元以下罚款；情节严重的，处五日以上十日以下拘留，可以并处五百元以下罚款：（一）拒不执行人民政府在紧急状态情况下依法发布的决定、命令的；（二）阻碍国家机关工作人员依法执行职务的；（三）阻碍执行紧急任务的消防车、救护车、工程抢险车、警车等车辆通行的；（四）强行冲闯公安机关设置的警戒带、警戒区的。阻碍人民警察依法执行职务的，从重处罚。"
2. ABCD，解析：《治安管理处罚法》第 52 条规定："有下列行为之一的，处十日以上十五日以下拘留，可以并处一千元以下罚款；情节较轻的，处五日以上十日以下拘留，可以并处五百元以下罚款：（一）伪造、变造或者买卖国家机关、人民团体、企业、事业单位或者其他组织的公文、证件、证明文件、印章的；（二）买卖或者使用伪造、变造的国家机关、人民团体、企业、事业单位或者其他组织的公文、证件、证明文件的；（三）伪造、变造、倒卖车票、船票、航空客票、文艺演出票、体育比赛入场券或者其他有价票证、凭证的；（四）伪造、变造船舶户牌，买卖或者使用伪造、变造的船舶户牌，或者涂改船舶发动机号码的。"
3. BCD，解析：《治安管理处罚法》第 113 条规定："公安机关及其人民警察办理治安案件，禁止对违反治安管理行为人打骂、虐待或者侮辱。"
4. AC，解析：《治安管理处罚法》第 114 条第 1 款规定："公安机关及其人民警察办理治安案件，应当自觉接受社会和公民的监督。"
5. CD，解析：《治安管理处罚法》第 82 条第 2 款规定："公安机关应当将传唤的原因和依据告知被传唤人。对无正当理由不接受传唤或者逃避传唤的人，可以强制传唤。"

（四）填空题

1. 全国；本行政区域内；国务院公安部门。（《治安管理处罚法》第 7 条）
2. 民事责任。（《治安管理处罚法》第 8 条）
3. 民间纠纷。（《治安管理处罚法》第 9 条）
4. 被侵害人谅解；胁迫或者诱骗；立功。（《治安管理处罚法》第 19 条）
5. 较严重后果；打击报复；6。（《治安管理处罚法》第 20 条）

（五）简答题

1. 答：《治安管理处罚法》第 24 条第 1 款规定："有下列行为之一，扰乱文化、体育等大型群众性活动秩序的，处警告或者二百元以下罚款；情节严重的，处五日以上十日以下拘留，可以并处五百元以下罚款：（一）强行进入场内的；（二）违反规定，在场内燃放烟花爆竹或者其他物品的；（三）展示侮辱性标语、条幅等物品的；（四）围攻裁判员、运动员或者其他工作人员的；（五）向场内投掷杂物，不听制止的；（六）扰乱大型群众性活动秩序的其他行为。"
2. 答：《治安管理处罚法》第 32 条规定："非法携带枪支、弹药或者弩、匕首等国家规定的管制器具的，处五日以下拘留，可以并处五百元以下罚款；情节较轻的，处警告或者二百元以下罚款。非法携带枪支、弹药或者弩、匕首等国家规定的管制器具进入公共场所或者公共交通工具的，处五日以上十日以下拘留，可以并处五百元以下罚款。"
3. 答：《治安管理处罚法》第 44 条规定："猥亵他人的，或者在公共场所故意裸露身体，情节恶劣的，处五日以上十日以下拘留；猥亵智力残疾人、精神病人、不满十四周岁的人或者有其他严重情节的，处十日以上十五日以下拘留。"
4. 答：《治安管理处罚法》第 51 条规定："冒充国家机关工作人员或者以其他虚假身份招摇撞骗的，处五日以上十日以下拘留，可以并处五百元以下罚款；情节较轻的，处五日以下拘留或者五百元以下罚款。冒充军警人员招摇撞骗的，从重处罚。"
5. 答：《治安管理处罚法》第 104 条规定："受到罚款处罚的人应当自收到处罚决定书之日起十五日内，到指定的银行缴纳罚款。但是，有下列情形之一的，人民警察可以当场收缴罚款：（一）被处五十元以下罚款，被处罚人对罚款无异议的；（二）在边远、水上、交通不便地区，公安机关及其人民警察依照本法的规定作出罚款决定后，被处罚人向指定的银行缴纳罚款确有困难，经被处罚人提出的；（三）被处罚人在当地没有固定住所，不当场收缴事后难以执行的。”

七、道路交通安全法

（一）判断题

1. 道路交通安全工作，应当遵循依法管理、方便群众的原则，保障道路交通有序、安全、畅通。(　　)
2. 公安机关交通管理部门依照法律、行政法规的规定，定期对机动车驾驶证实施审验(　　)
3. 未经许可，单位和个人在特殊情况下可以占用道路从事非交通活动。(　　)
4. 遇有自然灾害、恶劣气象条件或者重大交通事故等严重影响交通安全的情形，采取其他措施难以保证交通安全时，公安机关交通管理部门可以实行交通管制。(　　)
5. 机动车在道路上发生故障，需要停车排除故障时，驾驶人应当立即开启危险报警闪光灯，将机动车移至不妨碍交通的地方停放；难以移动的，应当持续开启危险报警闪光灯，并在来车方向设置警告标志等措施扩大示警距离，必要时迅速报警。(　　)

（二）单项选择题

1. 下列哪一项不属于对道路交通安全违法行为的处罚种类？(　　)

A. 罚款　　B. 警告

C. 暂扣机动驾驶证　　D. 记过

2. 非法安装警报器、标志灯具的判处罚款，下列哪一选项是错误的？(　　)

A. 210　　B. 1000

C. 2100　　D. 2000

3. 当事人应当自收到罚款的行政处罚决定书之日起(　　)日内，到指定的银行缴纳罚款。

A. 10　　B. 15

C. 3　　D. 30

4. 机动车驾驶人违反道路交通安全法律、法规关于道路通行规定的不可以按照以下哪个处罚？(　　)

A. 20 元罚款　　B. 200 元罚款

C. 210 元罚款　　D. 警告

(三) 多项选择题

1. 公安机关交通管理部门及其交通警察执行职务，应当自觉接受(　　)的监督。

A. 公民　　B. 社会

C. 媒体　　D. 上级组织

2. 对 6 个月内发生二次以上特大交通事故负有(　　)的专业运输单位，由公安机关交通管理部门责令消除安全隐患，未消除安全隐患的机动车，禁止上道路行驶。

A. 主要责任　　B. 次要责任

C. 全部责任　　D. 同等责任

3. 下列哪些主体不得在高速公路上拦截检查行驶的车辆？(　　)

A. 单位　　B. 个人

C. 其他组织　　D. 依法执行紧急公务的人民警察

4. 公安机关交通管理部门及其交通警察实施道路交通安全管理，应当依据法定的职权和程序，简化办事手续，应该做到：(　　)

A. 公正　　B. 严格

C. 文明　　D. 高效

(四) 填空题

1. 交通警察执行职务时，应当按照规定着装，佩带____，持有人民警察证件，保持____，举止端庄，____。

2. 公安机关交通管理部门____，____的规定，定期对机动车驾驶证实施____。
3. 学校、幼儿园、医院、养老院门前的道路没有行人过街设施的，应当施划____，设置____。
4. 机动车行经人行横道时，应当____；遇行人正在通过人行横道，应当____。
5. 公安机关交通管理部门依法实施罚款的行政处罚，应当依照有关法律、行政法规的规定，实施罚款决定与罚款收缴____；收缴的罚款以及依法没收的违法所得，应当全部____。

（五）简答题

1. 简述当事人逾期不履行行政处罚决定的，作出行政处罚决定的行政机关可以采取哪些措施？
2. 简述应该依法给予交通警察行政处分的情形。
3. 简述申请机动车登记应当提交的材料。

参考答案

（一）判断题

1. √，解析：《道路交通安全法》第 3 条。
2. √，解析：《道路交通安全法》第 23 条。
3. ×，解析：《道路交通安全法》第 31 条规定："未经许可，任何单位和个人不得占用道路从事非交通活动。"
4. √，解析：《道路交通安全法》第 40 条。
5. √，解析：《道路交通安全法》第 52 条。

（二）单项选择题

1. D，解析：《道路交通安全法》第 88 条规定："对道路交通安全违法行为的处罚种类包括：警告、罚款、暂扣或者吊销机动车驾驶证、拘留。"
2. C，解析：《道路交通安全法》第 97 条规定："非法安装警报器、标志灯具的，由公安机关交通管理部门强制拆除，予以收缴，并处二百元以上二千元以下罚款。"

3. B，解析：《道路交通安全法》第 108 条规定：“当事人应当自收到罚款的行政处罚决定书之日起十五日内，到指定的银行缴纳罚款。对行人、乘车人和非机动车驾驶人的罚款，当事人无异议的，可以当场予以收缴罚款。罚款应当开具省、自治区、直辖市财政部门统一制发的罚款收据；不出具财政部门统一制发的罚款收据的，当事人有权拒绝缴纳罚款。”
4. C，解析：《道路交通安全法》第 90 条规定：“机动车驾驶人违反道路交通安全法律、法规关于道路通行规定的，处警告或者二十元以上二百元以下罚款。本法另有规定的，依照规定处罚。”

（三）多项选择题

1. AB，解析：《道路交通安全法》第 85 条规定：“公安机关交通管理部门及其交通警察执行职务，应当自觉接受社会和公民的监督。任何单位和个人都有权对公安机关交通管理部门及其交通警察不严格执法以及违法违纪行为进行检举、控告。收到检举、控告的机关，应当依据职责及时查处。”
2. AC，解析：《道路交通安全法》第 102 条规定：“对六个月内发生二次以上特大交通事故负有主要责任或者全部责任的专业运输单位，由公安机关交通管理部门责令消除安全隐患，未消除安全隐患的机动车，禁止上道路行驶。”
3. ABC，解析：《道路交通安全法》第 69 条规定：“任何单位、个人不得在高速公路上拦截检查行驶的车辆，公安机关的人民警察依法执行紧急公务除外。”
4. ABCD，解析：《道路交通安全法》第 79 条规定：“公安机关交通管理部门及其交通警察实施道路交通安全管理，应当依据法定的职权和程序，简化办事手续，做到公正、严格、文明、高效。”

（四）填空题

1. 人民警察标志；警容严整；指挥规范。（《道路交通安全法》第 80 条）
2. 法律；行政法规；审验。（《道路交通安全法》第 23 条）
3. 人行横道线；提示标志。（《道路交通安全法》第 34 条）
4. 减速行驶；停车让行。（《道路交通安全法》第 47 条）
5. 分离；上缴国库。《道路交通安全法》第 82 条）

（五）简答题

1.《道路交通安全法》第 109 条规定：“当事人逾期不履行行政处罚决定

的，作出行政处罚决定的行政机关可以采取下列措施：（一）到期不缴纳罚款的，每日按罚款数额的百分之三加处罚款；（二）申请人民法院强制执行。”

2.《道路交通安全法》第 115 条规定：“交通警察有下列行为之一的，依法给予行政处分：（一）为不符合法定条件的机动车发放机动车登记证书、号牌、行驶证、检验合格标志的；（二）批准不符合法定条件的机动车安装、使用警车、消防车、救护车、工程救险车的警报器、标志灯具，喷涂标志图案的；（三）为不符合驾驶许可条件、未经考试或者考试不合格人员发放机动车驾驶证的；（四）不执行罚款决定与罚款收缴分离制度或者不按规定将依法收取的费用、收缴的罚款及没收的违法所得全部上缴国库的；（五）举办或者参与举办驾驶学校或者驾驶培训班、机动车修理厂或者收费停车场等经营活动的；（六）利用职务上的便利收受他人财物或者谋取其他利益的；（七）违法扣留车辆、机动车行驶证、驾驶证、车辆号牌的；（八）使用依法扣留的车辆的；（九）当场收取罚款不开具罚款收据或者不如实填写罚款额的；（十）徇私舞弊，不公正处理交通事故的；（十一）故意刁难，拖延办理机动车牌证的；（十二）非执行紧急任务时使用警报器、标志灯具的；（十三）违反规定拦截、检查正常行驶的车辆的；（十四）非执行紧急公务时拦截搭乘机动车的；（十五）不履行法定职责的。公安机关交通管理部门有前款所列行为之一的，对直接负责的主管人员和其他直接责任人员给予相应的行政处分。”

3.《道路交通安全法》第 9 条规定：“申请机动车登记，应当提交以下证明、凭证：（一）机动车所有人的身份证明；（二）机动车来历证明；（三）机动车整车出厂合格证明或者进口机动车进口凭证；（四）车辆购置税的完税证明或者免税凭证；（五）法律、行政法规规定应当在机动车登记时提交的其他证明、凭证。公安机关交通管理部门应当自受理申请之日起五个工作日内完成机动车登记审查工作，对符合前款规定条件的，应当发放机动车登记证书、号牌和行驶证；对不符合前款规定条件的，应当向申请人说明不予登记的理由。公安机关交通管理部门以外的任何单位或者个人不得发放机动车号牌或者要求机动车悬挂其他号牌，本法另有规定的除外。机动车登记证书、号牌、行驶证的式样由国务院公安部门规定并监制。”

八、居民身份证法

（一）判断题

1. 居住在中华人民共和国境内的年满16周岁的中国公民，应当依照本法的规定申请领取居民身份证；未满16周岁的中国公民，可以依照本法的规定申请领取居民身份证。（　　）
2. 居民身份证由居民常住户口所在地的市级人民政府公安机关签发。（　　）
3. 现役的人民解放军军人、人民武装警察申请领取和发放居民身份证的具体办法，由国务院和中央军事委员会另行规定。（　　）
4. 公民应当自年满16周岁之日起1个月内，向常住户口所在地的公安机关申请领取居民身份证。（　　）
5. 公民从事有关活动，需要证明身份的，有权使用居民身份证证明身份，有关单位及其工作人员不得拒绝。（　　）

（二）单项选择题

1. 16周岁至25周岁的公民应该发行下列哪一种有效期的居民身份证？（　　）

   A. 有效期10年　　B. 有效期20年
   C. 有效期30年　　D. 长期有效

2. 使用虚假证明材料骗领居民身份证的，应该作出下列哪一种处罚？（　　）

   A. 100元以下　　B. 200元以下
   C. 500元以下　　D. 1000元以下

3. 居民身份证登记的项目不包括下列哪一个？（　　）

   A. 公民身份号码　　B. 常住户口所在地住址
   C. 出生日期　　D. 文化程度

4. 公安机关应当自公民提交《居民身份证申领登记表》之日起（　　）日内发放居民身份证；交通不便的地区，办理时间可以适当延长，但延长的时间不得超过(　　)日。

A. 30；15　　B. 15；5

C. 60；30　　D. 90；60

5. 未满(　　)周岁的公民，由监护人代为申请领取居民身份证。

A. 12　　B. 15

C. 16　　D. 18

(三) 多项选择题

1. 下列哪些人群申请领取和发放居民身份证的具体办法，由国务院和中央军事委员会另行规定？(　　)

A. 现役的人民解放军军人　　B. 人民武装警察

C. 具有保守国家秘密的公职人员　　D. 掌握保密技术的科技人员

2. 公民申请(　　)居民身份证，应当登记指纹信息。

A. 领取　　B. 换领

C. 补领　　D. 代领

3. 以下哪些行为可以由公安机关处 200 元以上 1000 元以下罚款，或者处 10 日以下拘留，有违法所得的，没收违法所得？(　　)

A. 冒用他人居民身份证

B. 使用骗领的居民身份证

C. 使用伪造、变造的居民身份证

D. 出售伪造、变造的居民身份证

4. 居民身份证具备下列哪些功能？(　　)

A. 机读　　B. 视读

C. 防复制　　D. 触读

(四) 填空题

1. 为了证明居住在中华人民共和国境内的公民的身份，保障公民的____，便利公民进行____，维护____，制定《居民身份证法》。

2. ____，____居民身份证的，依法追究刑事责任。

3. 有关单位及其工作人员对____或者____过程中获得的居民身份证记载的

公民个人信息，应当____。

4. 公民办理常住户口迁移手续时，公安机关应当在居民身份证的____中记载公民常住户口所在地____的情况，并____。
5. 公安机关收取的居民身份证____，全部____。

（五）简答题

1. 人民警察有哪些行为之一的，根据情节轻重，依法给予行政处分；构成犯罪的，依法追究刑事责任？
2. 人民警察依法执行职务，遇有哪些情形之一的，经出示执法证件，可以查验居民身份证？
3. 有哪些情形之一的，公民应当出示居民身份证证明身份？

参考答案

（一）判断题

1. √，解析：《居民身份证法》第 2 条。
2. ×，解析：《居民身份证法》第 8 条规定："居民身份证由居民常住户口所在地的县级人民政府公安机关签发。"
3. √，解析：《居民身份证法》第 22 条。
4. ×，解析：《居民身份证法》第 7 条规定："公民应当自年满十六周岁之日起三个月内，向常住户口所在地的公安机关申请领取居民身份证。未满十六周岁的公民，由监护人代为申请领取居民身份证。"
5. √，解析：《居民身份证法》第 13 条第 1 款。

（二）单项选择题

1. A，解析：《居民身份证法》第 5 条规定："十六周岁以上公民的居民身份证的有效期为十年、二十年、长期。十六周岁至二十五周岁的，发给有效期十年的居民身份证；二十六周岁至四十五周岁的，发给有效期二十年的居民身份证；四十六周岁以上的，发给长期有效的居民身份证。未满十六周岁的公民，自愿申请领取居民身份证的，发给有效期五年的居民身份证。"

2. B，解析：《居民身份证法》第16条规定："有下列行为之一的，由公安机关给予警告，并处二百元以下罚款，有违法所得的，没收违法所得：（一）使用虚假证明材料骗领居民身份证的；（二）出租、出借、转让居民身份证的；（三）非法扣押他人居民身份证的。"
3. D，解析：《居民身份证法》第3条规定"居民身份证登记的项目包括：姓名、性别、民族、出生日期、常住户口所在地住址、公民身份号码、本人相片、指纹信息、证件的有效期和签发机关。公民身份号码是每个公民唯一的、终身不变的身份代码，由公安机关按照公民身份号码国家标准编制。公民申请领取、换领、补领居民身份证，应当登记指纹信息。"
4. C，解析：《居民身份证法》第12条规定："公民申请领取、换领、补领居民身份证，公安机关应当按照规定及时予以办理。公安机关应当自公民提交《居民身份证申领登记表》之日起六十日内发放居民身份证；交通不便的地区，办理时间可以适当延长，但延长的时间不得超过三十日。公民在申请领取、换领、补领居民身份证期间，急需使用居民身份证的，可以申请领取临时居民身份证，公安机关应当按照规定及时予以办理。具体办法由国务院公安部门。"
5. C，解析：《居民身份证法》第7条规定："公民应当自年满十六周岁之日起三个月内，向常住户口所在地的公安机关申请领取居民身份证。未满十六周岁的公民，由监护人代为申请领取居民身份证。"

（三）多项选择题

1. AB，解析：《居民身份证法》第22条规定："现役的人民解放军军人、人民武装警察申请领取和发放居民身份证的具体办法，由国务院和中央军事委员会另行。"
2. ABC，解析：《居民身份证法》第3条规定："居民身份证登记的项目包括：姓名、性别、民族、出生日期、常住户口所在地住址、公民身份号码、本人相片、指纹信息、证件的有效期和签发机关。公民身份号码是每个公民唯一的、终身不变的身份代码，由公安机关按照公民身份号码国家标准编制。公民申请领取、换领、补领居民身份证，应当登记指纹信息。"
3. ABCD，解析：《居民身份证法》第17条规定："有下列行为之一的，由公安机关处二百元以上一千元以下罚款，或者处十日以下拘留，有违法所得的，没收违法所得：（一）冒用他人居民身份证或者使用骗领的居民身份证的；（二）购买、出售、使用伪造、变造的居民身份证的。伪造、变造的居民身份证和骗领的居民身份证，由公安机关予以收缴。”

4. AB，解析：《居民身份证法》第6条规定：“居民身份证式样由国务院公安部门制定。居民身份证由公安机关统一制作、发放。居民身份证具备视读与机读两种功能，视读、机读的内容限于本法第三条第一款规定的项目。公安机关及其人民警察对因制作、发放、查验、扣押居民身份证而知悉的公民的个人信息，应当予以保密。”

（四）填空题

1. 合法权益；社会活动；社会秩序。（《居民身份证法》第1条）
2. 伪造；变造。（《居民身份证法》第18条）
3. 履行职责；提供服务；予以保密。（《居民身份证法》第13条）
4. 机读项目；住址变动；告知本人。（《居民身份证法》第11条）
5. 工本费；上缴国库。（《居民身份证法》第21条）

（五）简答题

1. 答：《居民身份证法》第14条规定：“人民警察有下列行为之一的，根据情节轻重，依法给予行政处分；构成犯罪的，依法追究刑事责任：（一）利用制作、发放、查验居民身份证的便利，收受他人财物或者谋取其他利益的；（二）非法变更公民身份号码，或者在居民身份证上登载本法第三条第一款规定项目以外的信息或者故意登载虚假信息的；（三）无正当理由不在法定期限内发放居民身份证的；（四）违反规定查验、扣押居民身份证，侵害公民合法权益的；（五）泄露因制作、发放、查验、扣押居民身份证而知悉的公民个人信息，侵害公民合法权益的。”
2. 答：《居民身份证法》第15条规定：“人民警察依法执行职务，遇有下列情形之一的，经出示执法证件，可以查验居民身份证：（一）对有违法犯罪嫌疑的人员，需要查明身份的；（二）依法实施现场管制时，需要查明有关人员身份的；（三）发生严重危害社会治安突发事件时，需要查明现场有关人员身份的；（四）在火车站、长途汽车站、港口、码头、机场或者在重大活动期间设区的市级人民政府规定的场所，需要查明有关人员身份的；（五）法律规定需要查明身份的其他情形。有前款所列情形之一，拒绝人民警察查验居民身份证的，依照有关法律规定，分别不同情形，采取措施予以处理。任何组织或者个人不得扣押居民身份证。但是，公安机关依照《中华人民共和国刑事诉讼法》执行监视居住强制措施的情形除外。”

3. 答：《居民身份证法》第24条规定：“有下列情形之一的，公民应当出示居民身份证证明身份：（一）常住户口登记项目变更；（二）兵役登记；（三）婚姻登记、收养登记；（四）申请办理出境手续；（五）法律、行政法规规定需要用居民身份证证明身份的其他情形。依照本法规定未取得居民身份证的公民，从事前款规定的有关活动，可以使用符合国家规定的其他证明方式证明身份。”

九、出境入境管理法

（一）判断题

1. 为了规范出境入境管理，维护中华人民共和国的主权、安全和社会秩序，促进对外交往和对外开放，制定本法。（　　）
2. 国家建立统一的出境入境管理信息平台，实现所有管理部门信息共享。（　　）
3. 履行出境入境管理职责的部门和机构应当切实采取措施，不断提升服务和管理水平，公正执法，便民高效，维护安全、便捷的出境入境秩序。（　　）
4. 签证的登记项目包括：签证种类，持有人姓名、性别、出生日期、入境次数、入境有效期、停留期限，签发日期、地点，护照或者其他国际旅行证件号码等。（　　）
5. 外国人停留证件的有效期最长为100日。（　　）

（二）单项选择题

1. 外国人在旅馆以外的其他住所居住或者住宿的，应当在入住后（　　）小时内由本人或者留宿人，向居住地的公安机关办理登记。

A. 12　　B. 24

C. 36　　D. 48

2. 外国人入境，应当向(　　)申请办理签证。

A. 驻外签证机关　　B. 中国签证机关

C. 当地签证机关　　D. 国际签证机关

3. 外国人所持签证注明入境后需要办理居留证件的，应当自入境之日起(　　)日内，向拟居留地县级以上地方人民政府公安机关出入境管理机构申请办理外国人居留证件。

A. 15　　B. 30

C. 60　　D. 90

4. 外国人在中国境内死亡的，其家属、监护人或者代理人，应当按照规定，持该外国人的死亡证明向(　　)出入境管理机构申报，注销外国人停留居留证件。

A. 省级地方人民政府公安机关

B. 市级地方人民政府公安机关

C. 县级以上地方人民政府公安机关

D. 国务院办公厅

(三) 多项选择题

1. 以下哪些选项属于签证的类型？(　　)

A. 外交签证　　B. 礼遇签证

C. 公务签证　　D. 普通签证

2. 外国人居留证件的登记项目应该包括下列哪些选项？(　　)

A. 国际旅行证件号码　　B. 签发日期

C. 居留期限　　D. 居留事由

3. 下列哪些证件可以作为外国人入境时向出入境边防检查机关交验的凭证？(　　)

A. 护照　　B. 国际旅行证件

C. 入境许可证明　　D. 身份证

4. 出现下列哪些情形时，可以由公安部决定取消其在中国境内永久居留资格？(　　)

A. 对中国国家安全和利益造成危害的

B. 被处驱逐出境的

C. 弄虚作假骗取在中国境内永久居留资格的

D. 在中国境内居留未达到规定时限的

（四）填空题

1. 外国人在中国境内死亡的，其____，____，____，应当按照规定，持该外国人的死亡证明向县级以上地方人民政府公安机关出入境管理机构申报，注销外国人停留居留证件。
2. 履行出境入境管理职责的部门和机构应当切实采取措施，不断提升服务和管理水平，____，____，____、便捷的出境入境秩序。
3. 出境入境证件的真伪由____，____，____认定。
4. 公民、法人或者其他组织发现外国人有____，____，____情形的，应当及时向所在地公安机关报告。
5. 《出境入境管理法》规定的____，____，____，____，________措施，由县级以上地方人民政府公安机关或者出入境边防检查机关实施。

（五）简答题

1. 简述可以将外国人遣送出境的具体情形。
2. 简述中国公民不准出境的具体情形。
3. 简述外国人构成非法就业的具体情形。

参考答案

（一）判断题

1. √，解析：《出境入境管理法》第1条。
2. ×，解析：《出境入境管理法》第5条规定：“国家建立统一的出境入境管理信息平台，实现有关管理部门信息共享。”
3. √，解析：《出境入境管理法》第8条。
4. √，解析：《出境入境管理法》第17条。

5. ×，解析：《出境入境管理法》第 34 条规定：“免办签证入境的外国人需要超过免签期限在中国境内停留的，外国船员及其随行家属在中国境内停留需要离开港口所在城市，或者具有需要办理外国人停留证件其他情形的，应当按照规定办理外国人停留证件。外国人停留证件的有效期最长为一百八十日。”

（二）单项选择题

1. B，解析：《出境入境管理法》第 39 条规定：“外国人在中国境内旅馆住宿的，旅馆应当按照旅馆业治安管理的有关规定为其办理住宿登记，并向所在地公安机关报送外国人住宿登记信息。外国人在旅馆以外的其他住所居住或者住宿的，应当在入住后二十四小时内由本人或者留宿人，向居住地的公安机关办理登记。”
2. A，解析：《出境入境管理法》第 15 条规定：“外国人入境，应当向驻外签证机关申请办理签证，但是本法另有规定的除外。”
3. B，解析：《出境入境管理法》第 30 条规定：“外国人所持签证注明入境后需要办理居留证件的，应当自入境之日起三十日内，向拟居留地县级以上地方人民政府公安机关出入境管理机构申请办理外国人居留证件。申请办理外国人居留证件，应当提交本人的护照或者其他国际旅行证件，以及申请事由的相关材料，并留存指纹等人体生物识别信息。公安机关出入境管理机构应当自收到申请材料之日起十五日内进行审查并作出审查决定，根据居留事由签发相应类别和期限的外国人居留证件。外国人工作类居留证件的有效期最短为九十日，最长为五年；非工作类居留证件的有效期最短为一百八十日，最长为五年。”
4. C，解析：《出境入境管理法》第 40 条规定：“在中国境内出生的外国婴儿，其父母或者代理人应当在婴儿出生六十日内，持该婴儿的出生证明到父母停留居留地县级以上地方人民政府公安机关出入境管理机构为其办理停留或者居留登记。外国人在中国境内死亡的，其家属、监护人或者代理人，应当按照规定，持该外国人的死亡证明向县级以上地方人民政府公安机关出入境管理机构申报，注销外国人停留居留证件。”

（三）多项选择题

1. ABCD，解析：《出境入境管理法》第 16 条第 1 款规定：“签证分为外交签证、礼遇签证、公务签证、普通签证。”

2. ABCD，解析：《出境入境管理法》第33条规定："外国人居留证件的登记项目包括：持有人姓名、性别、出生日期、居留事由、居留期限，签发日期、地点，护照或者其他国际旅行证件号码等。外国人居留证件登记事项发生变更的，持证件人应当自登记事项发生变更之日起十日内向居留地县级以上地方人民政府公安机关出入境管理机构申请办理变更。"
3. ABC，解析：《出境入境管理法》第24条规定："外国人入境，应当向出入境边防检查机关交验本人的护照或者其他国际旅行证件、签证或者其他入境许可证明，履行规定的手续，经查验准许，方可入境。"
4. ABCD，解析：《出境入境管理法》第49条规定："外国人有下列情形之一的，由公安部决定取消其在中国境内永久居留资格：（一）对中国国家安全和利益造成危害的；（二）被处驱逐出境的；（三）弄虚作假骗取在中国境内永久居留资格的；（四）在中国境内居留未达到规定时限的；（五）不适宜在中国境内永久居留的其他情形。"

（四）填空题

1. 家属；监护人；代理人。（《出境入境管理法》第40条）
2. 公正执法；便民高效；维护安全。（《出境入境管理法》第8条）
3. 签发机关；出入境边防检查机关；公安机关出入境管理机构。（《出境入境管理法》第69条）
4. 非法入境；非法居留；非法就业。（《出境入境管理法》第45条）
5. 当场盘问；继续盘问；拘留审查；限制活动范围；遣送出境。（《出境入境管理法》第58条）

（五）简答题

1. 答：《出境入境管理法》第62条规定："外国人有下列情形之一的，可以遣送出境：（一）被处限期出境，未在规定期限内离境的；（二）有不准入境情形的；（三）非法居留、非法就业的；（四）违反本法或者其他法律、行政法规需要遣送出境的。其他境外人员有前款所列情形之一的，可以依法遣送出境。被遣送出境的人员，自被遣送出境之日起一至五年内不准入境。"
2. 答：《出境入境管理法》第12条规定："中国公民有下列情形之一的，不准出境：（一）未持有效出境入境证件或者拒绝、逃避接受边防检查的；（二）被判处刑罚尚未执行完毕或者属于刑事案件被告人、犯罪嫌疑人的；（三）有未了结的民事案件，人民法院决定不准出境的；（四）因妨害国（边）境管理受到刑事处罚或者因非法出境、非法居留、非法就业被其他国家或者地区遣返，未满不准出境规定年限的；（五）可能危害国家安全和利益，国务院有关主管部门决定不准出境的；（六）法律、行政法规规定不准出境的其他情形。”

3. 答：《出境入境管理法》第43条规定：“外国人有下列行为之一的，属于非法就业：（一）未按照规定取得工作许可和工作类居留证件在中国境内工作的；（二）超出工作许可限定范围在中国境内工作的；（三）外国留学生违反勤工助学管理规定，超出规定的岗位范围或者时限在中国境内工作的。”

肆 经 济 法

一、产品质量法

（一）判断题

1. 生产者、销售者应当建立健全内部产品质量管理制度，严格实施岗位质量规范、质量责任以及相应的考核办法。(　　)
2. 对依法进行的产品质量监督检查，生产者、销售者不得拒绝。(　　)
3. 国务院主管全国产品质量监督工作。(　　)
4. 任何单位和个人不得排斥非本地区或者非本系统企业生产的质量合格产品进入本地区、本系统。(　　)
5. 对于产品质量监督检查，生产者、销售者有权拒绝。(　　)

（二）单项选择题

1. 因产品存在缺陷造成损害要求赔偿的诉讼时效期间为(　　)，自当事人知道或者应当知道其权益受到损害时起计算。

   A. 6 个月　　B. 1 年

   C. 2 年　　D. 3 年

2. 在产品中掺杂、掺假，以假充真，以次充好，或者以不合格产品冒充合格产品的，责令停止生产、销售，没收违法生产、销售的产品，可以处违法生产、销售产品货值金额(　　)的罚款。

   A. 30%　　B. 40%

   C. 3 倍　　D. 5 倍

3. 产品质量检验机构、认证机构伪造检验结果或者出具虚假证明的，责令改正，可以对单位处(　　)罚款。

   A. 5 万元　　B. 3 万元

   C. 2 万元　　D. 1 万元

4. 市场监督管理部门的工作人员的哪种行为不用依法追究刑事责任？（　　）

A. 滥用职权　　B. 玩忽职守

C. 徇私舞弊　　D. 轻微失误

（三）多项选择题

1. 拒绝接受依法进行的产品质量监督检查的，可以采取下列哪些措施？（　　）

A. 警告　　B. 责令改正

C. 责令停业整顿　　D. 吊销营业执照

2. 市场监督管理部门或者其他国家机关以及产品质量检验机构不得向社会推荐生产者的产品；不得以对产品进行（　　）等方式参与产品经营活动。

A. 宣传　　B. 广告

C. 监制　　D. 监销

3. 具有以下哪些特性的物品包装质量必须符合相应要求，依照国家有关规定作出警示标志或者中文警示说明，标明储运注意事项？（　　）

A. 有腐蚀性　　B. 有放射性

C. 有毒　　D. 易燃

4. 销售者在销售产品的时候不能有下列哪些行为？（　　）

A. 以假充真　　B. 以次充好

C. 不合格产品冒充合格产品　　D. 掺杂

（四）填空题

1. 为了加强对产品质量的____，提高产品____，明确产品____，保护消费者的____，维护社会经济秩序，制定本法。

2. 从事产品质量检验、认证的社会中介机构必须____，不得与行政机关和其他国家机关存在____或者其他____。

3. 《产品质量法》所称缺陷，是指产品存在危及人身、他人财产安全的不合理的危险；产品有保障人体健康和人身、财产安全的____，____的，是指不符合该标准。

4. 伪造产品产地的，伪造或者冒用他人厂名、厂址的，伪造或者冒用认证标志等质量标志的，责令改正，没收违法生产、销售的产品，并处违法生产、销售产品货值金额等值以下的罚款；有违法所得的，并处____；情节严重的，____。

5. 在广告中对产品质量作____，欺骗和误导消费者的，依照《中华人民共和国广告法》的规定追究________。

（五）简答题

1. 简述产品或者其包装上的标识应当符合的要求。
2. 简述县级以上市场监督管理部门对涉嫌违反《产品质量法》规定的行为进行查处时可以行使的具体职权。
3. 简述因产品存在缺陷造成人身、缺陷产品以外的其他财产时，生产者不承担赔偿责任的具体情形。

参考答案

（一）判断题

1. √，解析：《产品质量法》第 3 条。
2. √，解析：《产品质量法》第 16 条。
3. ×，解析：《产品质量法》第 8 条规定："国务院市场监督管理部门主管全国产品质量监督工作。国务院有关部门在各自的职责范围内负责产品质量监督工作。县级以上地方市场监督管理部门主管本行政区域内的产品质量监督工作。县级以上地方人民政府有关部门在各自的职责范围内负责产品质量监督工作。法律对产品质量的监督部门另有规定的，依照有关法律的规定执行。"
4. √，解析：《产品质量法》第 11 条。
5. ×，解析：《产品质量法》第 16 条规定："对依法进行的产品质量监督检查，生产者、销售者不得拒绝。"

（二）单项选择题

1. C，解析：《产品质量法》第 45 条规定："因产品存在缺陷造成损害要求赔偿的诉讼时效期间为二年，自当事人知道或者应当知道其权益受到损害时起计算。因产品存在缺陷造成损害要求赔偿的请求权，在造成损害的缺陷产品交付最初消费者满十年丧失；但是，尚未超过明示的安全使用期的除外。”

2. C，解析：《产品质量法》第 50 条规定：“在产品中掺杂、掺假，以假充真，以次充好，或者以不合格产品冒充合格产品的，责令停止生产、销售，没收违法生产、销售的产品，并处违法生产、销售产品货值金额百分之五十以上三倍以下的罚款；有违法所得的，并处没收违法所得；情节严重的，吊销营业执照；构成犯罪的，依法追究刑事责任。”
3. A，解析：《产品质量法》第 57 条规定：“产品质量检验机构、认证机构伪造检验结果或者出具虚假证明的，责令改正，对单位处五万元以上十万元以下的罚款，对直接负责的主管人员和其他直接责任人员处一万元以上五万元以下的罚款；有违法所得的，并处没收违法所得；情节严重的，取消其检验资格、认证资格；构成犯罪的，依法追究刑事责任。产品质量检验机构、认证机构出具的检验结果或者证明不实，造成损失的，应当承担相应的赔偿责任；造成重大损失的，撤销其检验资格、认证资格。产品质量认证机构违反本法第二十一条第二款的规定，对不符合认证标准而使用认证标志的产品，未依法要求其改正或者取消其使用认证标志资格的，对因产品不符合认证标准给消费者造成的损失，与产品的生产者、销售者承担连带责任；情节严重的，撤销其认证资格。”
4. D，解析：《产品质量法》第 68 条规定：“市场监督管理部门的工作人员滥用职权、玩忽职守、徇私舞弊，构成犯罪的，依法追究刑事责任；尚不构成犯罪的，依法给予行政处分。”

（三）多项选择题

1. AB，解析：《产品质量法》第 56 条规定：“拒绝接受依法进行的产品质量监督检查的，给予警告，责令改正；拒不改正的，责令停业整顿；情节特别严重的，吊销营业执照。”
2. CD，解析：《产品质量法》第 25 条规定：“市场监督管理部门或者其他国家机关以及产品质量检验机构不得向社会推荐生产者的产品；不得以对产品进行监制、监销等方式参与产品经营活动。”
3. ABCD，解析：《产品质量法》第 28 条规定：“易碎、易燃、易爆、有毒、有腐蚀性、有放射性等危险物品以及储运中不能倒置和其他有特殊要求的产品，其包装质量必须符合相应要求，依照国家有关规定作出警示标志或者中文警示说明，标明储运注意事项。”

4. ABCD，解析：《产品质量法》第39条规定：“销售者销售产品，不得掺杂、掺假，不得以假充真、以次充好，不得以不合格产品冒充合格产品。”

（四）填空题

1. 监督管理；质量水平；质量责任；合法权益。（《产品质量法》第1条）
2. 依法设立；隶属关系；利益关系。（《产品质量法》第20条）
3. 国家标准；行业标准。（《产品质量法》第46条）
4. 没收违法所得；吊销营业执照。（《产品质量法》第53条）
5. 虚假宣传；法律责任。（《产品质量法》第59条）

（五）简答题

1. 答：《产品质量法》第27条规定：“产品或者其包装上的标识必须真实，并符合下列要求：（一）有产品质量检验合格证明；（二）有中文标明的产品名称、生产厂厂名和厂址；（三）根据产品的特点和使用要求，需要标明产品规格、等级、所含主要成份的名称和含量的，用中文相应予以标明；需要事先让消费者知晓的，应当在外包装上标明，或者预先向消费者提供有关资料；（四）限期使用的产品，应当在显著位置清晰地标明生产日期和安全使用期或者失效日期；（五）使用不当，容易造成产品本身损坏或者可能危及人身、财产安全的产品，应当有警示标志或者中文警示说明。裸装的食品和其他根据产品的特点难以附加标识的裸装产品，可以不附加产品标识。”
2. 答：《产品质量法》第18条规定：“县级以上市场监督管理部门根据已经取得的违法嫌疑证据或者举报，对涉嫌违反本法规定的行为进行查处时，可以行使下列职权：（一）对当事人涉嫌从事违反本法的生产、销售活动的场所实施现场检查；（二）向当事人的法定代表人、主要负责人和其他有关人员调查、了解与涉嫌从事违反本法的生产、销售活动有关的情况；（三）查阅、复制当事人有关的合同、发票、帐簿以及其他有关资料；（四）对有根据认为不符合保障人体健康和人身、财产安全的国家标准、行业标准的产品或者有其他严重质量问题的产品，以及直接用于生产、销售该项产品的原辅材料、包装物、生产工具，予以查封或者扣押。”

3. 答：《产品质量法》第 41 条规定："因产品存在缺陷造成人身、缺陷产品以外的其他财产（以下简称他人财产）损害的，生产者应当承担赔偿责任。生产者能够证明有下列情形之一的，不承担赔偿责任：（一）未将产品投入流通的；（二）产品投入流通时，引起损害的缺陷尚不存在的；（三）将产品投入流通时的科学技术水平尚不能发现缺陷的存在的。"

二、消费者权益保护法

（一）判断题

1. 为保护消费者的合法权益，维护社会经济秩序，促进社会主义市场经济健康发展，制定本法。（　　）
2. 保护消费者的合法权益仅仅是有关市场监管部门的责任。（　　）
3. 消费者因购买、使用商品或者接受服务受到人身、财产损害的，享有依法获得赔偿的权利（　　）
4. 消费者享有获得有关消费和消费者权益保护方面的知识的权利。
   消费者应当努力掌握所需商品或者服务的知识和使用技能，正确使用商品，提高自我保护意识。（　　）
5. 消费者在购买、使用商品和接受服务时，享有人格尊严、民族风俗习惯得到尊重的权利，享有个人信息依法得到保护的权利。（　　）

（二）单项选择题

1. 消费者向有关行政部门投诉的，该部门应当自收到投诉之日起（　　）个工作日内，予以处理并告知消费者。

   A. 3　　　　B. 5

   C. 7　　　　D. 14

2. 消费者在购买商品或者接受服务时，以下哪项不属于消费者有权获得的交易条件？（　　）

   A. 质量保障　　　　B. 价格合理

C. 计量正确　　D. 随意退货

3. 消费者协会和其他消费者组织是依法成立的对商品和服务进行社会监督的保护消费者合法权益的(　　)。

A. 私人组织　　B. 社会组织

C. 政府机关　　D. 企业

4. (　　)应当加强领导，组织、协调、督促有关行政部门做好保护消费者合法权益的工作，落实保护消费者合法权益的职责。

A. 各级人民政府　　B. 企业

C. 消费者协会　　D. 市场监管部门

(三) 多项选择题

1. 经营者与消费者进行交易，应当遵循下列哪些原则？(　　)

A. 自愿　　B. 平等

C. 公平　　D. 诚实信用

2. 国家倡导下列哪些消费方式？(　　)

A. 文明　　B. 健康

C. 节约资源　　D. 保护环境

3. 消费者在购买、使用商品和接受服务时享有(　　)不受侵害的权利。

A. 人身安全　　B. 财产安全

C. 身份地位　　D. 名誉

4. 经营者在经营活动中使用格式条款的，应当以显著方式提请消费者注意商品或者服务的哪些内容？(　　)

A. 数量和质量　　B. 价款或者费用

C. 履行期限和方式　　D. 安全注意事项和风险警示

(四) 填空题

1. 国家制定有关消费者权益的法律、法规、规章和强制性标准，应当听取____，____的意见。

2. 对侵害众多消费者合法权益的行为，中国消费者协会以及在省、自治区、直辖市设立的____，可以向人民法院____。

3. 经营者违反《消费者权益保护法》规定，应当承担____和缴纳____，其财产不足以同时支付的，先承担民事赔偿责任。
4. 国家机关工作人员____或者包庇经营者侵害消费者合法权益的行为的，由其所在单位或者上级机关给予行政处分；情节严重，构成犯罪的，依法追究____。
5. 经营者有____、搜查身体、侵犯人身自由等侵害消费者或者其他受害人人身权益的行为，造成严重精神损害的，受害人可以要求____。

（五）简答题

1. 消费者和经营者发生消费者权益争议的，可以通过哪些途径解决？
2. 消费者协会履行哪些公益性职责？

参考答案

（一）判断题

1. √，解析：《消费者权益保护法》第 1 条。
2. ×，解析：《消费者权益保护法》第 6 条规定："保护消费者的合法权益是全社会的共同责任。国家鼓励、支持一切组织和个人对损害消费者合法权益的行为进行社会监督。大众传播媒介应当做好维护消费者合法权益的宣传，对损害消费者合法权益的行为进行舆论监督。"
3. √，解析：《消费者权益保护法》第 11 条。
4. √，解析：《消费者权益保护法》第 13 条。
5. √，解析：《消费者权益保护法》第 14 条。

（二）单项选择题

1. C，解析：《消费者权益保护法》第 46 条规定："消费者向有关行政部门投诉的，该部门应当自收到投诉之日起七个工作日内，予以处理并告知消费者。
2. D，解析：《消费者权益保护法》第 10 条规定："消费者享有公平交易的权利。消费者在购买商品或者接受服务时，有权获得质量保障、价格合理、计量正确等公平交易条件，有权拒绝经营者的强制交易行为。"

3. B，解析：《消费者权益保护法》第 36 条规定："消费者协会和其他消费者组织是依法成立的对商品和服务进行社会监督的保护消费者合法权益的社会组织。"
4. A，解析：《消费者权益保护法》第 31 条规定："各级人民政府应当加强领导，组织、协调、督促有关行政部门做好保护消费者合法权益的工作，落实保护消费者合法权益的职责。各级人民政府应当加强监督，预防危害消费者人身、财产安全行为的发生，及时制止危害消费者人身、财产安全的行为。"

（三）多项选择题

1. ABCD，解析：《消费者权益保护法》第 4 条规定："经营者与消费者进行交易，应当遵循自愿、平等、公平、诚实信用的原则。"
2. ABCD，解析：《消费者权益保护法》第 5 条规定："国家保护消费者的合法权益不受侵害。国家采取措施，保障消费者依法行使权利，维护消费者的合法权益。国家倡导文明、健康、节约资源和保护环境的消费方式，反对浪费。"
3. AB，解析：《消费者权益保护法》第 7 条规定："消费者在购买、使用商品和接受服务时享有人身、财产安全不受损害的权利。消费者有权要求经营者提供的商品和服务，符合保障人身、财产安全的要求。"
4. ABCD，解析：《消费者权益保护法》第 26 条规定："经营者在经营活动中使用格式条款的，应当以显著方式提请消费者注意商品或者服务的数量和质量、价款或者费用、履行期限和方式、安全注意事项和风险警示、售后服务、民事责任等与消费者有重大利害关系的内容，并按照消费者的要求予以说明。经营者不得以格式条款、通知、声明、店堂告示等方式，作出排除或者限制消费者权利、减轻或者免除经营者责任、加重消费者责任等对消费者不公平、不合理的规定，不得利用格式条款并借助技术手段强制交易。格式条款、通知、声明、店堂告示等含有前款所列内容的，其内容无效。"

（四）填空题

1. 消费者；消费者协会等组织。（《消费者权益保护法》第 30 条）
2. 消费者协会；提起诉讼。（《消费者权益保护法》第 47 条）
3. 民事赔偿责任；罚款、罚金。（《消费者权益保护法》第 58 条）

4. 玩忽职守；刑事责任。（《消费者权益保护法》第 61 条）
5. 侮辱诽谤；精神损害赔偿。（《消费者权益保护法》第 51 条）

（五）简答题

1. 答：《消费者权益保护法》第 39 条规定："消费者和经营者发生消费者权益争议的，可以通过下列途径解决：（一）与经营者协商和解；（二）请求消费者协会或者依法成立的其他调解组织调解；（三）向有关行政部门投诉；（四）根据与经营者达成的仲裁协议提请仲裁机构仲裁；（五）向人民法院提起诉讼。"
2. 答：《消费者权益保护法》第 37 条规定："消费者协会履行下列公益性职责：（一）向消费者提供消费信息和咨询服务，提高消费者维护自身合法权益的能力，引导文明、健康、节约资源和保护环境的消费方式；（二）参与制定有关消费者权益的法律、法规、规章和强制性标准；（三）参与有关行政部门对商品和服务的监督、检查；（四）就有关消费者合法权益的问题，向有关部门反映、查询，提出建议；（五）受理消费者的投诉，并对投诉事项进行调查、调解；（六）投诉事项涉及商品和服务质量问题的，可以委托具备资格的鉴定人鉴定，鉴定人应当告知鉴定意见；（七）就损害消费者合法权益的行为，支持受损害的消费者提起诉讼或者依照本法提起诉讼；（八）对损害消费者合法权益的行为，通过大众传播媒介予以揭露、批评。各级人民政府对消费者协会履行职责应当予以必要的经费等支持。消费者协会应当认真履行保护消费者合法权益的职责，听取消费者的意见和建议，接受社会监督。依法成立的其他消费者组织依照法律、法规及其章程的规定，开展保护消费者合法权益的活动。"

三、食品安全法

（一）判断题

1. 食品安全工作实行预防为主、风险管理、全程控制、社会共治，建立科学、严格的监督管理制度。（　　）

2. 任何组织或者个人有权举报食品安全违法行为，依法向有关部门了解食品安全信息，对食品安全监督管理工作提出意见和建议。(　　)
3. 对在食品安全工作中做出突出贡献的单位和个人，按照国家有关规定给予表彰、奖励。(　　)
4. 除食品安全标准外，还可以制定其他食品强制性标准。(　　)
5. 制定食品安全标准，应当以保障公众身体健康为宗旨，做到科学合理、安全可靠。(　　)

(二) 单项选择题

1. 食品生产经营者应当按照食品安全(　　)使用食品添加剂。

A. 行业标准　　B. 国家标准

C. 省级标准　　D. 市级标准

2. 记录和凭证保存期限不得少于产品保质期满后(　　)。

A. 6 个月　　B. 3 个月

C. 1 个月　　D. 1 年

3. 食品生产经营者在一年内累计(　　)次因违反本法规定受到责令停产停业、吊销许可证以外处罚的，由食品安全监督管理部门责令停产停业，直至吊销许可证。

A. 1　　B. 3

C. 5　　D. 2

4. (　　)根据实际需要，可以对食品安全监督管理体制作出调整。

A. 食品安全监管部门　　B. 地方人民政府

C. 全国人大　　D. 国务院

(三) 多项选择题

1. 省级以上人民政府卫生行政部门应当在其网站上公布制定和备案的食品安全(　　)供公众免费查阅、下载。

A. 国家标准　　B. 地方标准

C. 企业标准　　D. 行业标准

2. 国家对食品生产经营实行许可制度。从事下列哪些生产活动应当依法取得许可？(　　)

A. 食品生产　　B. 食品销售

C. 餐饮服务　　D. 食用农产品

3. 从事食品批发业务的经营企业应当建立食品销售记录制度，如实记录批发食品的哪些内容？(　　)

A. 名称　　B. 规格

C. 销售日期　　D. 数量

4. 食品经营者应当按照食品标签标示的(　　)或者注意事项的要求销售食品。

A. 警示标志　　B. 警示说明

C. 注意事项　　D. 生产日期

(四) 填空题

1. 食品添加剂应当在技术上确有必要且经过风险评估证明____，方可列入允许使用的范围；有关食品安全国家标准应当根据技术必要性和食品安全____及时修订。

2. 检验人应当依照有关法律、法规的规定，并按照食品安全标准和____对食品进行检验，尊重科学，恪守职业道德，保证出具的____和结论客观、公正，不得出具虚假检验报告。

3. 符合《食品安全法》规定的食品检验机构出具的检验报告具有____。县级以上人民政府应当整合食品检验资源，实现____。

4. 省级以上人民政府卫生行政、农业行政部门应当及时____食品、食用农产品安全风险____。

(五) 简答题

1. 简述预包装食品的包装标签应当标明的具体事项。

2. 简述国家出入境检验检疫部门应当收集、汇总并及时通报相关部门、机构和企业的进出口食品安全信息。

3. 简述《食品安全法》禁止生产经营的食品、食品添加剂、食品相关产品。

参考答案

（一）判断题

1. √，解析：《食品安全法》第3条。
2. √，解析：《食品安全法》第12条。
3. √，解析：《食品安全法》第13条。
4. ×，解析：《食品安全法》第25条规定："食品安全标准是强制执行的标准。除食品安全标准外，不得制定其他食品强制性标准。"
5. √，解析：《食品安全法》第24条。

（二）单项选择题

1. B，解析：《食品安全法》第40条规定："食品添加剂应当在技术上确有必要且经过风险评估证明安全可靠，方可列入允许使用的范围；有关食品安全国家标准应当根据技术必要性和食品安全风险评估结果及时修订。食品生产经营者应当按照食品安全国家标准使用食品添加剂。"
2. A，解析：《食品安全法》第50条规定："食品生产者采购食品原料、食品添加剂、食品相关产品，应当查验供货者的许可证和产品合格证明；对无法提供合格证明的食品原料，应当按照食品安全标准进行检验；不得采购或者使用不符合食品安全标准的食品原料、食品添加剂、食品相关产品。食品生产企业应当建立食品原料、食品添加剂、食品相关产品进货查验记录制度，如实记录食品原料、食品添加剂、食品相关产品的名称、规格、数量、生产日期或者生产批号、保质期、进货日期以及供货者名称、地址、联系方式等内容，并保存相关凭证。记录和凭证保存期限不得少于产品保质期满后六个月；没有明确保质期的，保存期限不得少于二年。"
3. B，解析：《食品安全法》第134条规定："食品生产经营者在一年内累计三次因违反本法规定受到责令停产停业、吊销许可证以外处罚的，由食品安全监督管理部门责令停产停业，直至吊销许可证。"
4. D，解析：《食品安全法》第153条规定："国务院根据实际需要，可以对食品安全监督管理体制作出调整。"

（三）多项选择题

1. ABC，解析：《食品安全法》第 31 条规定："省级以上人民政府卫生行政部门应当在其网站上公布制定和备案的食品安全国家标准、地方标准和企业标准，供公众免费查阅、下载。对食品安全标准执行过程中的问题，县级以上人民政府卫生行政部门应当会同有关部门及时给予指导、解答。"
2. ABC，解析：《食品安全法》第 35 条规定："国家对食品生产经营实行许可制度。从事食品生产、食品销售、餐饮服务，应当依法取得许可。但是，销售食用农产品，不需要取得许可。县级以上地方人民政府食品安全监督管理部门应当依照《中华人民共和国行政许可法》的规定，审核申请人提交的本法第三十三条第一款第一项至第四项规定要求的相关资料，必要时对申请人的生产经营场所进行现场核查；对符合规定条件的，准予许可；对不符合规定条件的，不予许可并书面说明理由。"
3. ABCD，解析：《食品安全法》第 53 条规定："食品经营者采购食品，应当查验供货者的许可证和食品出厂检验合格证或者其他合格证明（以下称合格证明文件）。食品经营企业应当建立食品进货查验记录制度，如实记录食品的名称、规格、数量、生产日期或者生产批号、保质期、进货日期以及供货者名称、地址、联系方式等内容，并保存相关凭证。记录和凭证保存期限应当符合本法第五十条第二款的。实行统一配送经营方式的食品经营企业，可以由企业总部统一查验供货者的许可证和食品合格证明文件，进行食品进货查验记录。从事食品批发业务的经营企业应当建立食品销售记录制度，如实记录批发食品的名称、规格、数量、生产日期或者生产批号、保质期、销售日期以及购货者名称、地址、联系方式等内容，并保存相关凭证。记录和凭证保存期限应当符合本法第五十条第二款的。"
4. ABC，解析：《食品安全法》第 72 条规定："食品经营者应当按照食品标签标示的警示标志、警示说明或者注意事项的要求销售食品。"

（四）填空题

1. 安全可靠；风险评估结果。（《食品安全法》第 40 条）
2. 检验规范；检验数据。（《食品安全法》第 85 条）
3. 同等效力；资源共享。（《食品安全法》第 84 条）
4. 相互通报；监测信息。（《食品安全法》第 20 条）

（五）简答题

1. 答：《食品安全法》第67条规定："预包装食品的包装上应当有标签。标签应当标明下列事项：（一）名称、规格、净含量、生产日期；（二）成分或者配料表；（三）生产者的名称、地址、联系方式；（四）保质期；（五）产品标准代号；（六）贮存条件；（七）所使用的食品添加剂在国家标准中的通用名称；（八）生产许可证编号；（九）法律、法规或者食品安全标准规定应当标明的其他事项。专供婴幼儿和其他特定人群的主辅食品，其标签还应当标明主要营养成分及其含量。食品安全国家标准对标签标注事项另有规定的，从其规定。"
2. 答：《食品安全法》第100条规定："国家出入境检验检疫部门应当收集、汇总下列进出口食品安全信息，并及时通报相关部门、机构和企业：（一）出入境检验检疫机构对进出口食品实施检验检疫发现的食品安全信息；（二）食品行业协会和消费者协会等组织、消费者反映的进口食品安全信息；（三）国际组织、境外政府机构发布的风险预警信息及其他食品安全信息，以及境外食品行业协会等组织、消费者反映的食品安全信息；（四）其他食品安全信息。国家出入境检验检疫部门应当对进出口食品的进口商、出口商和出口食品生产企业实施信用管理，建立信用记录，并依法向社会公布。对有不良记录的进口商、出口商和出口食品生产企业，应当加强对其进出口食品的检验检疫。"
3. 答《食品安全法》第34条规定："禁止生产经营下列食品、食品添加剂、食品相关产品：（一）用非食品原料生产的食品或者添加食品添加剂以外的化学物质和其他可能危害人体健康物质的食品，或者用回收食品作为原料生产的食品；（二）致病性微生物，农药残留、兽药残留、生物毒素、重金属等污染物质以及其他危害人体健康的物质含量超过食品安全标准限量的食品、食品添加剂、食品相关产品；（三）用超过保质期的食品原料、食品添加剂生产的食品、食品添加剂；（四）超范围、超限量使用食品添加剂的食品；（五）营养成分不符合食品安全标准的专供婴幼儿和其他特定人群的主辅食品；（六）腐败变质、油脂酸败、霉变生虫、污秽不洁、混有异物、掺假掺杂或者感官性状异常的食品、食品添加剂；（七）病死、毒死或者死因不明的禽、畜、兽、水产动物肉类及其制品；（八）未按规定进行检疫或者检疫不合格的肉类，或者未经检验或者检验不合格的肉类制品；（九）被包装材料、容器、运输工具等污染的食品、食品添加剂；（十）标注虚假生产日期、保质期或者超过保质期的食品、食品添加剂；（十一）无标签的预包装食品、食品添加剂；（十二）国家为防病等特殊需要明令禁止生产经营的食品；（十三）其他不符合法律、法规或者食品安全标准的食品、食品添加剂、食品相关产品。”

四、旅游法

（一）判断题

1. 国家倡导健康、文明、环保的旅游方式，支持和鼓励各类社会机构开展旅游公益宣传，对促进旅游业发展做出突出贡献的单位和个人给予奖励。（　　）
2. 国家建立健全旅游服务标准和市场规则，禁止行业垄断和地区垄断。旅游经营者应当诚信经营，公平竞争，承担社会责任，为旅游者提供安全、健康、卫生、方便的旅游服务。（　　）
3. 为保障旅游者和旅游经营者的全部权益，规范旅游市场秩序，保护和合理利用旅游资源，促进旅游业持续健康发展，制定《旅游法》。（　　）
4. 旅游者的人格尊严、民族风俗习惯和宗教信仰应当得到尊重。（　　）
5. 旅游者在人身、财产安全遇有危险时，有请求救助和保护的权利。（　　）

（二）单项选择题

1. 以下哪一个旅游项目，不需要按照国家有关规定取得经营许可？（　　）

A. 高空　　B. 水上

C. 探险　　D. 观光

2. 以下哪个部门统一负责旅游安全工作？（　　）

A. 县级以上人民政府　　B. 文化部

C. 安全局　　D. 旅游社

3. 旅游主管部门和有关部门依法实施监督检查，其监督检查人员不得少于(　　)人，并应当出示合法证件。

A. 1　　B. 2

C. 3　　D. 4

4. 景区在旅游者数量可能达到最大承载量时，未依照本法规定公告或者未向当地人民政府报告，未及时采取疏导、分流等措施，或者超过最大承载量接待旅游者的，由景区主管部门责令改正，情节严重的，可以责令停业整顿(　　)。

A. 15 日　　B. 3 个月

C. 9 个月　　D. 1 年

(三) 多项选择题

1. 旅游经营者应当就旅游活动中的哪些事项，以明示的方式事先向旅游者作出说明或者警示？(　　)

A. 正确使用相关设施、设备的方法

B. 必要的安全防范和应急措施

C. 未向旅游者开放的经营、服务场所和设施、设备

D. 不适宜参加相关活动的群体

2. 哪些旅游者在旅游活动中依照法律、法规和有关规定享受便利和优惠？(　　)

A. 残疾人　　B. 老年人

C. 未成年人　　D. 青壮年人

3. 县级以上人民政府旅游主管部门有权对哪些事项实施监督检查？(　　)

A. 旅行社的经营行为

B. 导游和领队等旅游从业人员的服务行为

C. 经营旅行社业务

D. 是否取得经营、执业许可

4. 旅游者与旅游经营者发生纠纷，旅游者一方人数众多并有共同请求的，可以推选代表人参加哪些活动？(　　)

A. 协商　　B. 调解

C. 仲裁　　D. 诉讼

（四）填空题

1. 国家根据旅游活动的____，对旅行社、住宿、旅游交通以及《旅游法》第 47 条规定的高风险旅游项目等经营者实施____制度。
2. 县级以上人民政府应当依法将旅游应急管理纳入政府____体系，制定____，建立旅游突发事件____。
3. 县级以上地方人民政府建立旅游违法行为查处信息的____，对需要跨部门、跨地区____的违法行为，应当进行督办。
4. 消费者协会、旅游投诉受理机构和有关调解组织在____的基础上，依法对旅游者与旅游经营者之间的纠纷进行____。
5. 各级人民政府应当组织对本级政府编制的旅游发展规划的____进行____，并向社会____。

（五）简答题

1. 简述包价旅游合同的具体内容。
2. 简述订立包价旅游合同时，旅行社应当向旅游者告知的事项。
3. 简述旅游者与旅游经营者发生纠纷时的解决途径。
4. 简述景区开放应当具备的条件。

参考答案

（一）判断题

1. √，解析：《旅游法》第 5 条。
2. √，解析：《旅游法》第 6 条。
3. ×，解析：《旅游法》第 1 条规定：“为保障旅游者和旅游经营者的合法权益，规范旅游市场秩序，保护和合理利用旅游资源，促进旅游业持续健康发展，制定本法。”
4. √，解析：《旅游法》第 10 条。
5. √，解析：《旅游法》第 12 条。

（二）单项选择题

1. D，解析：《旅游法》第 47 条规定："经营高空、高速、水上、潜水、探险等高风险旅游项目，应当按照国家有关规定取得经营许可。"
2. A，解析：《旅游法》第 76 条规定："县级以上人民政府统一负责旅游安全工作。县级以上人民政府有关部门依照法律、法规履行旅游安全监管职责。"
3. B，解析：《旅游法》第 86 条规定："旅游主管部门和有关部门依法实施监督检查，其监督检查人员不得少于二人，并应当出示合法证件。监督检查人员少于二人或者未出示合法证件的，被检查单位和个人有权拒绝。监督检查人员对在监督检查中知悉的被检查单位的商业秘密和个人信息应当依法保密。"
4. B，解析：《旅游法》第 105 条规定："景区不符合本法规定的开放条件而接待旅游者的，由景区主管部门责令停业整顿直至符合开放条件，并处二万元以上二十万元以下罚款。景区在旅游者数量可能达到最大承载量时，未依照本法规定公告或者未向当地人民政府报告，未及时采取疏导、分流等措施，或者超过最大承载量接待旅游者的，由景区主管部门责令改正，情节严重的，责令停业整顿一个月至六个月。"

（三）多项选择题

1. ABCD，解析：《旅游法》第 80 条规定："旅游经营者应当就旅游活动中的下列事项，以明示的方式事先向旅游者作出说明或者警示：（一）正确使用相关设施、设备的方法；（二）必要的安全防范和应急措施；（三）未向旅游者开放的经营、服务场所和设施、设备；（四）不适宜参加相关活动的群体；（五）可能危及旅游者人身、财产安全的其他情形。"
2. ABC，解析：《旅游法》第 11 条规定："残疾人、老年人、未成年人等旅游者在旅游活动中依照法律、法规和有关规定享受便利和优惠。"
3. ABCD，解析：《旅游法》第 85 条规定："县级以上人民政府旅游主管部门有权对下列事项实施监督检查：（一）经营旅行社业务以及从事导游、领队服务是否取得经营、执业许可；（二）旅行社的经营行为；（三）导游和领队等旅游从业人员的服务行为；（四）法律、法规规定的其他事项。旅游主管部门依照前款规定实施监督检查，可以对涉嫌违法的合同、票据、账簿以及其他资料进行查阅、复制。"

4. ABCD，解析：《旅游法》第 94 条规定："旅游者与旅游经营者发生纠纷，旅游者一方人数众多并有共同请求的，可以推选代表人参加协商、调解、仲裁、诉讼活动。"

（四）填空题

1. 风险程度；责任保险。（《旅游法》第 56 条）
2. 应急管理；应急预案；应对机制。（《旅游法》第 78 条）
3. 共享机制；联合查处。（《旅游法》第 89 条）
4. 双方自愿；调解。（《旅游法》第 93 条）
5. 执行情况；评估；公布。（《旅游法》第 22 条）

（五）简答题

1. 答：《旅游法》第 58 条规定："包价旅游合同应当采用书面形式，包括下列内容：（一）旅行社、旅游者的基本信息；（二）旅游行程安排；（三）旅游团成团的最低人数；（四）交通、住宿、餐饮等旅游服务安排和标准；（五）游览、娱乐等项目的具体内容和时间；（六）自由活动时间安排；（七）旅游费用及其交纳的期限和方式；（八）违约责任和解决纠纷的方式；（九）法律、法规规定和双方约定的其他事项。订立包价旅游合同时，旅行社应当向旅游者详细说明前款第二项至第八项所载内容。"
2. 答：《旅游法》第 62 条规定："订立包价旅游合同时，旅行社应当向旅游者告知下列事项：（一）旅游者不适合参加旅游活动的情形；（二）旅游活动中的安全注意事项；（三）旅行社依法可以减免责任的信息；（四）旅游者应当注意的旅游目的地相关法律、法规和风俗习惯、宗教禁忌，依照中国法律不宜参加的活动等；（五）法律、法规规定的其他应当告知的事项。在包价旅游合同履行中，遇有前款规定事项的，旅行社也应当告知旅游者。"
3. 答：《旅游法》第 92 条规定："旅游者与旅游经营者发生纠纷，可以通过下列途径解决：（一）双方协商；（二）向消费者协会、旅游投诉受理机构或者有关调解组织申请调解；（三）根据与旅游经营者达成的仲裁协议提请仲裁机构仲裁；（四）向人民法院提起诉讼。"
4. 答：《旅游法》第 42 条规定："景区开放应当具备下列条件，并听取旅游主管部门的意见：（一）有必要的旅游配套服务和辅助设施；（二）有必要的安全设施及制度，经过安全风险评估，满足安全条件；（三）有必要的环境保护设施和生态保护措施；（四）法律、行政法规规定的其他条件。"

五、税收征收管理法

(一) 判断题

1. 为了加强税收征收管理，规范税收征收和缴纳行为，保障国家税收收入，保护纳税人的合法权益，促进经济和社会发展，制定本法。(　　)
2. 税务人员征收税款和查处税收违法案件，与纳税人、扣缴义务人或者税收违法案件有利害关系的，应当回避。(　　)
3. 地方税务机关是发票的主管机关，负责发票印制、领购、开具、取得、保管、缴销的管理和监督。(　　)
4. 国家根据税收征收管理的需要，积极推广使用税控装置。纳税人应当按照规定安装、使用税控装置，不得损毁或者擅自改动税控装置。(　　)
5. 纳税人、扣缴义务人按照有关法律、行政法规和国务院财政、税务主管部门的规定设置帐簿，根据合法、有效凭证记帐，进行核算。(　　)

(二) 单项选择题

1. 纳税人因有特殊困难，不能按期缴纳税款的，经省、自治区、直辖市国家税务局、地方税务局批准，可以延期缴纳税款，但是最长不得超过(　　)个月。

   A. 1　　　　B. 3

   C. 6　　　　D. 9

2. 非法印制发票的，由税务机关销毁非法印制的发票，没收违法所得和作案工具，并可以判处(　　)元罚金。

   A. 5000　　　　B. 3000

   C. 3 万　　　　D. 5 万

3. 纳税人要按照(　　)的规定使用税务登记证件。税务登记证件不得转借、涂改、损毁、买卖或者伪造。

   A. 国务院税务主管部　　　　B. 地方税务分局

   C. 全国人大　　　　D. 审计局

4. 扣缴义务人未按照规定设置、保管代扣代缴、代收代缴税款帐簿或者保管代扣代缴、代收代缴税款记帐凭证及有关资料的，由税务机关责令限期改正，情节不严重的可以处(　　)元罚款。

A. 1000　　B. 3000

C. 4000　　D. 5000

（三）多项选择题

1. 纳税人有下列哪些行为的，可以认为是偷税？(　　)

A. 伪造账本　　B. 隐匿记账凭证

C. 变造账本　　D. 销毁账簿

2. (　　)涉税罚没收入，应当按照税款入库预算级次上缴国库。

A. 司法机关　　B. 税务机关

C. 全国人大　　D. 立法机关

3. 税务机关依照法律、行政法规的规定征收税款，不得(　　)。

A. 少征　　B. 多征

C. 提前征收　　D. 延缓征收

4. 从事生产、经营的纳税人、扣缴义务人必须按照国务院财政、税务主管部门规定的保管期限保管(　　)。

A. 帐簿　　B. 记帐凭证

C. 完税证明　　D. 经营规划清单

（四）填空题

1. 任何单位和个人都有权____违反税收法律、行政法规的行为。收到检举的机关和负责查处的机关应当为检举人____。税务机关应当按照规定对检举人给予____。

2. 纳税人、扣缴义务人按照有关法律、行政法规和国务院财政、税务主管部门的规定设置____，根据合法、有效凭证记帐，____。

3. 纳税人、扣缴义务人可以直接到税务机关办理纳税申报或者报送____、代收代缴税款报告表，也可以按照规定采取邮寄、数据电文或者其他方式办理上述____、报送事项。

4. 纳税人在限期内已缴纳税款，税务机关未立即解除____，使纳税人的合法利益遭受损失的，税务机关应当承担____。
5. 个人及其所扶养家属____和____，不在强制执行措施的范围之内。

（五）简答题

1. 税务机关有权进行哪些税务检查？
2. 纳税人有哪些行为之一的，由税务机关责令限期改正？
3. 纳税人有哪些情形之一的，税务机关有权核定其应纳税额？

参考答案

（一）判断题

1. √，解析：《税收征收管理法》第 1 条。
2. √，解析：《税收征收管理法》第 12 条。
3. ×，解析：《税收征收管理法》第 21 条规定："税务机关是发票的主管机关，负责发票印制、领购、开具、取得、保管、缴销的管理和监督。单位、个人在购销商品、提供或者接受经营服务以及从事其他经营活动中，应当按照规定开具、使用、取得发票。发票的管理办法由国务院。"
4. √，解析：《税收征收管理法》第 23 条。
5. √，解析：《税收征收管理法》第 19 条。

（二）单项选择题

1. B，解析：《税收征收管理法》第 31 条："纳税人、扣缴义务人按照法律、行政法规规定或者税务机关依照法律、行政法规的规定确定的期限，缴纳或者解缴税款。纳税人因有特殊困难，不能按期缴纳税款的，经省、自治区、直辖市国家税务局、地方税务局批准，可以延期缴纳税款，但是最长不得超过三个月。"
2. C，解析：《税收征收管理法》第 71 条："违反本法第二十二条规定，非法印制发票的，由税务机关销毁非法印制的发票，没收违法所得和作案工具，并处一万元以上五万元以下的罚款；构成犯罪的，依法追究刑事责任。"
3. A，解析：《税收征收管理法》第 18 条："纳税人按照国务院税务主管部门的规定使用税务登记证件。税务登记证件不得转借、涂改、损毁、买卖或者伪造。”

4. A，解析：《税收征收管理法》第 61 条：“扣缴义务人未按照规定设置、保管代扣代缴、代收代缴税款帐簿或者保管代扣代缴、代收代缴税款记帐凭证及有关资料的，由税务机关责令限期改正，可以处二千元以下的罚款；情节严重的，处二千元以上五千元以下的罚款。”

（三）多项选择题

1. ABCD，解析：《税收征收管理法》第 63 条：“纳税人伪造、变造、隐匿、擅自销毁帐簿、记帐凭证，或者在帐簿上多列支出或者不列、少列收入，或者经税务机关通知申报而拒不申报或者进行虚假的纳税申报，不缴或者少缴应纳税款的，是偷税。对纳税人偷税的，由税务机关追缴其不缴或者少缴的税款、滞纳金，并处不缴或者少缴的税款百分之五十以上五倍以下的罚款；构成犯罪的，依法追究刑事责任。扣缴义务人采取前款所列手段，不缴或者少缴已扣、已收税款，由税务机关追缴其不缴或者少缴的税款、滞纳金，并处不缴或者少缴的税款百分之五十以上五倍以下的罚款；构成犯罪的，依法追究刑事责任。”
2. AB，解析：《税收征收管理法》第 75 条：“税务机关和司法机关的涉税罚没收入，应当按照税款入库预算级次上缴国库。”
3. ABCD，解析：《税收征收管理法》第 28 条：“税务机关依照法律、行政法规的规定征收税款，不得违反法律、行政法规的规定开征、停征、多征、少征、提前征收、延缓征收或者摊派税款。农业税应纳税额按照法律、行政法规的规定核定。”
4. ABC，解析：《税收征收管理法》第 24 条第 1 款：“从事生产、经营的纳税人、扣缴义务人必须按照国务院财政、税务主管部门规定的保管期限保管帐簿、记帐凭证、完税凭证及其他有关资料。”

（四）填空题

1. 检举；保密；奖励。（《税收征收管理法》第 13 条）
2. 帐簿；进行核算。（《税收征收管理法》第 19 条）
3. 代扣代缴；申报。（《税收征收管理法》第 26 条）
4. 税收保全措施；赔偿责任。（《税收征收管理法》第 39 条）
5. 维持必活必需的住房；用品。（《税收征收管理法》第 40 条）

（五）简答题

1. 答：《税收征收管理法》第 54 条规定："税务机关有权进行下列税务检查：（一）检查纳税人的帐簿、记帐凭证、报表和有关资料，检查扣缴义务人代扣代缴、代收代缴税款帐簿、记帐凭证和有关资料；（二）到纳税人的生产、经营场所和货物存放地检查纳税人应纳税的商品、货物或者其他财产，检查扣缴义务人与代扣代缴、代收代缴税款有关的经营情况；（三）责成纳税人、扣缴义务人提供与纳税或者代扣代缴、代收代缴税款有关的文件、证明材料和有关资料；（四）询问纳税人、扣缴义务人与纳税或者代扣代缴、代收代缴税款有关的问题和情况；（五）到车站、码头、机场、邮政企业及其分支机构检查纳税人托运、邮寄应纳税商品、货物或者其他财产的有关单据、凭证和有关资料；（六）经县以上税务局（分局）局长批准，凭全国统一格式的检查存款帐户许可证明，查询从事生产、经营的纳税人、扣缴义务人在银行或者其他金融机构的存款帐户。税务机关在调查税收违法案件时，经设区的市、自治州以上税务局（分局）局长批准，可以查询案件涉嫌人员的储蓄存款。税务机关查询所获得的资料，不得用于税收以外的用途。"
2. 答：《税收征收管理法》第 60 条规定："纳税人有下列行为之一的，由税务机关责令限期改正，可以处二千元以下的罚款；情节严重的，处二千元以上一万元以下的罚款：（一）未按照规定的期限申报办理税务登记、变更或者注销登记的；（二）未按照规定设置、保管帐簿或者保管记帐凭证和有关资料的；（三）未按照规定将财务、会计制度或者财务、会计处理办法和会计核算软件报送税务机关备查的；（四）未按照规定将其全部银行帐号向税务机关报告的；（五）未按照规定安装、使用税控装置，或者损毁或者擅自改动税控装置的。纳税人不办理税务登记的，由税务机关责令限期改正；逾期不改正的，经税务机关提请，由工商行政管理机关吊销其营业执照。纳税人未按照规定使用税务登记证件，或者转借、涂改、损毁、买卖、伪造税务登记证件的，处二千元以上一万元以下的罚款；情节严重的，处一万元以上五万元以下的罚款。"
3. 答：《税收征收管理法》第 35 条规定："纳税人有下列情形之一的，税务机关有权核定其应纳税额：（一）依照法律、行政法规的规定可以不设置帐簿的；（二）依照法律、行政法规的规定应当设置帐簿但未设置的；

（三）擅自销毁帐簿或者拒不提供纳税资料的；（四）虽设置帐簿，但帐目混乱或者成本资料、收入凭证、费用凭证残缺不全，难以查帐的；（五）发生纳税义务，未按照规定的期限办理纳税申报，经税务机关责令限期申报，逾期仍不申报的；（六）纳税人申报的计税依据明显偏低，又无正当理由的。税务机关核定应纳税额的具体程序和方法由国务院税务主管部门。”

六、企业所得税法

（一）判断题

1. 个人独资企业、合伙企业也适用《企业所得税法》。（　　）
2. 企业所得税的税率为25%。（　　）
3. 企业实际发生的与取得收入有关的、合理的支出，包括成本、费用、税金、损失和其他支出，准予在计算应纳税所得额时扣除。（　　）
4. 企业发生的公益性捐赠支出，在年度利润总额12%以内的部分，准予在计算应纳税所得额时扣除；超过年度利润总额12%的部分，准予结转以后3年内在计算应纳税所得额时扣除。（　　）
5. 企业对外投资期间，投资资产的成本在计算应纳税所得额时可以扣除（　　）。

（二）单项选择题

1. 符合条件的小型微利企业，减按（　　）的税率征收企业所得税。

A. 20%　　B. 10%

C. 30%　　D. 15%

2. 企业应当自月份或者季度终了之日起（　　）日内，向税务机关报送预缴企业所得税纳税申报表，预缴税款。

A. 10　　B. 15

C. 30　　D. 50

3. 企业发生的公益性捐赠支出，在年度利润总额(　　)以内的部分，准予在计算应纳税所得额时扣除。

A. 8%　　B. 10%

C. 12%　　D. 15%

4. 企业在年度中间终止经营活动的，应当自实际经营终止之日起(　　)日内，向税务机关办理当期企业所得税汇算清缴。

A. 10　　B. 30

C. 50　　D. 60

（三）多项选择题

1.《企业所得税法》中的企业可以分为下列哪些类型？(　　)

A. 居民企业　　B. 非居民企业

C. 独资企业　　D. 合资企业

2. 收入总额中的哪些收入为不征税收入？(　　)

A. 财政拨款

B. 依法收取并纳入财政管理的行政事业性收费、政府性基金

C. 国务院规定的其他不征税收入

D. 工资

3. 下列哪些无形资产不得计算摊销费用扣除？(　　)

A. 自行开发的支出已在计算应纳税所得额时扣除的无形资产

B. 自创商誉

C. 与经营活动无关的无形资产

D. 其他不得计算摊销费用扣除的无形资产

4. 企业以货币形式和非货币形式从各种来源取得的收入，为收入总额，具体包括：(　　)

A. 销售货物收入　　B. 提供劳务收入

C. 转让财产收入　　D. 利息收入

（四）填空题

1. 企业购置用于____，____，____等专用设备的投资额，可以按一定比例实

行税额抵免。

2. 非居民企业在中国境内取得工程作业和劳务所得应缴纳的所得税，税务机关可以指定____或者____的支付人为扣缴义务人。
3. 企业从其关联方接受的____，____的比例超过规定标准而发生的利息支出，不得在计算应纳税所得额时扣除。
4. 中华人民共和国政府同外国政府订立的有关税收的____与本法有不同规定的，依照协定的规定办理。

（五）简答题

1. 在计算应纳税所得额时，企业按照规定计算的固定资产折旧，准予扣除。哪些固定资产不得计算折旧扣除？
2. 在计算应纳税所得额时，哪些支出不得扣除？
3. 企业的哪些收入为免税收入？

参考答案

（一）判断题

1. ×，解析：《企业所得税法》第1条规定：“在中华人民共和国境内，企业和其他取得收入的组织（以下统称企业）为企业所得税的纳税人，依照本法的规定缴纳企业所得税。”

   个人独资企业、合伙企业不适用本法。
2. √，解析：《企业所得税法》第4条。
3. √，解析：《企业所得税法》第8条。
4. √，解析：《企业所得税法》第9条。
5. ×，解析：《企业所得税法》第14条规定：“企业对外投资期间，投资资产的成本在计算应纳税所得额时不得扣除。”

（二）单项选择题

1. A，解析：《企业所得税法》第28条规定：“符合条件的小型微利企业，减按20%的税率征收企业所得税。国家需要重点扶持的高新技术企业，减按15%的税率征收企业所得税。”

2. B，解析：《企业所得税法》第54条规定："企业所得税分月或者分季预缴。企业应当自月份或者季度终了之日起十五日内，向税务机关报送预缴企业所得税纳税申报表，预缴税款。企业应当自年度终了之日起五个月内，向税务机关报送年度企业所得税纳税申报表，并汇算清缴，结清应缴应退税款。企业在报送企业所得税纳税申报表时，应当按照规定附送财务会计报告和其他有关资料。"
3. C，解析：《企业所得税法》第9条规定："企业发生的公益性捐赠支出，在年度利润总额12%以内的部分，准予在计算应纳税所得额时扣除；超过年度利润总额12%的部分，准予结转以后3年内在计算应纳税所得额时扣除。"
4. D，解析：《企业所得税法》第55条规定："企业在年度中间终止经营活动的，应当自实际经营终止之日起六十日内，向税务机关办理当期企业所得税汇算清缴。企业应当在办理注销登记前，就其清算所得向税务机关申报并依法缴纳企业所得税。"

（三）多项选择题

1. AB，解析：《企业所得税法》第2条规定："企业分为居民企业和非居民企业。本法所称居民企业，是指依法在中国境内成立，或者依照外国（地区）法律成立但实际管理机构在中国境内的企业。本法所称非居民企业，是指依照外国（地区）法律成立且实际管理机构不在中国境内，但在中国境内设立机构、场所的，或者在中国境内未设立机构、场所，但有来源于中国境内所得的企业。"
2. ABC，解析：《企业所得税法》第7条规定："收入总额中的下列收入为不征税收入：（一）财政拨款；（二）依法收取并纳入财政管理的行政事业性收费、政府性基金；（三）国务院规定的其他不征税收入。"
3. ABCD，解析：《企业所得税法》第12条规定："在计算应纳税所得额时，企业按照规定计算的无形资产摊销费用，准予扣除。下列无形资产不得计算摊销费用扣除：（一）自行开发的支出已在计算应纳税所得额时扣除的无形资产；（二）自创商誉；（三）与经营活动无关的无形资产；（四）其他不得计算摊销费用扣除的无形资产。"
4. ABCD，解析：《企业所得税法》第6条规定："企业以货币形式和非货币形式从各种来源取得的收入，为收入总额。包括：（一）销售货物收入；

（二）提供劳务收入；（三）转让财产收入；（四）股息、红利等权益性投资收益；（五）利息收入；（六）租金收入；（七）特许权使用费收入；（八）接受捐赠收入；（九）其他收入。”

（四）填空题

1. 环境保护；节能节水；安全生产。（《企业所得税法》第 34 条）
2. 工程价款；劳务费。（《企业所得税法》第 38 条）
3. 债权性投资；权益性投资。（《企业所得税法》第 46 条）
4. 协定。（《企业所得税法》第 58 条）

（五）简答题

1. 答：《企业所得税法》第 11 条规定：“在计算应纳税所得额时，企业按照规定计算的固定资产折旧，准予扣除。下列固定资产不得计算折旧扣除：（一）房屋、建筑物以外未投入使用的固定资产；（二）以经营租赁方式租入的固定资产；（三）以融资租赁方式租出的固定资产；（四）已足额提取折旧仍继续使用的固定资产；（五）与经营活动无关的固定资产；（六）单独估价作为固定资产入账的土地；（七）其他不得计算折旧扣除的固定资产。”
2. 答：《企业所得税法》第 10 条规定：“在计算应纳税所得额时，下列支出不得扣除：（一）向投资者支付的股息、红利等权益性投资收益款项；（二）企业所得税税款；（三）税收滞纳金；（四）罚金、罚款和被没收财物的损失；（五）本法第九条规定以外的捐赠支出；（六）赞助支出；（七）未经核定的准备金支出；（八）与取得收入无关的其他支出。”
3. 答：《企业所得税法》第 26 条规定：“企业的下列收入为免税收入：（一）国债利息收入；（二）符合条件的居民企业之间的股息、红利等权益性投资收益；（三）在中国境内设立机构、场所的非居民企业从居民企业取得与该机构、场所有实际联系的股息、红利等权益性投资收益；（四）符合条件的非营利组织的收入。”

七、个人所得税法

(一) 判断题

1. 居民个人从中国境外取得的所得，可以从其应纳税额中抵免已在境外缴纳的个人所得税税额，但抵免额不得超过该纳税人境外所得依照本法规定计算的应纳税额。(　　)
2. 各项所得的计算，以人民币为单位。所得为人民币以外的货币的，按照人民币汇率中间价折合成人民币缴纳税款。(　　)
3. 对扣缴义务人按照所扣缴的税款，付给3%的手续费。(　　)
4. 纳税人、扣缴义务人和税务机关及其工作人员违反本法规定的，依照《税收征收管理法》和有关法律法规的规定追究法律责任。(　　)
5. 个人所得税的征收管理，依照《个人所得税法》和《税收征收管理法》的规定执行。(　　)

(二) 单项选择题

1. 全年应纳税所得额不超过36000元的，个人所得税税率为(　　)。

A. 3%　　B. 10%

C. 15%　　D. 20%

2. 纳税人取得经营所得，按年计算个人所得税，由纳税人在月度或者季度终了后15日内向税务机关报送纳税申报表，并预缴税款；在取得所得的次年(　　)前办理汇算清缴。

A. 1月31日　　B. 3月31日

C. 2月1日　　D. 5月1日

3. 个人所得税的税率：根据综合所得，可以适用(　　)的超额累进税率。

A. 5%至15%　　B. 5%至25%

C. 5%至35%　　D. 3%至45%

4. 居民个人的综合所得，以每一纳税年度的收入额减除费用(　　)以及专项扣除、专项附加扣除和依法确定的其他扣除后的余额，为应纳税所得额。

A. 6 万元　　B. 5 万元

C. 4 万元　　D. 3 万元

（三）多项选择题

1. 下列哪些个人所得，应当缴纳个人所得税？(　　)

A. 经营所得　　B. 稿酬所得

C. 财产租赁所得　　D. 劳务报酬所得

2. 有下列哪些情形之一的，可以减征个人所得税？(　　)

A. 烈属的所得　　B. 因自然灾害遭受重大损失的

C. 孤老人员的所得　　D. 劳务费用

3. 对储蓄存款利息所得(　　)个人所得税及其具体办法，由国务院规定，并报全国人民代表大会常务委员会备案。

A. 开征　　B. 减征

C. 停征　　D. 变征

4. 有下列哪些情形之一的，纳税人应当依法办理纳税申报？(　　)

A. 取得综合所得需要办理汇算清缴

B. 取得应税所得没有扣缴义务人

C. 取得境外所得

D. 因移居境外注销中国户籍

（四）填空题

1. 个人所得税以所得人为____，以支付所得的单位或者个人为____。纳税人有中国公民身份号码的，以中国公民身份号码为纳税人识别号；纳税人没有中国公民身份号码的，由税务机关赋予其纳税人识别号。扣缴义务人扣缴税款时，纳税人应当向扣缴义务人提供纳税人____。

2. 居民个人从中国境外取得的所得，可以从其应纳税额中抵免已在境外缴纳的个人所得税税额，但____不得超过该纳税人境外所得依照本法规定计算的____。

3. 纳税人办理____或者扣缴义务人为纳税人办理汇算清缴退税的，税务机关审核后，按照____的有关规定办理退税。
4. 各项所得的计算，以____为单位。所得为人民币以外的货币的，按照人民币汇率____折合成人民币缴纳税款。

（五）简答题

1. 简述免征个人所得税的收入的类型。
2. 简述应纳税所得额的计算方法。

参考答案

（一）判断题

1. √，解析：《个人所得税法》第 7 条。
2. √，解析：《个人所得税法》第 16 条。
3. ×，解析：《个人所得税法》第 17 条规定："对扣缴义务人按照所扣缴的税款，付给百分之二的手续费。"
4. √，解析：《个人所得税法》第 19 条。
5. √，解析：《个人所得税法》第 20 条。

（二）单项选择题

1. A，解析：根据《个人所得税法》第 22 条的规定，全年应纳税所得额不超过 36000 的，税率为 3%。
2. B，解析：《个人所得税法》第 12 条规定："纳税人取得经营所得，按年计算个人所得税，由纳税人在月度或者季度终了后十五日内向税务机关报送纳税申报表，并预缴税款；在取得所得的次年三月三十一日前办理汇算清缴。纳税人取得利息、股息、红利所得，财产租赁所得，财产转让所得和偶然所得，按月或者按次计算个人所得税，有扣缴义务人的，由扣缴义务人按月或者按次代扣代缴税款。"
3. D，《个人所得税法》第 3 条规定："个人所得税的税率：（一）综合所得，适用百分之三至百分之四十五的超额累进税率（税率表附后）；（二）经营所得，适用百分之五至百分之三十五的超额累进税率（税率表附后）；（三）利息、股息、红利所得，财产租赁所得，财产转让所得和偶然所得，适用比例税率，税率为百分之二十。”

4. A，解析：《个人所得税法》第6条第1款规定：“应纳税所得额的计算：（一）居民个人的综合所得，以每一纳税年度的收入额减除费用六万元以及专项扣除、专项附加扣除和依法确定的其他扣除后的余额，为应纳税所得额。（二）非居民个人的工资、薪金所得，以每月收入额减除费用五千元后的余额为应纳税所得额；劳务报酬所得、稿酬所得、特许权使用费所得，以每次收入额为应纳税所得额。（三）经营所得，以每一纳税年度的收入总额减除成本、费用以及损失后的余额，为应纳税所得额。（四）财产租赁所得，每次收入不超过四千元的，减除费用八百元；四千元以上的，减除百分之二十的费用，其余额为应纳税所得额。（五）财产转让所得，以转让财产的收入额减除财产原值和合理费用后的余额，为应纳税所得额。（六）利息、股息、红利所得和偶然所得，以每次收入额为应纳税所得额。”

（三）多项选择题

1. ABCD，解析：《个人所得税法》第2条第1款规定：“下列各项个人所得，应当缴纳个人所得税：（一）工资、薪金所得；（二）劳务报酬所得；（三）稿酬所得；（四）特许权使用费所得；（五）经营所得；（六）利息、股息、红利所得；（七）财产租赁所得；（八）财产转让所得；（九）偶然所得。”
2. ABC，解析：《个人所得税法》第5条规定：“有下列情形之一的，可以减征个人所得税，具体幅度和期限，由省、自治区、直辖市人民政府规定，并报同级人民代表大会常务委员会备案：（一）残疾、孤老人员和烈属的所得；（二）因自然灾害遭受重大损失的。国务院可以规定其他减税情形，报全国人民代表大会常务委员会备案。”
3. ABC，解析：《个人所得税法》第18条规定：“对储蓄存款利息所得开征、减征、停征个人所得税及其具体办法，由国务院规定，并报全国人民代表大会常务委员会备案。”
4. ABCD，解析：《个人所得税法》第10条规定：“有下列情形之一的，纳税人应当依法办理纳税申报：（一）取得综合所得需要办理汇算清缴；（二）取得应税所得没有扣缴义务人；（三）取得应税所得，扣缴义务人未扣缴税款；（四）取得境外所得；（五）因移居境外注销中国户籍；

（六）非居民个人在中国境内从两处以上取得工资、薪金所得；（七）国务院规定的其他情形。扣缴义务人应当按照国家规定办理全员全额扣缴申报，并向纳税人提供其个人所得和已扣缴税款等信息。”

（四）填空题

1. 纳税人；扣缴义务人；识别号。（《个人所得税法》第 9 条）
2. 抵免额；应纳税额。（《个人所得税法》第 7 条）
3. 汇算清缴退税；国库管理。（《个人所得税法》第 14 条）
4. 人民币；中间价。（《个人所得税法》第 16 条）

（五）简答题

1. 答：《个人所得税法》第 4 条规定：“下列各项个人所得，免征个人所得税：（一）省级人民政府、国务院部委和中国人民解放军军以上单位，以及外国组织、国际组织颁发的科学、教育、技术、文化、卫生、体育、环境保护等方面的奖金；（二）国债和国家发行的金融债券利息；（三）按照国家统一规定发给的补贴、津贴；（四）福利费、抚恤金、救济金；（五）保险赔款；（六）军人的转业费、复员费、退役金；（七）按照国家统一规定发给干部、职工的安家费、退职费、基本养老金或者退休费、离休费、离休生活补助费；（八）依照有关法律规定应予免税的各国驻华使馆、领事馆的外交代表、领事官员和其他人员的所得；（九）中国政府参加的国际公约、签订的协议中规定免税的所得；（十）国务院规定的其他免税所得。前款第十项免税规定，由国务院报全国人民代表大会常务委员会备案。”
2. 答：《个人所得税法》第 6 条第 1 款规定：“应纳税所得额的计算：（一）居民个人的综合所得，以每一纳税年度的收入额减除费用六万元以及专项扣除、专项附加扣除和依法确定的其他扣除后的余额，为应纳税所得额。（二）非居民个人的工资、薪金所得，以每月收入额减除费用五千元后的余额为应纳税所得额；劳务报酬所得、稿酬所得、特许权使用费所得，以每次收入额为应纳税所得额。（三）经营所得，以每一纳税年度的收入总额减除成本、费用以及损失后的余额，为应纳税所得额。（四）财产租赁所得，每次收入不超过四千元的，减除费用八百元；四千元以上的，减除百分之二十的费用，其余额为应纳税所得额。（五）财产转让所得，以转让财产的收入额减除财产原值和合理费用后的余额，为应纳税所得额。（六）利息、股息、红利所得和偶然所得，以每次收入额为应纳税所得额。劳务报酬所得、稿酬所得、特许权使用费所得以收入减除百分之二十的费用后的余额为收入额。稿酬所得的收入额减按百分之七十计算。个人将其所得对教育、扶贫、济困等公益慈善事业进行捐赠，捐赠额未超过纳税人申报的应纳税所得额百分之三十的部分，可以从其应纳税所得额中扣除；国务院规定对公益慈善事业捐赠实行全额税前扣除的，从其。本条第一款第一项规定的专项扣除，包括居民个人按照国家规定的范围和标准缴纳的基本养老保险、基本医疗保险、失业保险等社会保险费和住房公积金等；专项附加扣除，包括子女教育、继续教育、大病医疗、住房贷款利息或者住房租金、赡养老人等支出，具体范围、标准和实施步骤由国务院确定，并报全国人民代表大会常务委员会备案。”

八、土地管理法

（一）判断题

1. 城市市区的土地属于国家所有。农村和城市郊区的土地，除由法律规定属于国家所有的以外，属于农民集体所有；宅基地和自留地、自留山，属于农民集体所有。（　　）
2. 当事人对有关人民政府的处理决定不服的，可以自接到处理决定通知之日起 50 日内，向人民法院起诉。（　　）
3. 禁止占用耕地建窑、建坟或者擅自在耕地上建房、挖砂、采石、采矿、取土等。（　　）
4. 因挖损、塌陷、压占等造成土地破坏，用地单位和个人应当按照国家有关规定负责复垦；没有条件复垦或者复垦不符合要求的，应当缴纳土地复垦费，专项用于土地复垦。复垦的土地应当优先用于农业。（　　）
5. 自《土地管理法》施行之日起，新增建设用地的土地有偿使用费，40% 上缴中央财政，60% 留给有关地方人民政府。（　　）

6. 临时使用土地的使用者应当按照临时使用土地合同约定的用途使用土地，可以修建永久性建筑物。临时使用土地期限一般不超过 2 年。(　　)
7. 农村村民一户只能拥有一处宅基地，其宅基地的面积可以适当超过省、自治区、直辖市规定的标准。(　　)
8. 集体经营性建设用地出让、出租等，应当经本集体经济组织成员的村民会议 2/3 以上成员或者 2/3 以上村民代表的同意。(　　)
9. 违反《土地管理法》规定，拒不履行土地复垦义务逾期不改正的，责令缴纳复垦费，专项用于土地复垦，可以处以罚款。(　　)
10. 农村村民未经批准或者采取欺骗手段骗取批准，非法占用土地建住宅的，由县级以上人民政府农业农村主管部门责令退还非法占用的土地，限期拆除在非法占用的土地上新建的房屋。超过省、自治区、直辖市规定的标准，多占的土地以非法占用土地论处。(　　)

(二) 单项选择题

1. 任何(　　)都有遵守土地管理法律、法规的义务，并有权对违反土地管理法律、法规的行为提出检举和控告。

A. 个人　　B. 单位
C. 组织　　D. 单位和个人

2. 在保护和开发土地资源、合理利用土地以及进行有关的科学研究等方面成绩显著的单位和个人，由(　　)给予奖励。

A. 人民政府　　B. 人民法院
C. 人民检察院　　D. 中国人民银行

3. 在城市规划区范围内，以出让方式取得土地使用权进行房地产开发的闲置土地，依照的(　　)有关规定办理。

A.《刑事诉讼法》　　B.《草原法》
C.《城市房地产管理法》　　D.《民事诉讼法》

(三) 多项选择题

1. 关于《土地管理法》，下列说法错误的有：(　　)

A. 农村村民出卖、出租、赠与住宅后，再申请宅基地的，不予批准

B. 在土地利用总体规划制定前已建的不符合土地利用总体规划确定的用途的建筑物、构筑物，可以重建、扩建

C. 省级以上人民政府自然资源主管部门对违反土地管理法律、法规的行为进行监督检查

D. 国务院农业农村主管部门负责全国农村宅基地改革和管理有关工作

2. 国有土地和农民集体所有的土地，可以依法确定给单位或者个人使用。使用土地的单位和个人，有(　　)土地的义务。

A. 保护　　B. 管理

C. 污染　　D. 合理利用

3. 土地的所有权和使用权的登记，依照有关不动产登记的（　　）执行。

A. 法律　　B. 地方性法规

C. 行政法规　　D. 政府规章

4. 关于《土地管理法》，下列说法正确的是：(　　)

A. 国家保护耕地，不控制耕地转为非耕地

B. 国家实行永久基本农田保护制度

C. 禁止任何单位和个人闲置、荒芜耕地

D. 禁止占用永久基本农田发展林果业和挖塘养鱼

5. 关于《土地管理法》，下列说法错误的是：(　　)

A. 农村村民出卖、出租、赠与住宅后，再申请宅基地的，可以批准

B. 国家不允许进城落户的农村村民依法自愿有偿退出宅基地，不鼓励农村集体经济组织及其成员盘活利用闲置宅基地和闲置住宅

C. 集体经营性建设用地的出租，集体建设用地使用权的出让及其最高年限、转让、互换、出资、赠与、抵押等，参照同类用途的国有建设用地执行

D. 集体建设用地的使用者应当严格按照土地利用总体规划、城乡规划确定的用途使用土地

（四）填空题

1. 人均土地少、不能保障一户拥有一处宅基地的地区，县级人民政府在充分尊重____的基础上，可以采取措施，按照省、自治区、直辖市规定的

标准保障农村村民实现____。

2. 农民集体所有的土地依法属于村农民集体所有的，由____经营、管理；已经分别属于村内两个以上农村集体经济组织的农民集体所有的，由村内____经营、管理；已经属于乡（镇）农民集体所有的，由____经营、管理。

3. 发包方和承包方应当依法订立____，约定双方的权利和义务。承包经营土地的单位和个人，有保护和按照承包合同约定____的用途的义务。

4. 在土地所有权和使用权争议解决前，任何一方____土地利用现状。

5. 征收土地应当给予____的补偿，保障被征地农民原有生活水平____。

6. 征收土地应当依法及时足额支付土地补偿费、安置补助费以及农村村民住宅、其他地上附着物和____等的补偿费用，并安排被征地农民的____。

7. 因挖损、塌陷、压占等造成土地破坏，用地单位和个人应当按照国家有关规定负责____；没有条件复垦或者复垦不符合要求的，应当缴纳____，专项用于土地复垦。复垦的土地应当优先用于农业。

8. 农村村民建住宅，应当符合乡（镇）土地利用总体规划、村庄规划，不得占用____，并尽量使用 ____。编制乡（镇）土地利用总体规划、村庄规划应当统筹并合理安排____，改善农村村民居住环境和条件。

9. 土地利用总体规划、城乡规划确定为工业、商业等经营性用途，并经依法登记的____，土地所有权人可以通过出让、出租等方式交由单位或者个人使用，并应当签订____，载明土地界址、面积、动工期限、使用期限、土地用途、规划条件和双方其他权利义务。

10. 有关单位和个人对县级以上人民政府自然资源主管部门就土地违法行为进行的监督检查应当____，并提供____，不得拒绝与阻碍土地管理监督检查人员依法执行职务。

（五）简答题

1. 简述应当根据土地利用总体规划划为永久基本农田，实行严格保护的耕地范围。

2. 出现哪些情形时，农村集体经济组织报经原批准用地的人民政府批准，可以收回土地使用权？

参考答案

（一）判断题

1. √，解析：《土地管理法》第 9 条。
2. ×，解析：《土地管理法》第 14 条第 3 款规定：“当事人对有关人民政府的处理决定不服的，可以自接到处理决定通知之日起三十日内，向人民法院起诉。”
3. √，解析：《土地管理法》第 37 条第 2 款。
4. √，解析：《土地管理法》第 43 条。
5. ×，解析：《土地管理法》第 55 条第 2 款规定：“自本法施行之日起，新增建设用地的土地有偿使用费，百分之三十上缴中央财政，百分之七十留给有关地方人民政府。具体使用管理办法由国务院财政部门会同有关部门制定，并报国务院批准。”
6. ×，解析：《土地管理法》第 57 条第 2－3 款规定：“临时使用土地的使用者应当按照临时使用土地合同约定的用途使用土地，并不得修建永久性建筑物。临时使用土地期限一般不超过二年。”
7. ×，解析：《土地管理法》第 62 条第 1 款规定：“农村村民一户只能拥有一处宅基地，其宅基地的面积不得超过省、自治区、直辖市规定的标准。”
8. √，解析：《土地管理法》第 63 条规定第 2 款。
9. √，解析：《土地管理法》第 76 条。
10. √，解析：《土地管理法》第 78 条。

（二）单项选择题

1. D，解析：《土地管理法》第 7 条规定：“任何单位和个人都有遵守土地管理法律、法规的义务，并有权对违反土地管理法律、法规的行为提出检举和控告。”
2. A，解析：《土地管理法》第 8 条规定：“在保护和开发土地资源、合理利用土地以及进行有关的科学研究等方面成绩显著的单位和个人，由人民政府给予奖励。”
3. C，解析：《土地管理法》第 38 条第 2 款规定：“在城市规划区范围内，以出让方式取得土地使用权进行房地产开发的闲置土地，依照《中华人民共和国城市房地产管理法》的有关规定办理。”

（三）多项选择题

1. BC，解析：《土地管理法》第 65 条规定：“ 在土地利用总体规划制定前已建的不符合土地利用总体规划确定的用途的建筑物、构筑物，不得重建、扩建。”故 B 错误。《土地管理法》第 67 条规定：“县级以上人民政府农业农村主管部门对违反农村宅基地管理法律、法规的行为进行监督检查的，适用本法关于自然资源主管部门监督检查的规定。”故 C 错误。
2. ABD，解析：《土地管理法》第 10 条规定：“国有土地和农民集体所有的土地，可以依法确定给单位或者个人使用。使用土地的单位和个人，有保护、管理和合理利用土地的义务。”
3. AC，解析：《土地管理法》第 12 条第 1 款规定：“土地的所有权和使用权的登记，依照有关不动产登记的法律、行政法规执行。”
4. BCD 解析：《土地管理法》第 30 条第 1 款规定：“国家保护耕地，严格控制耕地转为非耕地。”
5. AB 解析：《土地管理法》第 62 条第 5 – 6 款规定：“农村村民出卖、出租、赠与住宅后，再申请宅基地的，不予批准。国家允许进城落户的农村村民依法自愿有偿退出宅基地，鼓励农村集体经济组织及其成员盘活利用闲置宅基地和闲置住宅。”

（四）填空题

1. 农村村民意愿；户有所居。（《土地管理法》第 62 条第 2 款）
2. 村集体经济组织或者村民委员会；各该农村集体经济组织或者村民小组；乡（镇）农村集体经济组织。（《土地管理法》第 11 条）
3. 承包合同；合理利用土地。（《土地管理法》第 13 条第 3 款）
4. 不得改变（《土地管理法》第 14 条第 4 款）
5. 公平、合理；不降低、长远生计有保障。（《土地管理法》第 48 条第 1 款）
6. 青苗；社会保障费用。（《土地管理法》第 48 条第 2 款）
7. 复垦；土地复垦费。（《土地管理法》第 43 条）
8. 永久基本农田；原有的宅基地和村内空闲地；宅基地用地。（《土地管理法》第 62 条第 3 款）
9. 集体经营性建设用地；书面合同。（《土地管理法》第 63 条第 1 款）
10. 支持与配合；工作方便。（《土地管理法》第 70 条）

（五）简答题

1. 答：《土地管理法》第33条第1款规定："国家实行永久基本农田保护制度。下列耕地应当根据土地利用总体规划划为永久基本农田，实行严格保护：（一）经国务院农业农村主管部门或者县级以上地方人民政府批准确定的粮、棉、油、糖等重要农产品生产基地内的耕地；（二）有良好的水利与水土保持设施的耕地，正在实施改造计划以及可以改造的中、低产田和已建成的高标准农田；（三）蔬菜生产基地；（四）农业科研、教学试验田；（五）国务院规定应当划为永久基本农田的其他耕地。"
2. 答：《土地管理法》第66条第1款规定："有下列情形之一的，农村集体经济组织报经原批准用地的人民政府批准，可以收回土地使用权：（一）为乡（镇）村公共设施和公益事业建设，需要使用土地的；（二）不按照批准的用途使用土地的；（三）因撤销、迁移等原因而停止使用土地的。"

九、城市房地产管理法

（一）判断题

1. 本法所称房屋，是指工地上的房屋等建筑物及构筑物。（　　）
2. 本法所称房地产开发，是指在依据本法取得国有土地使用权的土地上进行房屋建设的行为。（　　）
3. 国家根据社会、经济发展水平，扶持发展房地产开发建设，逐步改善居民的居住条件。（　　）
4. 房地产权利人应当遵守法律和行政法规，依法纳税。房地产权利人的合法权益受法律保护，任何单位和个人不得侵犯。（　　）
5. 为了公共利益的需要，国家可以征收国有土地上单位和个人的房屋，并依法给予拆迁补偿，维护被征收人的合法权益；征收个人住宅的，还应当保障被征收人的居住条件。具体办法由住建部规定。（　　）
6. 县级以上地方人民政府房产管理、土地管理部门的机构设置及其职权由省、自治区、直辖市人民政府确定。（　　）

7. 土地使用权出让，是指国家将国有土地使用权（以下简称土地使用权）永久出让给土地使用者，由土地使用者向国家支付土地使用权出让金的行为。(　　)
8. 城市规划区内的集体所有的土地，经依法征收转为国有土地后，该幅国有土地的使用权方可无偿出让，但法律另有规定的除外。(　　)
9. 采取双方协议方式出让土地使用权的出让金不得高于按国家规定所确定的最高价。(　　)

（二）单项选择题

1. 县级以上地方人民政府出让土地使用权用于房地产开发的，须根据省级以上人民政府下达的控制指标拟订年度出让土地使用权总面积方案，按照国务院规定，报国务院或者(　　)批准。

   A. 省级人民政府　　B. 县级人民政府
   C. 乡镇人民政府　　D. 市级人民政府
2. 土地使用权出让(　　)由国务院。

   A. 最低年限　　B. 最高年限
   C. 最低费用　　D. 最高费用
3. 土地使用权出让合同由市、县人民政府土地管理部门与(　　)签订。

   A. 土地承包人　　B. 土地租赁人
   C. 土地买卖人　　D. 土地使用者
4. 土地使用者按照出让合同约定支付土地使用权出让金的，市、县人民政府土地管理部门必须按照出让合同约定，提供出让的土地；未按照出让合同约定提供出让的土地的，土地使用者有权解除合同，由土地管理部门返还(　　)，土地使用者并可以请求违约赔偿。

   A. 土地使用权赔偿金　　B. 土地使用权补偿金
   C. 土地使用权出让金　　D. 土地使用权定金
5. 土地使用权出让金应当(　　)上缴财政，列入预算，用于城市基础设施建设和土地开发。土地使用权出让金上缴和使用的具体办法由国务院。

   A. 全部　　B. 部分
   C. 1/3　　D. 3/4

6. 在依法取得的房地产开发用地上建成房屋的，应当凭(　　)向县级以上地方人民政府房产管理部门申请登记，由县级以上地方人民政府房产管理部门核实并颁发房屋所有权证书。

A. 土地所有权证书　　B. 土地承包权证书

C. 土地使用权证书　　D. 土地经营权证书

7. 房地产抵押合同签订后，(　　)不属于抵押财产。

A. 土地上新增的房屋　　B. 土地上原有的房屋

C. 土地上新增的商铺　　D. 土地上新增的建筑设施

(三) 多项选择题

1. 在中华人民共和国城市规划区国有土地（以下简称国有土地）范围内取得房地产开发用地的土地使用权，从事哪些行为应当遵守《城市房地产管理法》?(　　)

A. 房地产开发　　B. 房地产买卖

C. 房地产交易　　D. 实施房地产管理

2.《城市房地产管理法》所称房地产交易，包括哪些?(　　)

A. 房地产转让　　B. 房地产抵押

C. 房屋租赁　　D. 房屋买卖

3. 土地使用权出让，必须符合土地利用哪些规划?(　　)

A. 总体规划　　B. 城市规划

C. 农村规划　　D. 年度建设用地计划。

4. 土地使用权出让，可以采取哪些方式进行?(　　)

A. 买卖　　B. 拍卖

C. 招标　　D. 双方协议

5. 房地产开发必须严格执行城市规划，按照哪些原则相统一实行全面规划、合理布局、综合开发、配套建设?(　　)

A. 国家利益　　B. 经济效益

C. 社会效益　　D. 环境效益

6. 哪些建设用地的土地使用权，确属必需的，可以由县级以上人民政府依法批准划拨?(　　)

A. 国家机关用地和军事用地

B. 城市基础设施用地和公益事业用地

C. 国家重点扶持的能源、交通、水利等项目用地

D. 法律、行政法规规定的其他用地

（四）填空题

1. 国家依法实行国有土地有偿、有限期使用制度。但是，国家在《城市房地产管理法》规定的范围内____的除外。
2. 土地使用权因____而终止。
3. 土地使用权出让合同约定的使用年限届满，土地使用者需要继续使用土地的，应当至迟于届满前____年申请续期，除根据社会公共利益需要收回该幅土地的，应当予以批准。
4. 以出让方式取得土地使用权进行房地产开发的，必须按照土地使用权出让合同约定的土地用途、动工开发期限开发土地。超过出让合同约定的动工开发日期满____未动工开发的，可以征收相当于土地使用权出让金____以下的土地闲置费；满 2 年未动工开发的，可以无偿收回土地使用权；但是，因不可抗力或者政府、政府有关部门的行为或者动工开发必需的前期工作造成动工开发迟延的除外。
5. 设立房地产开发企业，应当向____申请设立登记。
6. 房地产转让，应当签订书面转让合同，合同中应当载明____。
7. 以____方式取得的土地使用权，可以设定抵押权。
8. 房地产抵押，应当凭____、____办理。

（五）简答题

1. 简述设立房地产开发企业应当具备的条件。
2. 简述以出让方式取得土地使用权的，转让房地产时应当符合的条件。

参考答案

（一）判断题

1. ×，解析：《城市房地产管理法》第 2 条第 2 款规定："本法所称房屋，是指土地上的房屋等建筑物及构筑物。"
2. ×，解析：《城市房地产管理法》第 2 条第 3 款规定："本法所称房地产开发，是指在依据本法取得国有土地使用权的土地上进行基础设施、房屋建设的行为。"
3. ×，解析：《城市房地产管理法》第 4 条规定："国家根据社会、经济发展水平，扶持发展居民住宅建设，逐步改善居民的居住条件。"
4. √，解析：《城市房地产管理法》第 5 条。
5. ×，解析：《城市房地产管理法》第 6 条规定："为了公共利益的需要，国家可以征收国有土地上单位和个人的房屋，并依法给予拆迁补偿，维护被征收人的合法权益；征收个人住宅的，还应当保障被征收人的居住条件。具体办法由国务院规定。"
6. √，解析：《城市房地产管理法》第 7 条第 2 款。
7. ×，解析：《城市房地产管理法》第 8 条规定："土地使用权出让，是指国家将国有土地使用权（以下简称土地使用权）在一定年限内出让给土地使用者，由土地使用者向国家支付土地使用权出让金的行为。"
8. ×，解析：《城市房地产管理法》第 9 条规定："城市规划区内的集体所有的土地，经依法征收转为国有土地后，该幅国有土地的使用权方可有偿出让，但法律另有规定的除外。"
9. ×，解析：《城市房地产管理法》第 13 条第 3 款规定："采取双方协议方式出让土地使用权的出让金不得低于按国家规定所确定的最低价。"

（二）单项选择题

1. A，解析：《城市房地产管理法》第 11 条规定："县级以上地方人民政府出让土地使用权用于房地产开发的，须根据省级以上人民政府下达的控制指标拟订年度出让土地使用权总面积方案，按照国务院规定，报国务院或者省级人民政府批准。"

2. B，解析：《城市房地产管理法》第 14 条规定：“土地使用权出让最高年限由国务院。”
3. D，解析：《城市房地产管理法》第 15 条第 2 款规定：“土地使用权出让合同由市、县人民政府土地管理部门与土地使用者签订。”
4. C，解析：《城市房地产管理法》第 17 条。
5. A，解析：《城市房地产管理法》第 19 条规定：“土地使用权出让金应当全部上缴财政，列入预算，用于城市基础设施建设和土地开发。土地使用权出让金上缴和使用的具体办法由国务院。”
6. C，解析：《城市房地产管理法》第 61 条第 2 款规定：“在依法取得的房地产开发用地上建成房屋的，应当凭土地使用权证书向县级以上地方人民政府房产管理部门申请登记，由县级以上地方人民政府房产管理部门核实并颁发房屋所有权证书。”
7. A，解析：《城市房地产管理法》第 52 条规定：“房地产抵押合同签订后，土地上新增的房屋不属于抵押财产。需要拍卖该抵押的房地产时，可以依法将土地上新增的房屋与抵押财产一同拍卖，但对拍卖新增房屋所得，抵押权人无权优先受偿。”

（三）多项选择题

1. ACD，解析：《城市房地产管理法》第 2 条第 1 款规定：“在中华人民共和国城市规划区国有土地（以下简称国有土地）范围内取得房地产开发用地的土地使用权，从事房地产开发、房地产交易，实施房地产管理，应当遵守本法。”
2. ABC，解析：《城市房地产管理法》第 2 条第 4 款规定：“本法所称房地产交易，包括房地产转让、房地产抵押和房屋租赁。”
3. ABD，解析：《城市房地产管理法》第 10 条规定：“土地使用权出让，必须符合土地利用总体规划、城市规划和年度建设用地计划。”
4. BCD，解析：《城市房地产管理法》第 13 条第 1 款规定：“土地使用权出让，可以采取拍卖、招标或者双方协议的方式。”
5. BCD，解析：《城市房地产管理法》第 25 条规定：“房地产开发必须严格执行城市规划，按照经济效益、社会效益、环境效益相统一的原则，实行全面规划、合理布局、综合开发、配套建设。”

6. ABCD，解析：《城市房地产管理法》第24条规定："下列建设用地的土地使用权，确属必需的，可以由县级以上人民政府依法批准划拨：（一）国家机关用地和军事用地；（二）城市基础设施用地和公益事业用地；（三）国家重点扶持的能源、交通、水利等项目用地；（四）法律、行政法规规定的其他用地。"

（四）填空题

1. 划拨国有土地使用权。（《城市房地产管理法》第3条）
2. 土地灭失。（《城市房地产管理法》第21条）
3. 1年。（《城市房地产管理法》第22条第1款）
4. 1年；20%。（《城市房地产管理法》第26条）
5. 工商行政管理部门。（《城市房地产管理法》第30条第2款）
6. 土地使用权取得的方式。（《城市房地产管理法》第41条）
7. 出让。（《城市房地产管理法》第48条）
8. 土地使用权证书；房屋所有权证书。（《城市房地产管理法》第49条）

（五）简答题

1. 答：《城市房地产管理法》第30条第1款规定："房地产开发企业是以营利为目的，从事房地产开发和经营的企业。设立房地产开发企业，应当具备下列条件：（一）有自己的名称和组织机构；（二）有固定的经营场所；（三）有符合国务院规定的注册资本；（四）有足够的专业技术人员；（五）法律、行政法规规定的其他条件。"
2. 答：《城市房地产管理法》第39条规定："以出让方式取得土地使用权的，转让房地产时，应当符合下列条件：（一）按照出让合同约定已经支付全部土地使用权出让金，并取得土地使用权证书；（二）按照出让合同约定进行投资开发，属于房屋建设工程的，完成开发投资总额的百分之二十五以上，属于成片开发土地的，形成工业用地或者其他建设用地条件。转让房地产时房屋已经建成的，还应当持有房屋所有权证书。"

伍 社 会 法

一、劳动法

（一）判断题

1.《劳动法》不包括社会保险和福利的内容。(　　)

2. 在中华人民共和国境内的企业、个体经济组织（以下统称用人单位）和与之形成劳动关系的劳动者，适用《劳动法》。(　　)

3. 妇女享有与男子平等的就业权利。在录用职工时，除国家规定的不适合妇女的工种或者岗位外，不得以性别为由拒绝录用妇女或者提高对妇女的录用标准。(　　)

4. 建立劳动关系必须订立劳动合同。(　　)

5. 劳动合同不具有法律约束力。(　　)

6. 劳动合同不能解除。(　　)

7. 用人单位依据规定裁减人员，在6个月内录用人员的，应当优先录用被裁减的人员。(　　)

8. 企业职工一方与企业可以就劳动报酬、工作时间、休息休假、劳动安全卫生、保险福利等事项，签订集体合同。(　　)

9. 用人单位应当保证劳动者每周至少休息1日。(　　)

10. 用人单位没有义务为劳动者提供符合国家规定的劳动安全卫生条件和必要的劳动防护用品，对从事有职业危害作业的劳动者应当定期进行健康检查。(　　)

11. 可以安排女职工从事矿山井下、国家规定的第四级体力劳动强度的劳动。(　　)

12. 劳动者死亡后，其遗属不能享受遗属津贴。(　　)

13. 用人单位招用尚未解除劳动合同的劳动者，对原用人单位造成经济损失的，该用人单位不用承担连带赔偿责任。(　　)

（二）单项选择题

1. 为了保护劳动者的合法权益，调整劳动关系，建立和维护适应社会主义市场经济的劳动制度，促进经济发展和社会进步，根据(　　)，制定《劳动法》。

A. 宪法　　B. 民法典
C. 未成年人保护法　　D. 经济法

2. 国家支持劳动者自愿组织起来就业和从事(　　)实现就业。

A. 生产经营　　B. 国营企业工作
C. 个体经营　　D. 民营企业工作

3. 劳动者在同一用人单位连续工作满(　　)年以上，当事人双方同意续延劳动合同的，如果劳动者提出订立无固定期限的劳动合同，应当订立无固定期限的劳动合同。

A. 1　　B. 3
C. 5　　D. 10

4. 劳动合同可以约定试用期。试用期最长不得超过(　　)个月。

A. 3　　B. 6
C. 9　　D. 12

5. 国家实行劳动者每日工作时间不超过(　　)小时、平均每周工作时间不超过(　　)小时的工时制度。

A. 8；40　　B. 8；44
C. 7；40　　D. 7；44

6. 劳动争议当事人对仲裁裁决不服的，可以自收到仲裁裁决书之日起(　　)日内向人民法院提起诉讼。一方当事人在法定期限内不起诉又不履行仲裁裁决的，另一方当事人可以申请人民法院强制执行。

A. 3　　B. 10
C. 15　　D. 30

（三）多项选择题

1. 劳动者享有下列哪些权利？(　　)

A. 平等就业和选择职业的权利　　B. 取得劳动报酬的权利
C. 休息休假的权利　　D. 接受职业技能培训的权利

2. 国家提倡劳动者参加社会义务劳动，开展劳动竞赛和合理化建议活动，鼓励和保护劳动者进行哪些活动？（　　）
A. 科学研究　　B. 带薪休假
C. 技术革新　　D. 发明创造

3. 劳动者就业，不因（　　）不同而受歧视。
A. 民族　　B. 种族
C. 性别　　D. 宗教信仰

4. 用人单位可以招用哪些年龄的人？（　　）
A. 16　　B. 44
C. 20　　D. 18

5. 订立和变更劳动合同，应当遵循（　　）的原则，不得违反法律、行政法规的。
A. 公证　　B. 平等自愿
C. 协商一致　　D. 公开

6. 有下列哪些情形之一的，用人单位可以解除劳动合同，但是应当提前30日以书面形式通知劳动者本人？（　　）
A. 劳动者患病或者非因工负伤，医疗期满后，不能从事原工作也不能从事由用人单位另行安排的工作的
B. 劳动者无故未工作时效长达7个工作日的
C. 劳动者不能胜任工作，经过培训或者调整工作岗位，仍不能胜任工作的
D. 劳动合同订立时所依据的客观情况发生重大变化，致使原劳动合同无法履行，经当事人协商不能就变更劳动合同达成协议的

7. 劳动者下列哪些情形之一的，用人单位不得依据《劳动法》的规定解除劳动合同？（　　）
A. 患职业病或者因工负伤并被确认丧失或者部分丧失劳动能力的
B. 患病或者负伤，在规定的医疗期内的
C. 女职工在孕期、产期、哺乳期内的
D. 法律、行政法规规定的其他情形

8. 用人单位不得安排女职工在经期从事(　　)的劳动。

A. 高处　　B. 低温

C. 冷水作业　　D. 国家规定的第三级体力劳动强度

9. 国家发展社会保险事业，建立社会保险制度，设立社会保险基金，使劳动者在年老、患病、工伤、(　　)等情况下获得帮助和补偿。

A. 失业　　B. 生育

C. 辞职　　D. 离异

(四) 填空题

1. 劳动者有权依法____和____工会。
2. 劳动者依照法律规定，通过____、____或者其他形式，参与民主管理或者就保护劳动者合法权益与用人单位进行平等协商。
3. 劳动合同的期限分为____、____和以完成一定的工作为期限。
4. 劳动合同当事人可以在劳动合同中约定保守用人单位____的有关事项。
5. 劳动者解除劳动合同，应当提前____日以书面形式通知用人单位。
6. 对实行计件工作的劳动者，用人单位应当根据《劳动法》第36条规定的工时制度合理确定其____和____。
7. 未成年工是指年满____周岁未满____周岁的劳动者。
8. 女职工生育享受不少于____天的产假。
9. 用人单位与劳动者发生劳动争议，当事人可以依法申请____、____、____，也可以协商解决。

(五) 简答题

1. 简述劳动合同无效的情形。
2. 简述劳动合同应当具备的条款。
3. 简述用人单位可以解除劳动合同的情形。
4. 简述劳动者可以随时通知用人单位解除劳动合同的情形。
5. 简述用人单位应当依法安排劳动者休假的节假日。

参考答案

（一）判断题

1. ×，解析：《劳动法》第九章的内容就是关于“社会保险和福利”的。
2. √，解析：《劳动法》第 2 条。
3. √，解析：《劳动法》第 13 条。
4. ×，解析：《劳动法》第 16 条第 2 款规定：“建立劳动关系应当订立劳动合同。”
5. ×，解析：《劳动法》第 17 条第 2 款规定：“劳动合同依法订立即具有法律约束力，当事人必须履行劳动合同规定的义务。”
6. ×，解析：《劳动法》第 24 条规定：“经劳动合同当事人协商一致，劳动合同可以解除。”
7. √，解析：《劳动法》第 27 条第 2 款。
8. √，解析：《劳动法》第 33 条。
9. √，解析：《劳动法》第 38 条。
10. ×，解析：《劳动法》第 54 条规定：“用人单位必须为劳动者提供符合国家规定的劳动安全卫生条件和必要的劳动防护用品，对从事有职业危害作业的劳动者应当定期进行健康检查。”
11. ×，解析：《劳动法》第 59 条规定：“禁止安排女职工从事矿山井下、国家规定的第四级体力劳动强度的劳动和其他禁忌从事的劳动。”
12. ×，解析：《劳动法》第 73 条规定：“劳动者在下列情形下，依法享受社会保险待遇：（一）退休；（二）患病、负伤；（三）因工伤残或者患职业病；（四）失业；（五）生育。劳动者死亡后，其遗属依法享受遗属津贴。劳动者享受社会保险待遇的条件和标准由法律、法规。劳动者享受的社会保险金必须按时足额支付。”
13. ×，解析：《劳动法》第 99 条规定：“用人单位招用尚未解除劳动合同的劳动者，对原用人单位造成经济损失的，该用人单位应当依法承担连带赔偿责任。”

（二）单项选择题

1. A，解析：《劳动法》第 1 条规定：“为了保护劳动者的合法权益，调整劳动关系，建立和维护适应社会主义市场经济的劳动制度，促进经济发展和社会进步，根据宪法，制定本法。”

2. C，解析：《劳动法》第 10 条规定：“国家通过促进经济和社会发展，创造就业条件，扩大就业机会。国家鼓励企业、事业组织、社会团体在法律、行政法规规定的范围内兴办产业或者拓展经营，增加就业。国家支持劳动者自愿组织起来就业和从事个体经营实现就业。”
3. D，解析：《劳动法》第 20 条第 2 款规定：“劳动者在同一用人单位连续工作满十年以上，当事人双方同意续延劳动合同的，如果劳动者提出订立无固定期限的劳动合同，应当订立无固定期限的劳动合同。”
4. B，解析：《劳动法》第 21 条规定：“劳动合同可以约定试用期。试用期最长不得超过六个月。”
5. B，解析：《劳动法》第 36 条规定：“国家实行劳动者每日工作时间不超过八小时、平均每周工作时间不超过四十四小时的工时制度。”
6. C，解析：《劳动法》第 83 条规定：“劳动争议当事人对仲裁裁决不服的，可以自收到仲裁裁决书之日起十五日内向人民法院提起诉讼。一方当事人在法定期限内不起诉又不履行仲裁裁决的，另一方当事人可以申请人民法院强制执行。”

（三）多项选择题

1. ABCD，解析：《劳动法》第 3 条第 1 款规定：“劳动者享有平等就业和选择职业的权利、取得劳动报酬的权利、休息休假的权利、获得劳动安全卫生保护的权利、接受职业技能培训的权利、享受社会保险和福利的权利、提请劳动争议处理的权利以及法律规定的其他劳动权利。”
2. ACD，解析：《劳动法》第 6 条规定：“国家提倡劳动者参加社会义务劳动，开展劳动竞赛和合理化建议活动，鼓励和保护劳动者进行科学研究、技术革新和发明创造，表彰和奖励劳动模范和先进工作者。”
3. ABCD，解析：《劳动法》第 12 条规定：“劳动者就业，不因民族、种族、性别、宗教信仰不同而受歧视。”
4. ABCD，解析：《劳动法》第 15 条规定：“禁止用人单位招用未满十六周岁的未成年人。文艺、体育和特种工艺单位招用未满十六周岁的未成年人，必须遵守国家有关规定，并保障其接受义务教育的权利。”
5. BC，解析：《劳动法》第 17 条：“订立和变更劳动合同，应当遵循平等自愿、协商一致的原则，不得违反法律、行政法规的规定。”

6. ACD，解析：《劳动法》第 26 条规定：“有下列情形之一的，用人单位可以解除劳动合同，但是应当提前三十日以书面形式通知劳动者本人：（一）劳动者患病或者非因工负伤，医疗期满后，不能从事原工作也不能从事由用人单位另行安排的工作的；（二）劳动者不能胜任工作，经过培训或者调整工作岗位，仍不能胜任工作的；（三）劳动合同订立时所依据的客观情况发生重大变化，致使原劳动合同无法履行，经当事人协商不能就变更劳动合同达成协议的。”
7. ABCD，解析：《劳动法》第 29 条规定：“劳动者有下列情形之一的，用人单位不得依据本法第二十六条、第二十七条的规定解除劳动合同：（一）患职业病或者因工负伤并被确认丧失或者部分丧失劳动能力的；（二）患病或者负伤，在规定的医疗期内的；（三）女职工在孕期、产期、哺乳期内的；（四）法律、行政法规规定的其他情形。”
8. ABCD，解析：《劳动法》第 60 条规定：“不得安排女职工在经期从事高处、低温、冷水作业和国家规定的第三级体力劳动强度的劳动。”
9. AB，解析：《劳动法》第 70 条规定：“国家发展社会保险事业，建立社会保险制度，设立社会保险基金，使劳动者在年老、患病、工伤、失业、生育等情况下获得帮助和补偿。”

（四）填空题

1. 参加；组织。（《劳动法》第 7 条）
2. 职工大会；职工代表大会。（《劳动法》第 8 条）
3. 有固定期限；无固定期限。（《劳动法》第 20 条第 1 款）
4. 商业秘密。（《劳动法》第 22 条）
5. 30。（《劳动法》第 31 条）
6. 劳动定额、计件报酬标准。（《劳动法》第 37 条）
7. 16；18。（《劳动法》第 58 条第 2 款）
8. 90。（《劳动法》第 62 条）
9. 调解；仲裁；提起诉讼。（《劳动法》第 77 条第 1 款）

（五）简答题

1. 答：《劳动法》第 18 条规定：“下列劳动合同无效：（一）违反法律、行政法规的劳动合同；（二）采取欺诈、威胁等手段订立的劳动合同。无效的劳动合同，从订立的时候起，就没有法律约束力。确认劳动合同部分无效的，如果不影响其余部分的效力，其余部分仍然有效。劳动合同的无效，由劳动争议仲裁委员会或者人民法院确认。”

2. 答：《劳动法》第 19 条规定，劳动合同应当以书面形式订立，并具备以下条款：（一）劳动合同期限；（二）工作内容；（三）劳动保护和劳动条件；（四）劳动报酬；（五）劳动纪律；（六）劳动合同终止的条件；（七）违反劳动合同的责任。劳动合同除前款规定的必备条款外，当事人可以协商约定其他内容。

3. 答：《劳动法》第 25 条规定：“劳动者有下列情形之一的，用人单位可以解除劳动合同：（一）在试用期间被证明不符合录用条件的；（二）严重违反劳动纪律或者用人单位规章制度的；（三）严重失职，营私舞弊，对用人单位利益造成重大损害的；（四）被依法追究刑事责任的。”

4. 答：《劳动法》第 32 条规定：“有下列情形之一的，劳动者可以随时通知用人单位解除劳动合同：（一）在试用期内的；（二）用人单位以暴力、威胁或者非法限制人身自由的手段强迫劳动的；（三）用人单位未按照劳动合同约定支付劳动报酬或者提供劳动条件的。”

5. 答：《劳动法》第 40 条规定：“用人单位在下列节日期间应当依法安排劳动者休假：（一）元旦；（二）春节；（三）国际劳动节；（四）国庆节；（五）法律、法规规定的其他休假节日。”

二、劳动合同法

（一）判断题

1. 在规章制度和重大事项决定实施过程中，工会或者职工认为不适当的，有权向用人单位提出，通过协商予以修改完善。（　　）

2. 劳动者在用人单位连续工作满 10 年的，劳动者提出或者同意续订、订立劳动合同的，除劳动者提出订立固定期限劳动合同外，用人单位应当订立无固定期限劳动合同。（　　）

3. 同一用人单位与同一劳动者可以约定两次试用期。(　　)
4. 在试用期中，用人单位不得解除劳动合同。(　　)
5. 用人单位应当严格执行劳动定额标准，不得强迫或者变相强迫劳动者加班。(　　)
6. 用人单位应当在解除或者终止劳动合同时出具解除或者终止劳动合同的证明，并在15个工作日内为劳动者办理档案和社会保险关系转移手续。(　　)
7. 非全日制用工，是指以小时计酬为主，劳动者在同一用人单位一般平均每日工作时间不超过5小时，每周工作时间累计不超过30小时的用工形式。(　　)

（二）单项选择题

1. 直接涉及劳动者切身利益的规章制度和重大事项决定实施过程中，工会或者职工认为不适当的，有权(　　)。

   A. 不遵照执行

   B. 宣布废止

   C. 向用人单位提出，通过协商予以修改完善

   D. 请求劳动行政部门给予用人单位处罚

2. 用人单位招用劳动者，(　　)扣押劳动者的居民身份证和其他证件，不得要求劳动者提供担保或者以其他名义向劳动者收取财物。

   A. 可以　　B. 不应

   C. 应当　　D. 不得

3. 已经建立劳动关系，未同时订立书面劳动合同的，应当自用工之日起(　　)内订立书面劳动合同。

   A. 15日　　B. 1个月

   C. 2个月　　D. 3个月

4. 固定期限劳动合同，是指用人单位与劳动者约定合同(　　)时间的劳动合同。

   A. 解除　　B. 续订

   C. 终止　　D. 中止

5. 劳动合同期限1年以上不满3年的，试用期不得超过(　　)。

A. 1个月　　B. 2个月

C. 半个月　　D. 1个半月

6. 劳动者在试用期的工资不得低于本单位相同岗位最低档工资或者劳动合同约定工资的(　　)，并不得低于用人单位所在地的最低工资标准。

A. 60%　　B. 70%

C. 80%　　D. 90%

7. 劳动者违反竞业限制约定的，应当按照约定向用人单位支付(　　)。

A. 违约金　　B. 赔偿金

C. 补偿金　　D. 损失费

8. 用人单位发生合并或者分立等情况，原劳动合同(　　)。

A. 继续有效　　B. 失去效力

C. 效力视情况而定　　D. 由用人单位决定是否有效

(三) 多项选择题

1. 下列哪些是劳动合同应当具备的条款？(　　)

A. 劳动者的姓名、住址和居民身份证或者其他有效身份证件号码

B. 工作时间和休息休假

C. 社会保险

D. 劳动保护、劳动条件和职业危害防护

2. 下列关于试用期的说法错误的是：(　　)

A. 劳动合同期限1年以上不满3年的，试用期不得超过2个月

B. 3年以上固定期限和无固定期限的劳动合同，试用期不得超过1年

C. 劳动者在试用期的工资可以低于用人单位所在地的最低工资标准

D. 用人单位在试用期解除劳动合同的，应当向劳动者说明理由

3. 劳动合同无效的情形有：(　　)

A. 以欺诈、胁迫的手段，使对方在违背真实意思的情况下订立劳动合同的

B. 乘人之危，使对方在违背真实意思的情况下变更劳动合同的

C. 用人单位免除自己的法定责任、排除劳动者权利的

D. 违反法律、行政法规强制性规定的

4. 用人单位出现哪些情形时，劳动者可以解除劳动合同？(　　)
   A. 未按照劳动合同约定提供劳动保护或者劳动条件的
   B. 未依法为劳动者缴纳社会保险费的
   C. 未及时足额支付劳动报酬的
   D. 用人单位的规章制度违反法律、法规的规定，损害劳动者权益的
5. 用人单位裁减人员时，应当优先留用(　　)。
   A. 与本单位订立较长期限的固定期限劳动合同的
   B. 与本单位订立无固定期限劳动合同的
   C. 家庭无其他就业人员，有需要扶养的老人的
   D. 家庭无其他就业人员，有需要扶养的未成年人的
6. 用人单位(　　)，依法给予行政处罚；构成犯罪的，依法追究刑事责任；给劳动者造成损害的，应当承担赔偿责任。
   A. 以暴力、威胁或者非法限制人身自由的手段强迫劳动的
   B. 违章指挥或者强令冒险作业危及劳动者人身安全的
   C. 侮辱、体罚、殴打、非法搜查或者拘禁劳动者的
   D. 劳动条件恶劣、环境污染严重，给劳动者身心健康造成严重损害的

(四) 填空题

1. 依法订立的劳动合同具有____，用人单位与劳动者应当履行劳动合同约定的义务。
2. 劳动合同由用人单位与劳动者协商一致，并经用人单位与劳动者在劳动合同文本上____或者____生效。
3. 对负有保密义务的劳动者，用人单位可以在劳动合同或者保密协议中与劳动者约定竞业限制条款，并约定在____劳动合同后，在竞业限制期限内按月给予劳动者____。
4. 劳动者____用人单位管理人员违章指挥、强令冒险作业的，不视为违反劳动合同。
5. 在县级以下区域内，____、采矿业、____等行业可以由工会与企业方面代表订立行业性集体合同，或者订立区域性集体合同。

6. 非全日制用工双方当事人任何一方都可以____对方终止用工。终止用工，用人单位不向劳动者支付____。

（五）简答题

1. 简述应当订立无固定期限劳动合同的情形。
2. 简述劳动者可以解除劳动合同的情形。

参考答案

（一）判断题

1. √，解析：《劳动合同法》第 4 条第 3 款。
2. √，解析：《劳动合同法》第 14 条第 2 款。
3. ×，解析：《劳动合同法》第 19 条第 2 款规定："同一用人单位与同一劳动者只能约定一次试用期。"
4. ×，解析：《劳动合同法》第 21 条规定："在试用期中，除劳动者有本法第三十九条和第四十条第一项、第二项规定的情形外，用人单位不得解除劳动合同。用人单位在试用期解除劳动合同的，应当向劳动者说明理由。"
5. √，解析：《劳动合同法》第 31 条。
6. ×，解析：《劳动合同法》第 50 条第 1 款规定："用人单位应当在解除或者终止劳动合同时出具解除或者终止劳动合同的证明，并在十五日内为劳动者办理档案和社会保险关系转移手续。"
7. ×，解析：《劳动合同法》第 68 条规定："非全日制用工，是指以小时计酬为主，劳动者在同一用人单位一般平均每日工作时间不超过四小时，每周工作时间累计不超过二十四小时的用工形式。"

（二）单项选择题

1. C，解析：《劳动合同法》第 4 条第 3 款规定："在规章制度和重大事项决定实施过程中，工会或者职工认为不适当的，有权向用人单位提出，通过协商予以修改完善。"
2. D，解析：《劳动合同法》第 9 条规定："用人单位招用劳动者，不得扣押劳动者的居民身份证和其他证件，不得要求劳动者提供担保或者以其他名义向劳动者收取财物。"

3. B，解析：《劳动合同法》第 10 条第 2 款规定：“已建立劳动关系，未同时订立书面劳动合同的，应当自用工之日起一个月内订立书面劳动合同。”
4. C，解析：《劳动合同法》第 13 条第 1 款规定：“固定期限劳动合同，是指用人单位与劳动者约定合同终止时间的劳动合同。”
5. B，解析：《劳动合同法》第 19 条第 1 款规定：“劳动合同期限三个月以上不满一年的，试用期不得超过一个月；劳动合同期限一年以上不满三年的，试用期不得超过二个月；三年以上固定期限和无固定期限的劳动合同，试用期不得超过六个月。”
6. C，解析：《劳动合同法》第 20 条规定：“劳动者在试用期的工资不得低于本单位相同岗位最低档工资或者劳动合同约定工资的百分之八十，并不得低于用人单位所在地的最低工资标准。”
7. A，解析：《劳动合同法》第 23 条第 2 款规定：“对负有保密义务的劳动者，用人单位可以在劳动合同或者保密协议中与劳动者约定竞业限制条款，并约定在解除或者终止劳动合同后，在竞业限制期限内按月给予劳动者经济补偿。劳动者违反竞业限制约定的，应当按照约定向用人单位支付违约金。”
8. A，解析：《劳动合同法》第 34 条规定：“用人单位发生合并或者分立等情况，原劳动合同继续有效，劳动合同由承继其权利和义务的用人单位继续履行。”

（三）多项选择题

1. ABCD，解析：《劳动合同法》第 17 条规定：“劳动合同应当具备以下条款：（一）用人单位的名称、住所和法定代表人或者主要负责人；（二）劳动者的姓名、住址和居民身份证或者其他有效身份证件号码；（三）劳动合同期限；（四）工作内容和工作地点；（五）工作时间和休息休假；（六）劳动报酬；（七）社会保险；（八）劳动保护、劳动条件和职业危害防护；（九）法律、法规规定应当纳入劳动合同的其他事项。”
2. BC，解析：《劳动合同法》第 19 条第 1 款规定：“劳动合同期限三个月以上不满一年的，试用期不得超过一个月；劳动合同期限一年以上不满三年的，试用期不得超过二个月；三年以上固定期限和无固定期限的劳动合同，试用期不得超过六个月。”第 20 条规定：“劳动者在试用期的工资不得低于本单位相同岗位最低档工资或者劳动合同约定工资的百分之八十，并不得低于用人单位所在地的最低工资标准。”第21条规定：“在试用期中，除劳动者有本法第三十九条和第四十条第一项、第二项规定的情形外，用人单位不得解除劳动合同。用人单位在试用期解除劳动合同的，应当向劳动者说明理由。”

3. ABCD，解析：《劳动合同法》第26条第1款规定：“下列劳动合同无效或者部分无效：（一）以欺诈、胁迫的手段或者乘人之危，使对方在违背真实意思的情况下订立或者变更劳动合同的；（二）用人单位免除自己的法定责任、排除劳动者权利的；（三）违反法律、行政法规强制性规定的。”

4. ABCD，解析：《劳动合同法》第38条第1款规定：“用人单位有下列情形之一的，劳动者可以解除劳动合同：（一）未按照劳动合同约定提供劳动保护或者劳动条件的；（二）未及时足额支付劳动报酬的；（三）未依法为劳动者缴纳社会保险费的；（四）用人单位的规章制度违反法律、法规的规定，损害劳动者权益的；（五）因本法第二十六条第一款规定的情形致使劳动合同无效的；（六）法律、行政法规规定劳动者可以解除劳动合同的其他情形。”

5. ABCD，解析：《劳动合同法》第41条第2款规定：“裁减人员时，应当优先留用下列人员：（一）与本单位订立较长期限的固定期限劳动合同的；（二）与本单位订立无固定期限劳动合同的；（三）家庭无其他就业人员，有需要扶养的老人或者未成年人的。”

6. ABCD，解析：《劳动合同法》第88条规定：“用人单位有下列情形之一的，依法给予行政处罚；构成犯罪的，依法追究刑事责任；给劳动者造成损害的，应当承担赔偿责任：（一）以暴力、威胁或者非法限制人身自由的手段强迫劳动的；（二）违章指挥或者强令冒险作业危及劳动者人身安全的；（三）侮辱、体罚、殴打、非法搜查或者拘禁劳动者的；（四）劳动条件恶劣、环境污染严重，给劳动者身心健康造成严重损害的。”

（四）填空题

1. 约束力。（《劳动合同法》第3条第2款）
2. 签字；盖章。（《劳动合同法》第16条第1款）
3. 解除或者终止；经济补偿。（《劳动合同法》第23条第2款）

4. 拒绝。(《劳动合同法》第 32 条第 1 款)
5. 建筑业；餐饮服务业。(《劳动合同法》第 53 条)
6. 随时通知；经济补偿。(《劳动合同法》第 71 条)

(五) 简答题

1. 答:《劳动合同法》第 14 条规定:“用人单位与劳动者协商一致，可以订立无固定期限劳动合同。有下列情形之一，劳动者提出或者同意续订、订立劳动合同的，除劳动者提出订立固定期限劳动合同外，应当订立无固定期限劳动合同:(一) 劳动者在该用人单位连续工作满十年的；(二) 用人单位初次实行劳动合同制度或者国有企业改制重新订立劳动合同时，劳动者在该用人单位连续工作满十年且距法定退休年龄不足十年的；(三) 连续订立二次固定期限劳动合同，且劳动者没有本法第三十九条和第四十条第一项、第二项规定的情形，续订劳动合同的。用人单位自用工之日起满 1 年不与劳动者订立书面劳动合同的，视为用人单位与劳动者已订立无固定期限劳动合同。”
2. 答:《劳动合同法》第 36 条规定:“用人单位与劳动者协商一致，可以解除劳动合同。”第 38 条第 1 款规定:“用人单位有下列情形之一的，劳动者可以解除劳动合同:(一) 未按照劳动合同约定提供劳动保护或者劳动条件的；(二) 未及时足额支付劳动报酬的；(三) 未依法为劳动者缴纳社会保险费的；(四) 用人单位的规章制度违反法律、法规的规定，损害劳动者权益的；(五) 因本法第 26 条第 1 款规定的情形致使劳动合同无效的；(六) 法律、行政法规规定劳动者可以解除劳动合同的其他情形。”

三、社会保险法

(一) 判断题

1. 国家建立基本养老保险、基本医疗保险、工伤保险、失业保险、生育保险等社会保险制度，保障公民在年老、疾病、工伤、失业、生育等情况下依法从国家和社会获得精神帮助的权利。(   )

2. 个人依法享受社会保险待遇，有权监督本单位为其缴费情况。(　　)
3. 职工应当参加基本养老保险，由用人单位和职工共同缴纳基本养老保险费。(　　)
4. 用人单位应当按照国家规定的本单位职工工资3/4的比例缴纳基本养老保险费，记入基本养老保险统筹基金。(　　)
5. 国有企业、事业单位职工参加基本养老保险前，视同缴费年限期间应当缴纳的基本养老保险费由个人承担。(　　)
6. 个人账户不得提前支取，记账利率不得低于银行定期存款利率，免征利息税。个人死亡的，个人账户余额不能继承。(　　)
7. 个人跨统筹地区就业的，其基本养老保险关系随本人转移，缴费年限累计计算。个人达到法定退休年龄时，基本养老金统一计算、统一支付。具体办法由国务院。(　　)
8. 省、自治区、直辖市人民政府不能将城镇居民社会养老保险和新型农村社会养老保险合并实施。(　　)
9. 职工应当参加工伤保险，由用人单位缴纳工伤保险费或由职工缴纳工伤保险费。(　　)
10. 失业人员应当缴纳的基本医疗保险费从失业保险基金中支付，个人不缴纳基本医疗保险费。(　　)

(二) 单项选择题

1. 无雇工的个体工商户、未在用人单位参加基本养老保险的非全日制从业人员以及其他灵活就业人员可以参加基本养老保险，由(　　)缴纳基本养老保险费。

   A. 个人　　B. 政府
   C. 当地村委会　　D. 当地居委会

2. 无雇工的个体工商户、未在用人单位参加基本养老保险的非全日制从业人员以及其他灵活就业人员参加基本养老保险的，应当按照国家规定缴纳基本养老保险费，分别记入(　　)和个人账户。

   A. 基金养老保险　　B. 基金教育保险
   C. 基本养老保险统筹基金　　D. 基金慈善保险

3. 参加基本养老保险的个人，达到法定退休年龄时累计缴费满(　　)年的，按月领取基本养老金。

A. 5　　B. 10

C. 15　　D. 20

4. 享受最低生活保障的人、丧失劳动能力的残疾人、低收入家庭(　　)周岁以上的老年人和未成年人等所需个人缴费部分，由政府给予补贴。

A. 50　　B. 55

C. 60　　D. 65

5. 职工因工作原因受到事故伤害或者患职业病，且经工伤认定的，享受工伤保险待遇；其中，经鉴定丧失(　　)的，享受伤残待遇。

A. 生活能力　　B. 劳动能力

C. 自理能力　　D. 行动能力

6. 由于第三人的原因造成工伤，第三人不支付工伤医疗费用或者无法确定第三人的，由(　　)先行支付，之后有权向第三人追偿。

A. 个人　　B. 用人单位

C. 政府　　D. 工伤保险基金

7. 社会保险基金存入(　　)，具体管理办法由国务院。

A. 社会保险基金会　　B. 工伤保险基金

C. 财政专户　　D. 用人单位专户

8. 用人单位侵害个人社会保险权益的，个人也可以要求社会保险行政部门或者(　　)依法处理。

A. 社会保险费征收机构　　B. 社会保险费监督机构

C. 社会保险监督部门　　D. 工会

(三) 多项选择题

1. 基本养老金由哪些部分组成？(　　)

A. 统筹养老金　　B. 政府补贴

C. 慈善基金　　D. 个人账户养老金

2. 参加基本养老保险的个人，因病或者非因工死亡的，其遗属可以领取哪些？(　　)

A. 政府补贴　　B. 丧葬补助金
C. 抚恤金　　D. 单位补贴

3. 以下哪些情形发生在职工工作中，不认定为工伤？（　　）
A. 故意犯罪　　B. 醉酒或者吸毒
C. 自残或者自杀　　D. 法律、行政法规规定的其他情形

4. 按照国家规定由用人单位支付的因工伤发生的费用是：（　　）。
A. 治疗工伤期间的工资福利
B. 五级、六级伤残职工按月领取的伤残津贴
C. 终止或者解除劳动合同时，应当享受的一次性伤残就业补助金
D. 劳动能力鉴定费

5. 工伤职工有哪些情形的，停止享受工伤保险待遇？（　　）
A. 丧失享受待遇条件的　　B. 被剥夺政治权利的
C. 拒不接受劳动能力鉴定的　　D. 拒绝治疗的

6. 失业人员符合哪些条件，可以从失业保险基金中领取失业保险金？（　　）
A. 失业前用人单位和本人已经缴纳失业保险费满 1 年的
B. 非因本人意愿中断就业的
C. 已经进行失业登记，并有求职要求的
D. 已经进行失业登记，但没有求职要求的

（四）填空题

1. 国家通过____政策支持社会保险事业。
2. 基本养老保险实行社会统筹与____相结合。
3. 基本养老保险基金由用人单位和个人缴费以及____等组成。
4. 职工所在用人单位未依法缴纳工伤保险费，发生工伤事故的，由用人单位支付工伤保险待遇。用人单位不支付的，从____中先行支付。
5. 职工应当参加失业保险，由____和____按照国家规定共同缴纳失业保险费。
6. 失业人员失业前用人单位和本人累计缴费满 1 年不足 5 年的，领取失业保险金的期限最长为____个月；累计缴费满 5 年不足 10 年的，领取失业保

险金的期限最长为____个月；累计缴费 10 年以上的，领取失业保险金的期限最长为____个月。

7. 失业人员凭____和个人身份证明，到社会保险经办机构办理领取失业保险金的手续。失业保险金领取期限自办理失业登记之日起计算。
8. 用人单位未按时足额缴纳社会保险费的，由____责令其限期缴纳或者补足。
9. 用人单位或者个人认为社会保险费征收机构的行为侵害自己合法权益的，可以依法____或者提起行政诉讼。

（五）简答题

1. 简述不纳入基本医疗保险基金支付范围的医疗费用。
2. 简述按照国家规定从工伤保险基金中支付的因工伤发生的费用。
3. 失业人员在领取失业保险金期间停止领取失业保险金，并同时停止享受其他失业保险待遇的情形。

参考答案

（一）判断题

1. ×，解析：《社会保险法》第 2 条规定："国家建立基本养老保险、基本医疗保险、工伤保险、失业保险、生育保险等社会保险制度，保障公民在年老、疾病、工伤、失业、生育等情况下依法从国家和社会获得物质帮助的权利。"
2. √，解析：《社会保险法》第 4 条第 2 款。
3. √，解析：《社会保险法》第 10 条第 1 款。
4. ×，解析：《社会保险法》第 12 条第 1 款规定："用人单位应当按照国家规定的本单位职工工资总额的比例缴纳基本养老保险费，记入基本养老保险统筹基金。"
5. ×，解析：《社会保险法》第 13 条规定："国有企业、事业单位职工参加基本养老保险前，视同缴费年限期间应当缴纳的基本养老保险费由政府承担。基本养老保险基金出现支付不足时，政府给予补贴。"

6. ×，解析：《社会保险法》第 14 条规定："个人账户不得提前支取，记账利率不得低于银行定期存款利率，免征利息税。个人死亡的，个人账户余额可以继承。"
7. ×，解析：《社会保险法》第 19 条规定："个人跨统筹地区就业的，其基本养老保险关系随本人转移，缴费年限累计计算。个人达到法定退休年龄时，基本养老金分段计算、统一支付。具体办法由国务院。"
8. ×，解析：《社会保险法》第 22 条第 2 款规定："省、自治区、直辖市人民政府根据实际情况，可以将城镇居民社会养老保险和新型农村社会养老保险合并实施。"
9. ×，解析：《社会保险法》第 33 条规定："职工应当参加工伤保险，由用人单位缴纳工伤保险费，职工不缴纳工伤保险费。"
10. √，解析：根据《社会保险法》第 48 条第 2 款。

（二）单项选择题

1. A，解析：《社会保险法》第 10 条第 2 款规定："无雇工的个体工商户、未在用人单位参加基本养老保险的非全日制从业人员以及其他灵活就业人员可以参加基本养老保险，由个人缴纳基本养老保险费。"
2. C，解析：《社会保险法》第 12 条第 3 款规定："无雇工的个体工商户、未在用人单位参加基本养老保险的非全日制从业人员以及其他灵活就业人员参加基本养老保险的，应当按照国家规定缴纳基本养老保险费，分别记入基本养老保险统筹基金和个人账户。"
3. C，解析：《社会保险法》第 16 条第 1 款规定："参加基本养老保险的个人，达到法定退休年龄时累计缴费满十五年的，按月领取基本养老金。"
4. C，解析：《社会保险法》第 25 条第 2 款规定："享受最低生活保障的人、丧失劳动能力的残疾人、低收入家庭六十周岁以上的老年人和未成年人等所需个人缴费部分，由政府给予补贴。"
5. B，解析：《社会保险法》第 36 条第 1 款规定："职工因工作原因受到事故伤害或者患职业病，且经工伤认定的，享受工伤保险待遇；其中，经劳动能力鉴定丧失劳动能力的，享受伤残待遇。"
6. D，解析：《社会保险法》第 42 条规定："由于第三人的原因造成工伤，第三人不支付工伤医疗费用或者无法确定第三人的，由工伤保险基金先行支付。工伤保险基金先行支付后，有权向第三人追偿。"

7. C，解析：《社会保险法》第 68 条规定：“社会保险基金存入财政专户，具体管理办法由国务院。”
8. A，解析：《社会保险法》第 83 条第 3 款规定：“个人与所在用人单位发生社会保险争议的，可以依法申请调解、仲裁，提起诉讼。用人单位侵害个人社会保险权益的，个人也可以要求社会保险行政部门或者社会保险费征收机构依法处理。”

（三）多项选择题

1. AD，解析：《社会保险法》第 15 条第 1 款规定：“基本养老金由统筹养老金和个人账户养老金组成。”
2. BC，解析：《社会保险法》第 17 条规定：“参加基本养老保险的个人，因病或者非因工死亡的，其遗属可以领取丧葬补助金和抚恤金；在未达到法定退休年龄时因病或者非因工致残完全丧失劳动能力的，可以领取病残津贴。所需资金从基本养老保险基金中支付。”
3. ABCD，解析：《社会保险法》第 37 条规定：“职工因下列情形之一导致本人在工作中伤亡的，不认定为工伤：（一）故意犯罪；（二）醉酒或者吸毒；（三）自残或者自杀；（四）法律、行政法规规定的其他情形。”
4. ABC，解析：《社会保险法》第 39 条规定：“因工伤发生的下列费用，按照国家规定由用人单位支付：（一）治疗工伤期间的工资福利；（二）五级、六级伤残职工按月领取的伤残津贴；（三）终止或者解除劳动合同时，应当享受的一次性伤残就业补助金。”
5. ACD，解析：《社会保险法》第 43 条规定：“工伤职工有下列情形之一的，停止享受工伤保险待遇：（一）丧失享受待遇条件的；（二）拒不接受劳动能力鉴定的；（三）拒绝治疗的。”
6. ABC，解析：《社会保险法》第 45 条规定：“失业人员符合下列条件的，从失业保险基金中领取失业保险金：（一）失业前用人单位和本人已经缴纳失业保险费满一年的；（二）非因本人意愿中断就业的；（三）已经进行失业登记，并有求职要求的。”

（四）填空题

1. 税收优惠。（《社会保险法》第 5 条第 3 款）
2. 个人账户。（《社会保险法》第 11 条第 1 款）
3. 政府补贴。（《社会保险法》第 11 条第 2 款）

4. 工伤保险基金。(《社会保险法》第 41 条第 1 款)
5. 用人单位；职工。(《社会保险法》第 44 条)
6. 12；18；24。(《社会保险法》第 46 条)
7. 失业登记证明。(《社会保险法》第 50 条第 3 款)
8. 社会保险费征收机构。(《社会保险法》第 63 条第 1 款)
9. 申请行政复议。(《社会保险法》第 83 条第 1 款)

(五) 简答题

1. 答:《社会保险法》第 30 条规定:“下列医疗费用不纳入基本医疗保险基金支付范围:(一) 应当从工伤保险基金中支付的;(二) 应当由第三人负担的;(三) 应当由公共卫生负担的;(四) 在境外就医的。医疗费用依法应当由第三人负担，第三人不支付或者无法确定第三人的，由基本医疗保险基金先行支付。基本医疗保险基金先行支付后，有权向第三人追偿。”
2. 答:《社会保险法》第 38 条规定:“因工伤发生的下列费用，按照国家规定从工伤保险基金中支付:(一) 治疗工伤的医疗费用和康复费用;(二) 住院伙食补助费;(三) 到统筹地区以外就医的交通食宿费;(四) 安装配置伤残辅助器具所需费用;(五) 生活不能自理的，经劳动能力鉴定委员会确认的生活护理费;(六) 一次性伤残补助金和一至四级伤残职工按月领取的伤残津贴;(七) 终止或者解除劳动合同时，应当享受的一次性医疗补助金;(八) 因工死亡的，其遗属领取的丧葬补助金、供养亲属抚恤金和因工死亡补助金;(九) 劳动能力鉴定费。”
3. 答:《社会保险法》第 51 条规定:“失业人员在领取失业保险金期间有下列情形之一的，停止领取失业保险金，并同时停止享受其他失业保险待遇:(一) 重新就业的;(二) 应征服兵役的;(三) 移居境外的;(四) 享受基本养老保险待遇的;(五) 无正当理由，拒不接受当地人民政府指定部门或者机构介绍的适当工作或者提供的培训的。”

四、劳动争议调解仲裁法

（一）判断题

1. 发生劳动争议，劳动者可以与用人单位协商，也可以请工会或者第三方共同与用人单位协商，达成和解协议。（　　）
2. 发生劳动争议，向劳动争议仲裁委员会申请仲裁，即使对仲裁裁决不服的，也不能向人民法院提起诉讼。（　　）
3. 发生劳动争议，当事人对自己提出的主张，应由用人单位反证，即举证责任倒置。（　　）
4. 调解协议书由双方当事人签名或者盖章，经调解员签名并加盖调解组织印章后生效，对双方当事人具有约束力，当事人应当履行。（　　）
5. 达成调解协议后，一方当事人在协议约定期限内不履行调解协议的，另一方当事人不能依法申请仲裁。（　　）
6. 直辖市、设区的市只能设立一个劳动争议仲裁委员会。劳动争议仲裁委员会也按行政区划层层设立。（　　）

（二）单项选择题

1. 用人单位违反国家规定，拖欠或者未足额支付劳动报酬，或者拖欠工伤医疗费、经济补偿或者赔偿金的，劳动者可以向（　　）投诉。

   A. 劳动仲裁委员会　　B. 劳动行政部门

   C. 劳动争议调解委员会　　D. 监察机关

2. 因支付拖欠劳动报酬、工伤医疗费、经济补偿或者赔偿金事项达成调解协议，用人单位在协议约定期限内不履行的，劳动者可以持调解协议书依法向人民法院申请（　　）。

   A. 支付令　　B. 强制执行令

   C. 催促令　　D. 请求令

3. 与劳动争议案件的处理结果(　　)，可以申请参加仲裁活动或者由劳动争议仲裁委员会通知其参加仲裁活动。

A. 有利益关系的第三人　　B. 有损害关系的第三人

C. 无利害关系的第三人　　D. 有利害关系的第三人

4. 丧失或者部分丧失民事行为能力的劳动者，由其法定代理人代为参加仲裁活动；无法定代理人的，由(　　)为其指定代理人。劳动者死亡的，由其近亲属或者代理人参加仲裁活动。

A. 人民法院　　B. 劳动争议政府部门

C. 劳动争议仲裁委员会　　D. 单位

5. 劳动关系存续期间因拖欠劳动报酬发生争议的，劳动者申请仲裁不受本条第一款规定的仲裁时效期间的限制；但是，劳动关系终止的，应当自劳动关系终止之日起(　　)年内提出。

A. 1　　B. 2

C. 3　　D. 4

6. 被申请人收到仲裁申请书副本后，应当在(　　)日内向劳动争议仲裁委员会提交答辩书。劳动争议仲裁委员会收到答辩书后，应当在(　　)日内将答辩书副本送达申请人。被申请人未提交答辩书的，不影响仲裁程序的进行。

A. 5；3　　B. 5；5

C. 10；3　　D. 10；5

7. 申请人收到书面通知，无正当理由拒不到庭或者(　　)中途退庭的，可以视为撤回仲裁申请。

A. 未经仲裁委员会同意　　B. 未经仲裁庭同意

C. 未经对方当事人同意　　D. 未经申请程序

（三）多项选择题

1. 发生劳动争议，当事人可以到哪些调解组织申请调解？(　　)

A. 企业劳动争议调解委员会

B. 依法设立的基层人民调解组织

C. 人民法院调解组织

D. 在乡镇、街道设立的具有劳动争议调解职能的组织

2. 劳动争议调解组织的调解员应当由公道正派、联系群众、热心调解工作，并具有一定(　　)的成年公民担任。

A. 经济水平　　B. 法律知识

C. 政策水平　　D. 文化水平

3. 劳动争议仲裁委员会依法履行哪些职责？(　　)

A. 聘任、解聘专职或者兼职仲裁员

B. 受理劳动争议案件

C. 讨论重大或者疑难的劳动争议案件

D. 对仲裁活动进行监督

4. 仲裁员应当公道正派并符合哪些条件？(　　)

A. 曾任审判员的

B. 从事法律研究、教学工作并具有中级以上职称的

C. 具有法律知识、从事人力资源管理或者工会等专业工作满五年的

D. 律师执业满3年的

5. 仲裁员有哪些情形的，应当回避？(　　)

A. 是本案当事人或者当事人、代理人的近亲属的

B. 与本案有利害关系的

C. 本案当事人、代理人有其他关系，可能影响公正裁决的

D. 私自会见当事人、代理人，或者接受当事人、代理人的请客送礼的

6. 仲裁庭裁决先予执行的，应当符合哪些条件？(　　)

A. 当事人之间权利义务关系明确

B. 不先予执行将严重影响申请人的生活

C. 当事人之间有担保关系

D. 当事人之间为血亲关系

7. 仲裁庭对追索哪些款项的案件，根据当事人的申请，可以裁决先予执行，移送人民法院执行？(　　)

A. 劳动报酬　　B. 工伤医疗费

C. 生活保障金　　D. 经济补偿或者赔偿金

（四）填空题

1. 为了公正及时解决____，保护当事人合法权益，促进劳动关系和谐稳定，制定本法。
2. 发生劳动争议的____和____为劳动争议仲裁案件的双方当事人。
3. 劳动争议仲裁公开进行，但当事人协议不公开进行或者涉及国家秘密、商业秘密和____的除外。
4. 劳动争议申请仲裁的时效期间为____年。仲裁时效期间从当事人知道或者应当知道其权利被侵害之日起计算。
5. 因不可抗力或者有其他正当理由，当事人不能在本条第一款规定的仲裁时效期间申请仲裁的，仲裁时效中止。从____消除之日起，仲裁时效期间继续计算。

（五）简答题

1. 简述可以适用《劳动争议调解仲裁法》解决的劳动争议的范围。
2. 简述仲裁申请书应当载明的事项。

参考答案

（一）判断题

1. √，解析：《劳动争议调解仲裁法》第 4 条。
2. ×，解析：《劳动争议调解仲裁法》第 5 条规定："发生劳动争议，当事人不愿协商、协商不成或者达成和解协议后不履行的，可以向调解组织申请调解；不愿调解、调解不成或者达成调解协议后不履行的，可以向劳动争议仲裁委员会申请仲裁；对仲裁裁决不服的，除本法另有规定的外，可以向人民法院提起诉讼。"
3. ×，解析：《劳动争议调解仲裁法》第 6 条规定："发生劳动争议，当事人对自己提出的主张，有责任提供证据。与争议事项有关的证据属于用人单位掌握管理的，用人单位应当提供；用人单位不提供的，应当承担不利后果。"

4. √，解析：《劳动争议调解仲裁法》第14条第2款。
5. ×，解析：《劳动争议调解仲裁法》第15条规定："达成调解协议后，一方当事人在协议约定期限内不履行调解协议的，另一方当事人可以依法申请仲裁。"
6. ×，解析：《劳动争议调解仲裁法》第17条规定："劳动争议仲裁委员会按照统筹规划、合理布局和适应实际需要的原则设立。省、自治区人民政府可以决定在市、县设立；直辖市人民政府可以决定在区、县设立。直辖市、设区的市也可以设立一个或者若干个劳动争议仲裁委员会。劳动争议仲裁委员会不按行政区划层层设立。"

（二）单项选择题

1. B，解析：《劳动争议调解仲裁法》第9条规定："用人单位违反国家规定，拖欠或者未足额支付劳动报酬，或者拖欠工伤医疗费、经济补偿或者赔偿金的，劳动者可以向劳动行政部门投诉，劳动行政部门应当依法处理。"
2. A，解析：《劳动争议调解仲裁法》第16条规定："因支付拖欠劳动报酬、工伤医疗费、经济补偿或者赔偿金事项达成调解协议，用人单位在协议约定期限内不履行的，劳动者可以持调解协议书依法向人民法院申请支付令。人民法院应当依法发出支付令。"
3. D，解析：《劳动争议调解仲裁法》第23条规定："与劳动争议案件的处理结果有利害关系的第三人，可以申请参加仲裁活动或者由劳动争议仲裁委员会通知其参加仲裁活动。"
4. C，解析：《劳动争议调解仲裁法》第25条规定："丧失或者部分丧失民事行为能力的劳动者，由其法定代理人代为参加仲裁活动；无法定代理人的，由劳动争议仲裁委员会为其指定代理人。劳动者死亡的，由其近亲属或者代理人参加仲裁活动。"
5. A，解析：《劳动争议调解仲裁法》第27条第4款规定："劳动关系存续期间因拖欠劳动报酬发生争议的，劳动者申请仲裁不受本条第一款规定的仲裁时效期间的限制；但是，劳动关系终止的，应当自劳动关系终止之日起一年内提出。"
6. D，解析：《劳动争议调解仲裁法》第30条第2款规定："被申请人收到仲裁申请书副本后，应当在十日内向劳动争议仲裁委员会提交答辩书。

劳动争议仲裁委员会收到答辩书后，应当在五日内将答辩书副本送达申请人。被申请人未提交答辩书的，不影响仲裁程序的进行。”

7. B，解析：《劳动争议调解仲裁法》第 36 条第 1 款规定：“申请人收到书面通知，无正当理由拒不到庭或者未经仲裁庭同意中途退庭的，可以视为撤回仲裁申请。”

（三）多项选择题

1. ABD，解析：《劳动争议调解仲裁法》第 10 条规定：“发生劳动争议，当事人可以到下列调解组织申请调解：（一）企业劳动争议调解委员会；（二）依法设立的基层人民调解组织；（三）在乡镇、街道设立的具有劳动争议调解职能的组织。企业劳动争议调解委员会由职工代表和企业代表组成。职工代表由工会成员担任或者由全体职工推举产生，企业代表由企业负责人指定。企业劳动争议调解委员会主任由工会成员或者双方推举的人员担任。”

2. BCD，解析：《劳动争议调解仲裁法》第 11 条规定：“劳动争议调解组织的调解员应当由公道正派、联系群众、热心调解工作，并具有一定法律知识、政策水平和文化水平的成年公民担任。”

3. ABCD，解析：《劳动争议调解仲裁法》第 19 条规定：“劳动争议仲裁委员会由劳动行政部门代表、工会代表和企业方面代表组成。劳动争议仲裁委员会组成人员应当是单数。劳动争议仲裁委员会依法履行下列职责：（一）聘任、解聘专职或者兼职仲裁员；（二）受理劳动争议案件；（三）讨论重大或者疑难的劳动争议案件；（四）对仲裁活动进行监督。劳动争议仲裁委员会下设办事机构，负责办理劳动争议仲裁委员会的日常工作。”

4. ABCD，解析：《劳动争议调解仲裁法》第 20 条规定：“劳动争议仲裁委员会应当设仲裁员名册。仲裁员应当公道正派并符合下列条件之一：（一）曾任审判员的；（二）从事法律研究、教学工作并具有中级以上职称的；（三）具有法律知识、从事人力资源管理或者工会等专业工作满五年的；（四）律师执业满三年的。”

5. ABCD，解析：《劳动争议调解仲裁法》第 33 条规定：“仲裁员有下列情形之一，应当回避，当事人也有权以口头或者书面方式提出回避申请：（一）是本案当事人或者当事人、代理人的近亲属的；（二）与本案有利害关系的；（三）与本案当事人、代理人有其他关系，可能影响公正裁决的；（四）私自会见当事人、代理人，或者接受当事人、代理人的请客送礼的。劳动争议仲裁委员会对回避申请应当及时作出决定，并以口头或者书面方式通知当事人。”

6. AB，解析：《劳动争议调解仲裁法》第44条第2款规定：“仲裁庭裁决先予执行的，应当符合下列条件：（一）当事人之间权利义务关系明确；（二）不先予执行将严重影响申请人的生活。”
7. ABD，解析：《劳动争议调解仲裁法》第44条第1款规定：“仲裁庭对追索劳动报酬、工伤医疗费、经济补偿或者赔偿金的案件，根据当事人的申请，可以裁决先予执行，移送人民法院执行。”

（四）填空题

1. 劳动争议。（《劳动争议调解仲裁法》第1条）
2. 劳动者；用人单位。（《劳动争议调解仲裁法》第22条第1款）
3. 个人隐私。（《劳动争议调解仲裁法》第26条）
4. 1。（《劳动争议调解仲裁法》第27条第1款）
5. 中止时效的原因。（《劳动争议调解仲裁法》第27条第3款）

（五）简答题

1. 答：《劳动争议调解仲裁法》第2条规定：“中华人民共和国境内的用人单位与劳动者发生的下列劳动争议，适用本法：（一）因确认劳动关系发生的争议；（二）因订立、履行、变更、解除和终止劳动合同发生的争议；（三）因除名、辞退和辞职、离职发生的争议；（四）因工作时间、休息休假、社会保险、福利、培训以及劳动保护发生的争议；（五）因劳动报酬、工伤医疗费、经济补偿或者赔偿金等发生的争议；（六）法律、法规规定的其他劳动争议。”
2. 答：《劳动争议调解仲裁法》第28条第2－3款规定：“仲裁申请书应当载明下列事项：（一）劳动者的姓名、性别、年龄、职业、工作单位和住所，用人单位的名称、住所和法定代表人或者主要负责人的姓名、职务；（二）仲裁请求和所根据的事实、理由；（三）证据和证据来源、证人姓名和住所。书写仲裁申请确有困难的，可以口头申请，由劳动争议仲裁委员会记入笔录，并告知对方当事人。”

五、基本医疗卫生与健康促进法

（一）判断题

1. 全社会应当共同关心和支持医疗卫生与健康事业的发展。（　　）
2. 国家发展医药事业中侧重发展中医药事业。（　　）
3. 国家鼓励和支持公民、法人和其他组织通过依法举办机构和捐赠、资助等方式，参与医疗卫生与健康事业，满足公民复杂化、差异化、个性化健康需求。（　　）
4. 对在医疗卫生与健康事业中做出突出贡献的组织和个人，按照国家规定给予表彰、奖励。（　　）
5. 基本医疗卫生服务包括基本公共卫生服务和基本医疗服务。二者都由国家免费提供。（　　）
6. 任何组织和个人应当接受、配合医疗卫生机构为预防、控制、消除传染病危害依法采取的调查、检验、采集样本、隔离治疗、医学观察等措施。（　　）
7. 居民有依法接种免疫规划疫苗的权利，但没有该种义务。（　　）
8. 急救中心（站）可以以未付费为由拒绝或者拖延为急危重症患者提供急救服务。（　　）
9. 非营利性医疗卫生机构可以向出资人、举办者分配收益。（　　）

（二）单项选择题

1. 县级以上人民政府通过举办（　　）、基层医疗卫生机构和医院，或者从其他医疗卫生机构购买服务的方式提供基本公共卫生服务。

A. 基层公共卫生机构　　B. 人民公共卫生机构

C. 专业公共卫生机构　　D. 公民公共卫生机构

2. 国家建立传染病防控制度，制定传染病防治规划并组织实施，加强传染病监测预警，坚持（　　）为主、防治结合，联防联控、群防群控、源头防控、综合治理，阻断传播途径，保护易感人群，降低传染病的危害。

A. 预防　　B. 解决

C. 治理　　D. 教育

3. 国家加强职业健康保护。(　　)级以上人民政府应当制定职业病防治规划，建立健全职业健康工作机制，加强职业健康监督管理，提高职业病综合防治能力和水平。

A. 乡镇　　B. 县

C. 市　　D. 省

4. 国家采取措施，为公民提供婚前保健、(　　)保健等服务，促进生殖健康，预防出生缺陷。

A. 孕期　　B. 产期

C. 产后期　　D. 孕产期

5. 国家发展(　　)。国务院和省、自治区、直辖市人民政府应当将老年人健康管理和常见病预防等纳入基本公共卫生服务项目。

A. 老年人养老服务　　B. 老年人保健事业

C. 老年人健康管理事业　　D. 老年人疾病预防事业

6. 县级以上人民政府应当优先开展(　　)康复工作，实行康复与教育相结合。

A. 聋哑儿童　　B. 先天性疾病儿童

C. 残障儿童　　D. 残疾儿童

7. 以(　　)资金、捐赠资产举办或者参与举办的医疗卫生机构不得设立为营利性医疗卫生机构。

A. 慈善基金会　　B. 红十字会

C. 政府　　D. 事业单位

8. 医疗卫生行业组织、医疗卫生机构、医学院校应当加强对医疗卫生人员的(　　)教育。

A. 专业技能　　B. 专业素养

C. 心理素质　　D. 医德医风

9. 执业医师晋升为副高级技术职称的，应当有累计(　　)年以上在县级以下或者对口支援的医疗卫生机构提供医疗卫生服务的经历。

A. 半　　B. 1

C. 3　　D. 5

（三）多项选择题

1. 从事（　　）及其监督管理活动的，适用《基本医疗卫生与健康促进法》。

A. 医疗卫生　　B. 体育健康
C. 健康促进　　D. 监督管理活动

2. 国家加大对医疗卫生与健康事业的财政投入，通过增加转移支付等方式重点扶持哪些地区发展医疗卫生与健康事业？（　　）

A. 革命老区　　B. 民族地区
C. 边疆地区　　D. 经济欠发达地区

3. 医疗机构依法取得执业许可证。禁止（　　）、出租、出借医疗机构执业许可证。

A. 制造　　B. 伪造
C. 变造　　D. 买卖

4. 对从事哪些工作以及其他在特殊岗位工作的医疗卫生人员，应当按照国家规定给予适当的津贴？（　　）

A. 乡村医疗　　B. 传染病防治
C. 放射医学　　D. 精神卫生

5. 对在基层和艰苦边远地区工作的医疗卫生人员，在薪酬津贴、（　　）等方面实行优惠待遇。

A. 职称评定　　B. 职业发展
C. 教育培训　　D. 表彰奖励

6. 国家加强药品分类采购管理和指导。参加药品采购投标的投标人不得以低于成本的报价竞标，不得以哪些方式竞标？（　　）

A. 胁迫　　B. 欺诈
C. 串通投标　　D. 恶意串通

（四）填空题

1. 医疗卫生与健康事业应当坚持以____为中心，为人民健康服务。医疗卫生事业应当坚持____原则。
2. 公民依法享有从____获得基本医疗卫生服务的权利。

3. 国家合理规划和配置医疗卫生资源，以____为重点，采取多种措施优先支持县级以下医疗卫生机构发展，提高其医疗卫生服务能力。
4. 开展医疗卫生与健康促进对外交流合作活动，应当遵守法律、法规，维护国家主权、安全和____。
5. 公民接受医疗卫生服务，对病情、诊疗方案、医疗风险、医疗费用等事项依法享有____的权利。
6. 国家建立健全符合医疗卫生行业特点的人事、薪酬、奖励制度，体现医疗卫生人员____和____。
7. 县级以上人民政府教育主管部门应当按照规定将________纳入学校考核体系。
8. 主要健康指标，是指____、孕产妇死亡率、婴儿死亡率、五岁以下儿童死亡率等。

（五）简答题

1. 简述举办医疗机构应当具备的条件。
2. 简述《基本医疗卫生与健康促进法》对于公民吸烟的规定。
3. 简述《基本医疗卫生与健康促进法》规定的伪造、变造、买卖、出租、出借医疗机构执业许可证的处罚措施。

参考答案

（一）判断题

1. √，解析：《基本医疗卫生与健康促进法》第 6 条第 2 款。
2. ×，解析：《基本医疗卫生与健康促进法》第 9 条规定："国家大力发展中医药事业，坚持中西医并重、传承与创新相结合，发挥中医药在医疗卫生与健康事业中的独特作用。"
3. ×，解析：《基本医疗卫生与健康促进法》第 12 条规定："国家鼓励和支持公民、法人和其他组织通过依法举办机构和捐赠、资助等方式，参与医疗卫生与健康事业，满足公民多样化、差异化、个性化健康需求。公民、法人和其他组织捐赠财产用于医疗卫生与健康事业的，依法享受税收优惠。"

4. √，解析：《基本医疗卫生与健康促进法》第 13 条。
5. ×，解析：《基本医疗卫生与健康促进法》第 15 条第 2 款规定："基本医疗卫生服务包括基本公共卫生服务和基本医疗服务。基本公共卫生服务由国家免费提供。"
6. √，解析：《基本医疗卫生与健康促进法》第 20 条第 2 款。
7. ×，解析：《基本医疗卫生与健康促进法》第 21 条规定："国家实行预防接种制度，加强免疫规划工作。居民有依法接种免疫规划疫苗的权利和义务。政府向居民免费提供免疫规划疫苗。"
8. ×，解析：《基本医疗卫生与健康促进法》第 27 条规定："国家建立健全院前急救体系，为急危重症患者提供及时、规范、有效的急救服务。卫生健康主管部门、红十字会等有关部门、组织应当积极开展急救培训，普及急救知识，鼓励医疗卫生人员、经过急救培训的人员积极参与公共场所急救服务。公共场所应当按照规定配备必要的急救设备、设施。急救中心（站）不得以未付费为由拒绝或者拖延为急危重症患者提供急救服务。"
9. ×，解析：《基本医疗卫生与健康促进法》第 39 条第 4 款规定："非营利性医疗卫生机构不得向出资人、举办者分配或者变相分配收益。"

（二）单项选择题

1. C，解析：《基本医疗卫生与健康促进法》第 18 条规定："县级以上人民政府通过举办专业公共卫生机构、基层医疗卫生机构和医院，或者从其他医疗卫生机构购买服务的方式提供基本公共卫生服务。"
2. A，解析：《基本医疗卫生与健康促进法》第 20 条第 1 款规定："国家建立传染病防控制度，制定传染病防治规划并组织实施，加强传染病监测预警，坚持预防为主、防治结合，联防联控、群防群控、源头防控、综合治理，阻断传播途径，保护易感人群，降低传染病的危害。"
3. B，解析：《基本医疗卫生与健康促进法》第 23 条第 1 款规定："国家加强职业健康保护。县级以上人民政府应当制定职业病防治规划，建立健全职业健康工作机制，加强职业健康监督管理，提高职业病综合防治能力和水平。"
4. D，解析：《基本医疗卫生与健康促进法》第 24 条规定："国家发展妇幼保健事业，建立健全妇幼健康服务体系，为妇女、儿童提供保健及常见病防治服务，保障妇女、儿童健康。国家采取措施，为公民提供婚前保健、孕产期保健等服务，促进生殖健康，预防出生缺陷。”

5. B，解析：《基本医疗卫生与健康促进法》第 25 条规定：“国家发展老年人保健事业。国务院和省、自治区、直辖市人民政府应当将老年人健康管理和常见病预防等纳入基本公共卫生服务项目。”
6. D，解析：《基本医疗卫生与健康促进法》第 26 条规定：“国家发展残疾预防和残疾人康复事业，完善残疾预防和残疾人康复及其保障体系，采取措施为残疾人提供基本康复服务。县级以上人民政府应当优先开展残疾儿童康复工作，实行康复与教育相结合。”
7. C，解析：《基本医疗卫生与健康促进法》第 39 条第 3 款规定：“以政府资金、捐赠资产举办或者参与举办的医疗卫生机构不得设立为营利性医疗卫生机构。”
8. D，解析：《基本医疗卫生与健康促进法》第 51 条规定：“医疗卫生人员应当弘扬敬佑生命、救死扶伤、甘于奉献、大爱无疆的崇高职业精神，遵守行业规范，恪守医德，努力提高专业水平和服务质量。医疗卫生行业组织、医疗卫生机构、医学院校应当加强对医疗卫生人员的医德医风教育。”
9. B，解析：《基本医疗卫生与健康促进法》第 56 条第 3 款规定：“执业医师晋升为副高级技术职称的，应当有累计 1 年以上在县级以下或者对口支援的医疗卫生机构提供医疗卫生服务的经历。”

（三）多项选择题

1. AC，解析：《基本医疗卫生与健康促进法》第 2 条规定：“从事医疗卫生、健康促进及其监督管理活动，适用本法。”
2. ABCD，解析：《基本医疗卫生与健康促进法》第 11 条规定：“国家加大对医疗卫生与健康事业的财政投入，通过增加转移支付等方式重点扶持革命老区、民族地区、边疆地区和经济欠发达地区发展医疗卫生与健康事业。”
3. BCD，解析：《基本医疗卫生与健康促进法》第 38 条第 2 款规定：“医疗机构依法取得执业许可证。禁止伪造、变造、买卖、出租、出借医疗机构执业许可证。”
4. BCD，解析：《基本医疗卫生与健康促进法》第 55 条第 2 款规定：“对从事传染病防治、放射医学和精神卫生工作以及其他在特殊岗位工作的医疗卫生人员，应当按照国家规定给予适当的津贴。津贴标准应当定期调整。”

5. ABCD，解析：《基本医疗卫生与健康促进法》第 56 条第 4 款规定："对在基层和艰苦边远地区工作的医疗卫生人员，在薪酬津贴、职称评定、职业发展、教育培训和表彰奖励等方面实行优惠待遇。"
6. BC，解析：《基本医疗卫生与健康促进法》第 62 条第 2 款规定："国家加强药品分类采购管理和指导。参加药品采购投标的投标人不得以低于成本的报价竞标，不得以欺诈、串通投标、滥用市场支配地位等方式竞标。"

（四）填空题

1. 人民；公益性。（《基本医疗卫生与健康促进法》第 3 条）
2. 国家和社会。（《基本医疗卫生与健康促进法》第 5 条第 1 款）
3. 基层。（《基本医疗卫生与健康促进法》第 10 条）
4. 社会公共利益。（《基本医疗卫生与健康促进法》第 14 条）
5. 知情同意。（《基本医疗卫生与健康促进法》第 32 条第 1 款）
6. 职业特点；技术劳动价值。（《基本医疗卫生与健康促进法》第 55 条第 1 款）
7. 学生体质健康水平。（《基本医疗卫生与健康促进法》第 68 条第 4 款）
8. 人均预期寿命。（《基本医疗卫生与健康促进法》第 107 条）

（五）简答题

1. 答：《基本医疗卫生与健康促进法》第 38 条第 1 款规定："举办医疗机构，应当具备下列条件，按照国家有关规定办理审批或者备案手续：（一）有符合规定的名称、组织机构和场所；（二）有与其开展的业务相适应的经费、设施、设备和医疗卫生人员；（三）有相应的规章制度；（四）能够独立承担民事责任；（五）法律、行政法规规定的其他条件。"
2. 答：《基本医疗卫生与健康促进法》第 78 条规定："国家采取措施，减少吸烟对公民健康的危害。公共场所控制吸烟，强化监督执法。烟草制品包装应当印制带有说明吸烟危害的警示。禁止向未成年人出售烟酒。"
3. 答：《基本医疗卫生与健康促进法》第 99 条第 2 款规定："违反本法规定，伪造、变造、买卖、出租、出借医疗机构执业许可证的，由县级以上人民政府卫生健康主管部门责令改正，没收违法所得，并处违法所得五倍以上十五倍以下的罚款，违法所得不足一万元的，按一万元计算；情节严重的，吊销医疗机构执业许可证。"

陆 刑 法

刑 法

（一）判断题

1. 对任何人犯罪，在适用法律上一律平等。不允许任何人有超越法律的特权。（ ）
2. 法律没有明文规定为犯罪行为的，但具有一定社会危害性，也可以比照相关法律定罪处刑。（ ）
3. 对正在进行行凶、杀人、抢劫、强奸、绑架以及其他严重危及人身安全的暴力犯罪，采取防卫行为，造成不法侵害人伤亡的，应当负刑事责任，但是应当减轻或者免除处罚。
4. 死刑缓期执行应当报请最高人民法院核准。（ ）
5. 敲诈勒索公私财物，数额较大或者多次敲诈勒索的，处 1 年以下有期徒刑、拘役或者管制。（ ）
6. 扰乱、冲击或者以其他方法破坏依法举行的集会、游行、示威，造成公共秩序混乱的，处 5 年以下有期徒刑、拘役、管制或者剥夺政治权利。（ ）

（二）单项选择题

1. 外国人在中华人民共和国领域外对（ ）犯罪，而按本法规定的最低刑为 3 年以上有期徒刑的，可以适用本法，但是按照（ ）的法律不受处罚的除外。

   A. 中华人民共和国国家或者公民；犯罪地

   B. 中华人民共和国国家；国籍国

   C. 中华人民共和国公民；中华人民共和国

   D. 中华人民共和国公民；犯罪地

2. 凡在中华人民共和国领域外犯罪，依照本法应当负刑事责任的，虽然经过外国审判，仍然可以依照本法追究，但是在外国已经受过刑罚处罚的，可以(　　)处罚。

A. 免除　　B. 减轻

C. 免除或减轻　　D. 抵消

3. 享有外交特权和豁免权的外国人的刑事责任，通过(　　)解决。

A. 所在国法律　　B. 外交途径

C. 犯罪地法律　　D. 派遣国法律

4. (　　)，因而构成犯罪的，是故意犯罪。

A. 应当预见自己的行为可能发生危害社会的结果，因为疏忽大意而没有预见

B. 已经预见自己的行为可能发生危害社会的结果，而轻信能够避免

C. 由于不能抗拒或者不能预见的原因引起的危害社会的结果

D. 明知自己的行为会发生危害社会的结果，并且希望或者放任这种结果发生

5. 已满75周岁的人过失犯罪的，(　　)。

A. 可以从轻或者减轻处罚

B. 应当从轻或者减轻处罚

C. 应当从轻、减轻或者免除处罚

D. 法律有规定的才负刑事责任

6. 承担民事赔偿责任的犯罪分子，同时被判处罚金，其财产不足以全部支付的，或者被判处没收财产的，应当(　　)。

A. 先没收财产

B. 先承担罚金

C. 先承担对被害人的民事赔偿责任

D. 按比例承担

7. 以下哪一项不属于人民法院对被判处死刑缓期执行的犯人限制减刑的情况？(　　)

A. 被判处死刑缓期执行的累犯

B. 因故意杀人被判处死刑缓期执行的犯罪分子

C. 因贪污罪被判处死刑缓期执行的犯罪分子

D. 因有组织的暴力性犯罪被判处死刑缓期执行的犯罪分子

8. 组织他人出卖人体器官的，处（　　），（　　）；情节严重的，处五年以上有期徒刑，并处罚金或者没收财产。

A. 3 年以下有期徒刑；并处罚金

B. 3 年以下有期徒刑或者拘役；并处或者单处罚金

C. 5 年以下有期徒刑；并处罚金

D. 5 年以下有期徒刑；并处罚金或者没收财产

（三）多项选择题

1. 中华人民共和国刑法的任务，是用刑罚同一切犯罪行为作斗争，以保卫国家安全，保卫人民民主专政的政权和社会主义制度，保护哪些财产，维护社会秩序、经济秩序，保障社会主义建设事业的顺利进行？（　　）

A. 国有财产

B. 劳动群众集体所有的财产

C. 公民私人所有的财产

D. 公民的人身权利、民主权利和其他权利

2. 哪些人犯罪，可以从轻、减轻或者免除处罚？（　　）

A. 听力障碍者　　B. 语言障碍者

C. 又聋又哑的人　　D. 盲人

3. 被判处管制的犯罪分子，管制期满，执行机关应即向（　　）宣布解除管制。

A. 本人　　B. 受害人或受害人家属

C. 所在单位　　D. 居住地群众

4. 违反国家有关规定，向他人出售或者提供公民个人信息，如何处罚？（　　）

A. 情节严重的，处 3 年以下有期徒刑或者拘役，并处或者单处罚金

B. 情节严重的，处 3 年以上有期徒刑或者拘役，并处或者单处罚金

C. 情节严重的，处 3 年以上 7 年以下有期徒刑，并处罚金

D. 情节特别严重的，处 3 年以上 7 年以下有期徒刑，并处罚金

5. 冒充哪些人员招摇撞骗的，构成招摇撞骗罪？(　　)

A. 国家机关工作人员　　B. 全国人民代表大会代表

C. 人民警察　　D. 红十字会工作人员

6. 犯盗窃、诈骗、抢夺罪，为(　　)而当场使用暴力或者以暴力相威胁的，依照抢劫罪定罪处罚。

A. 窝藏赃物　　B. 抗拒抓捕

C. 包庇他人　　D. 毁灭罪证

（四）填空题

1. 对于中止犯，____的，应当免除处罚。
2. 司法工作人员，是指有____、____、____、____职责的工作人员。
3. 违反文物保护法规，将收藏的____的珍贵文物私自出售或者私自赠送给外国人的，处五年以下有期徒刑或者拘役，可以并处罚金。
4. 旅馆业等单位的人员，在公安机关查处卖淫、嫖娼活动时，为违法犯罪分子____，情节严重的，依照包庇罪的规定定罪处罚。

（五）简答题

1. 简述刑法的溯及力。
2. 简述已满 14 周岁不满 16 周岁的人应负刑事责任的犯罪。
3. 简述虚假诉讼罪的处罚。

参考答案

（一）判断题

1. √，解析：《刑法》第 4 条。
2. ×，解析：《刑法》第 3 条规定：“法律明文规定为犯罪行为的，依照法律定罪处刑；法律没有明文规定为犯罪行为的，不得定罪处刑。”
3. ×，解析：《刑法》第 20 条规定：“为了使国家、公共利益、本人或者他人的人身、财产和其他权利免受正在进行的不法侵害，而采取的制止不法侵害的行为，对不法侵害人造成损害的，属于正当防卫，不负刑事责任。

正当防卫明显超过必要限度造成重大损害的，应当负刑事责任，但是应当减轻或者免除处罚。对正在进行行凶、杀人、抢劫、强奸、绑架以及其他严重危及人身安全的暴力犯罪，采取防卫行为，造成不法侵害人伤亡的，不属于防卫过当，不负刑事责任。”

4. ×，解析：《刑法》第48条规定：“死刑只适用于罪行极其严重的犯罪分子。对于应当判处死刑的犯罪分子，如果不是必须立即执行的，可以判处死刑同时宣告缓期二年执行。死刑除依法由最高人民法院判决的以外，都应当报请最高人民法院核准。死刑缓期执行的，可以由高级人民法院判决或者核准。”

5. ×，解析：《刑法》第274条规定：“敲诈勒索公私财物，数额较大或者多次敲诈勒索的，处三年以下有期徒刑、拘役或者管制，并处或者单处罚金；数额巨大或者有其他严重情节的，处三年以上十年以下有期徒刑，并处罚金；数额特别巨大或者有其他特别严重情节的，处十年以上有期徒刑，并处罚金。”

6. √，解析：《刑法》第298条。

（二）单项选择题

1. A，解析：《刑法》第8条规定：“外国人在中华人民共和国领域外对中华人民共和国国家或者公民犯罪，而按本法规定的最低刑为3年以上有期徒刑的，可以适用本法，但是按照犯罪地的法律不受处罚的除外。”

2. C，解析：《刑法》第10条规定：“凡在中华人民共和国领域外犯罪，依照本法应当负刑事责任的，虽然经过外国审判，仍然可以依照本法追究，但是在外国已经受过刑罚处罚的，可以免除或者减轻处罚。”

3. B，解析：《刑法》第11条规定：“享有外交特权和豁免权的外国人的刑事责任，通过外交途径解决。”

4. D，解析：《刑法》第14条规定：“明知自己的行为会发生危害社会的结果，并且希望或者放任这种结果发生，因而构成犯罪的，是故意犯罪。故意犯罪，应当负刑事责任。”

5. B，解析：《刑法》第17条之一规定：“已满七十五周岁的人故意犯罪的，可以从轻或者减轻处罚；过失犯罪的，应当从轻或者减轻处罚。”

6. C，解析：《刑法》第36条规定：“由于犯罪行为而使被害人遭受经济损失的，对犯罪分子除依法给予刑事处罚外，并应根据情况判处赔偿经济损失。承担民事赔偿责任的犯罪分子，同时被判处罚金，其财产不足以全部支付的，或者被判处没收财产的，应当先承担对被害人的民事赔偿责任。”

7. C，解析：《刑法》第 50 条规定：“判处死刑缓期执行的，在死刑缓期执行期间，如果没有故意犯罪，二年期满以后，减为无期徒刑；如果确有重大立功表现，二年期满以后，减为二十五年有期徒刑；如果故意犯罪，情节恶劣的，报请最高人民法院核准后执行死刑；对于故意犯罪未执行死刑的，死刑缓期执行的期间重新计算，并报最高人民法院备案。对被判处死刑缓期执行的累犯以及因故意杀人、强奸、抢劫、绑架、放火、爆炸、投放危险物质或者有组织的暴力性犯罪被判处死刑缓期执行的犯罪分子，人民法院根据犯罪情节等情况可以同时决定对其限制减刑。”

8. C，解析：《刑法》第 234 条之一规定：“组织他人出卖人体器官的，处五年以下有期徒刑，并处罚金；情节严重的，处五年以上有期徒刑，并处罚金或者没收财产。未经本人同意摘取其器官，或者摘取不满十八周岁的人的器官，或者强迫、欺骗他人捐献器官的，依照本法第二百三十四条、第二百三十二条的规定定罪处罚。违背本人生前意愿摘取其尸体器官，或者本人生前未表示同意，违反国家规定，违背其近亲属意愿摘取其尸体器官的，依照本法第三百零二条的规定定罪处罚。”

（三）多项选择题

1. ABCD，解析：《刑法》第 2 条规定：“中华人民共和国刑法的任务，是用刑罚同一切犯罪行为作斗争，以保卫国家安全，保卫人民民主专政的政权和社会主义制度，保护国有财产和劳动群众集体所有的财产，保护公民私人所有的财产，保护公民的人身权利、民主权利和其他权利，维护社会秩序、经济秩序，保障社会主义建设事业的顺利进行。”
2. CD，解析：《刑法》第 19 条规定：“又聋又哑的人或盲人犯罪的刑事责任又聋又哑的人或者盲人犯罪，可以从轻、减轻或者免除处罚。”
3. ACD，解析：《刑法》第 40 条规定：“被判处管制的犯罪分子，管制期满，执行机关应即向本人和其所在单位或者居住地的群众宣布解除管制。”
4. AD，解析：《刑法》第 253 条之一规定：“违反国家有关规定，向他人出售或者提供公民个人信息，情节严重的，处三年以下有期徒刑或者拘役，并处或者单处罚金；情节特别严重的，处三年以上七年以下有期徒刑，并处罚金。”

5. AC，解析：《刑法》第279条规定：“冒充国家机关工作人员招摇撞骗的，处三年以下有期徒刑、拘役、管制或者剥夺政治权利；情节严重的，处三年以上十年以下有期徒刑。冒充人民警察招摇撞骗的，依照前款的规定从重处罚。”
6. ABD，解析：《刑法》第269条规定：“犯盗窃、诈骗、抢夺罪，为窝藏赃物、抗拒抓捕或者毁灭罪证而当场使用暴力或者以暴力相威胁的，依照本法第二百六十三条的规定定罪处罚。”

（四）填空题

1. 没有造成损害。（《刑法》第24条）
2. 侦查；检查；审判；监管。（《刑法》第94条）
3. 国家禁止出口。（《刑法》第325条）
4. 通风报信。（《刑法》第362条）

（五）简答题

1. 答：《刑法》第12条规定：“中华人民共和国成立以后本法施行以前的行为，如果当时的法律不认为是犯罪的，适用当时的法律；如果当时的法律认为是犯罪的，依照本法总则第四章第八节的规定应当追诉的，按照当时的法律追究刑事责任，但是如果本法不认为是犯罪或者处刑较轻的，适用本法。本法施行以前，依照当时的法律已经作出的生效判决，继续有效。”
2. 答：《刑法》第17条规定：“已满十六周岁的人犯罪，应当负刑事责任。已满十四周岁不满十六周岁的人，犯故意杀人、故意伤害致人重伤或者死亡、强奸、抢劫、贩卖毒品、放火、爆炸、投放危险物质罪的，应当负刑事责任。已满十二周岁不满十四周岁的人，犯故意杀人、故意伤害罪，致人死亡或者以特别残忍手段致人重伤造成严重残疾，情节恶劣，经最高人民检察院核准追诉的，应当负刑事责任。对依照前三款规定追究刑事责任的不满十八周岁的人，应当从轻或者减轻处罚。因不满十六周岁不予刑事处罚的，责令其父母或者其他监护人加以管教；在必要的时候，依法进行专门矫治教育。”

3. 答：《刑法》第 307 条之一规定："以捏造的事实提起民事诉讼，妨害司法秩序或者严重侵害他人合法权益的，处三年以下有期徒刑、拘役或者管制，并处或者单处罚金；情节严重的，处三年以上七年以下有期徒刑，并处罚金。单位犯前款罪的，对单位判处罚金，并对其直接负责的主管人员和其他直接责任人员，依照前款的规定处罚。有第一款行为，非法占有他人财产或者逃避合法债务，又构成其他犯罪的，依照处罚较重的规定定罪从重处罚。司法工作人员利用职权，与他人共同实施前三款行为的，从重处罚；同时构成其他犯罪的，依照处罚较重的规定定罪从重处罚。"

柒 诉讼与非诉讼程序法

一、民事诉讼法

（一）判断题

1. 人民法院依照法律规定对民事案件进行审判，行政机关可以对审判过程进行干涉。(　　)
2. 基层人民法院管辖所有的第一审民事案件。(　　)
3. 因合同纠纷提起的诉讼，合同履行地人民法院有管辖权。(　　)
4. 适用简易程序审理的案件，由审判员一人独任审理。(　　)
5. 审判人员是本案当事人的邻居，应当自行回避。(　　)
6. 翻译人员是本案当事人的近亲属的，无需回避。(　　)
7. 法人由其法定代表人进行诉讼。其他组织由其主要负责人进行诉讼。(　　)

（二）单项选择题

1. 关于中华人民共和国民事诉讼法的任务，下列哪一说法是错误的？(　　)

   A. 保护当事人行使诉讼权利　　B. 及时审理民事案件

   C. 制裁民事违法行为　　D. 惩罚犯罪

2. 因公司设立、确认股东资格、分配利润、解散等纠纷提起的诉讼，由(　　)人民法院管辖。

   A. 公司住所地　　B. 股东住所地

   C. 被告住所地　　D. 原告住所地

3. 一般情况下，当事人应当在(　　)提出回避申请。

   A. 案件开始审理时　　B. 法庭调查结束前

   C. 法庭辩论时　　D. 宣判前

4. 民事诉讼当事人不享有下列哪项诉讼权利？(　　)

   A. 提出回避申请　　B. 委托诉讼代理人

C. 查阅与本案无关的案卷材料　　D. 请求调解

5. 下列哪一证据不属于法定证据种类？（　　）

A. 当事人的陈述　　B. 书证

C. 单位证明材料　　D. 电子数据

6. 关于鉴定的申请，下列哪一说法是错误的？（　　）

A. 当事人可以就查明事实的专门性问题向人民法院申请鉴定

B. 当事人申请鉴定的，由双方当事人协商确定具备资格的鉴定人

C. 无法通过协商确定鉴定人的，应当由申请鉴定一方当事人指定

D. 当事人未申请鉴定，人民法院对专门性问题认为需要鉴定的，应当委托具备资格的鉴定

7. 当事人不服地方人民法院第一审判决的，有权在判决书送达之日起（　　）日内向上一级人民法院提起上诉。

A. 10　　B. 15

C. 20　　D. 30

8. 公民下落不明满 2 年，利害关系人申请宣告其失踪的，向（　　）基层人民法院提出。

A. 利害关系人住所地　　B. 下落不明人住所地

C. 下落不明人失踪地　　D. 利害关系人经常住所地

（三）多项选择题

1. 人民法院审理民事案件，依照法律规定实行下列哪些制度？（　　）

A. 合议　　B. 回避

C. 公开审判　　D. 两审终审

2. 下列哪些民事诉讼，由原告住所地人民法院管辖；原告住所地与经常居住地不一致的，由原告经常居住地人民法院管辖？（　　）

A. 对不在中华人民共和国领域内居住的人提起的有关身份关系的诉讼

B. 对下落不明或者宣告失踪的人提起的有关身份关系的诉讼

C. 对被采取强制性教育措施的人提起的诉讼

D. 对被监禁的人提起的诉讼

3. 关于原告和被告，下列哪些说法是正确的？（　　）

A. 原告可以放弃诉讼请求　　B. 原告可以变更诉讼请求
C. 被告有权提出反诉　　D. 被告可以反驳诉讼请求

4. 下列那些人员可以被委托为诉讼代理人？（　　）
A. 律师　　B. 亲朋好友
C. 基层法律服务工作者　　D. 当事人所在社区推荐的公民

5. 下列哪些民事主体有义务出庭作证？（　　）
A. 单位　　B. 知道案件情况的单位
C. 知道案件情况的个人　　D. 不能正确表达意思的人

6. 因情况紧急，在证据可能灭失或者以后难以取得的情况下，利害关系人可以在提起诉讼或者申请仲裁前向(　　)申请保全证据。
A. 仲裁庭人民法院　　B. 证据所在地人民法院
C. 被申请人住所地人民法院　　D. 对案件有管辖权的人民法院

7. 下列哪些选项属于上诉状的内容？（　　）
A. 当事人的姓名　　B. 法人的名称
C. 原审人民法院名称　　D. 上诉的请求和理由

8. 关于合议庭评议案件，下列哪一说法是错误的？（　　）
A. 实行少数服从多数原则
B. 应当制作笔录
C. 评议中的不同意见，必须如实记入笔录
D. 评议笔录应当由持多数意见的合议庭成员签名

（四）填空题

1. 人民法院审理民事案件，必须以____为根据，以____为准绳。
2. 有管辖权的人民法院由于特殊原因，不能行使管辖权的，由____指定管辖。人民法院之间因管辖权发生争议，由争议双方协商解决；协商解决不了的，报请它们的____指定管辖。
3. 离婚案件有诉讼代理人的，本人除____的以外，仍应出庭；确因特殊情况无法出庭的，必须向人民法院提交____意见。
4. 证据包括：（1）____；（2）书证；（3）物证；（4）视听资料；（5）电子数据；（6）证人证言；（7）____；（8）____。

5. 人民法院受理申请后，经审查核实，应当发出财产认领公告。公告满____年无人认领的，判决认定财产无主，收归____所有。

（五）简答题

1. 简述民事诉讼地域管辖中“被告就原告”的具体情形。
2. 简述民事诉讼当事人的诉讼权利义务。
3. 简述当事人申请再审的事由。

参考答案

（一）判断题

1. ×，解析：《民事诉讼法》第 6 条第 2 款规定：“人民法院依照法律规定对民事案件独立进行审判，不受行政机关、社会团体和个人的干涉。”
2. ×，解析：《民事诉讼法》第 17 条规定：“基层人民法院管辖第一审民事案件，但本法另有规定的除外。”
3. √，解析：《民事诉讼法》第 23 条。
4. √，解析：《民事诉讼法》第 39 条第 2 款。
5. ×，解析：《民事诉讼法》第 44 条第 1 款规定：“审判人员有下列情形之一的，应当自行回避，当事人有权用口头或者书面方式申请他们回避：（一）是本案当事人或者当事人、诉讼代理人近亲属的；（二）与本案有利害关系的；（三）与本案当事人、诉讼代理人有其他关系，可能影响对案件公正审理的。”
6. ×，解析：《民事诉讼法》第 44 条第 1 款。第 44 条第 4 款规定：“前三款规定，适用于书记员、翻译人员、鉴定人、勘验人。”
7. √，解析：《民事诉讼法》第 48 条第 2 款。

（二）单项选择题

1. D，解析：《民事诉讼法》第 2 条规定：“中华人民共和国民事诉讼法的任务，是保护当事人行使诉讼权利，保证人民法院查明事实，分清是非，正确适用法律，及时审理民事案件，确认民事权利义务关系，制裁民事违法行为，保护当事人的合法权益，教育公民自觉遵守法律，维护社会秩序、经济秩序，保障社会主义建设事业顺利进行。”

2. A，解析：《民事诉讼法》第 26 条规定："因公司设立、确认股东资格、分配利润、解散等纠纷提起的诉讼，由公司住所地人民法院管辖。"
3. A，解析：《民事诉讼法》第 45 条第 1 款规定："当事人提出回避申请，应当说明理由，在案件开始审理时提出；回避事由在案件开始审理后知道的，也可以在法庭辩论终结前提出。"
4. C，解析：《民事诉讼法》第 49 条第 1－2 款规定："当事人有权委托代理人，提出回避申请，收集、提供证据，进行辩论，请求调解，提起上诉，申请执行。当事人可以查阅本案有关材料，并可以复制本案有关材料和法律文书。查阅、复制本案有关材料的范围和办法由最高人民法院。"
5. C，解析：《民事诉讼法》第 63 条规定："证据包括：（一）当事人的陈述；（二）书证；（三）物证；（四）视听资料；（五）电子数据；（六）证人证言；（七）鉴定意见；（八）勘验笔录。证据必须查证属实，才能作为认定事实的根据。"
6. C，解析：《民事诉讼法》第 76 条规定："当事人可以就查明事实的专门性问题向人民法院申请鉴定。当事人申请鉴定的，由双方当事人协商确定具备资格的鉴定人；协商不成的，由人民法院指定。当事人未申请鉴定，人民法院对专门性问题认为需要鉴定的，应当委托具备资格的鉴定人进行鉴定。"
7. B，解析：《民事诉讼法》第 164 条第 1 款规定："当事人不服地方人民法院第一审判决的，有权在判决书送达之日起十五日内向上一级人民法院提起上诉。"
8. B，解析：《民事诉讼法》第 183 条第 1 款规定："公民下落不明满二年，利害关系人申请宣告其失踪的，向下落不明人住所地基层人民法院提出。"

（三）多项选择题

1. ABCD，解析：《民事诉讼法》第 10 条规定："人民法院审理民事案件，依照法律规定实行合议、回避、公开审判和两审终审制度。"
2. ABCD，解析：《民事诉讼法》第 22 条规定："下列民事诉讼，由原告住所地人民法院管辖；原告住所地与经常居住地不一致的，由原告经常居住地人民法院管辖：（一）对不在中华人民共和国领域内居住的人提起的有关身份关系的诉讼；（二）对下落不明或者宣告失踪的人提起的有关身份关系的诉讼；（三）对被采取强制性教育措施的人提起的诉讼；（四）对被监禁的人提起的诉讼。”

3. ABCD，解析：《民事诉讼法》第 51 条规定：“原告可以放弃或者变更诉讼请求。被告可以承认或者反驳诉讼请求，有权提起反诉。”
4. ACD，解析：《民事诉讼法》第 58 条第 2 款规定：“下列人员可以被委托为诉讼代理人：（一）律师、基层法律服务工作者；（二）当事人的近亲属或者工作人员；（三）当事人所在社区、单位以及有关社会团体推荐的公民。”
5. BC，解析：《民事诉讼法》第 72 条规定：“凡是知道案件情况的单位和个人，都有义务出庭作证。有关单位的负责人应当支持证人作证。不能正确表达意思的人，不能作证。”
6. BCD，解析：《民事诉讼法》第 81 条规定：“在证据可能灭失或者以后难以取得的情况下，当事人可以在诉讼过程中向人民法院申请保全证据，人民法院也可以主动采取保全措施。因情况紧急，在证据可能灭失或者以后难以取得的情况下，利害关系人可以在提起诉讼或者申请仲裁前向证据所在地、被申请人住所地或者对案件有管辖权的人民法院申请保全证据。证据保全的其他程序，参照适用本法第九章保全的有关。”
7. ABCD，解析：《民事诉讼法》第 165 条规定：“上诉应当递交上诉状。上诉状的内容，应当包括当事人的姓名，法人的名称及其法定代表人的姓名或者其他组织的名称及其主要负责人的姓名；原审人民法院名称、案件的编号和案由；上诉的请求和理由。”
8. ABCD，解析：《民事诉讼法》第 39 条第 1 款规定，人民法院审理第一审民事案件，由审判员、陪审员共同组成合议庭或者由审判员组成合议庭。第 41 条规定：“合议庭的审判长由院长或者庭长指定审判员一人担任；院长或者庭长参加审判的，由院长或者庭长担任。”第 42 条规定：“合议庭评议案件，实行少数服从多数的原则。评议应当制作笔录，由合议庭成员签名。评议中的不同意见，必须如实记入笔录。”

（四）填空题

1. 事实；法律。（《民事诉讼法》第 7 条）
2. 上级人民法院；共同上级人民法院。（《民事诉讼法》第 37 条）
3. 不能表达意思；书面。（《民事诉讼法》第 62 条）

4. 当事人的陈述；鉴定意见；勘验笔录。(《民事诉讼法》第63条)
5. 1；国家或者集体。(《民事诉讼法》第192条)

(五) 简答题

1. 答：《民事诉讼法》第22条规定："下列民事诉讼，由原告住所地人民法院管辖；原告住所地与经常居住地不一致的，由原告经常居住地人民法院管辖：(一) 对不在中华人民共和国领域内居住的人提起的有关身份关系的诉讼；(二) 对下落不明或者宣告失踪的人提起的有关身份关系的诉讼；(三) 对被采取强制性教育措施的人提起的诉讼；(四) 对被监禁的人提起的诉讼。"
2. 答：《民事诉讼法》第49条规定："当事人的诉讼权利包括：(一) 委托代理人，提出回避申请，收集、提供证据，进行辩论，请求调解，提起上诉，申请执行。(二) 查阅本案有关材料，并可以复制本案有关材料和法律文书。查阅、复制本案有关材料的范围和办法由最高人民法院。当事人的诉讼义务包括：依法行使诉讼权利，遵守诉讼秩序，履行发生法律效力的判决书、裁定书和调解书。"
3. 答：《民事诉讼法》第200条规定："当事人的申请符合下列情形之一的，人民法院应当再审：(一) 有新的证据，足以推翻原判决、裁定的；(二) 原判决、裁定认定的基本事实缺乏证据证明的；(三) 原判决、裁定认定事实的主要证据是伪造的；(四) 原判决、裁定认定事实的主要证据未经质证的；(五) 对审理案件需要的主要证据，当事人因客观原因不能自行收集，书面申请人民法院调查收集，人民法院未调查收集的；(六) 原判决、裁定适用法律确有错误的；(七) 审判组织的组成不合法或者依法应当回避的审判人员没有回避的；(八) 无诉讼行为能力人未经法定代理人代为诉讼或者应当参加诉讼的当事人，因不能归责于本人或者其诉讼代理人的事由，未参加诉讼的；(九) 违反法律规定，剥夺当事人辩论权利的；(十) 未经传票传唤，缺席判决的；(十一) 原判决、裁定遗漏或者超出诉讼请求的；(十二) 据以作出原判决、裁定的法律文书被撤销或者变更的；(十三) 审判人员审理该案件时有贪污受贿，徇私舞弊，枉法裁判行为的。"

二、刑事诉讼法

（一）判断题

1. 对刑事案件的侦查、拘留、执行逮捕、预审、提起公诉，由公安机关负责。（　　）
2. 国家安全机关依照法律规定，办理危害国家安全的刑事案件时，可以行使与公安机关相同的职权。（　　）
3. 在少数民族聚居或者多民族杂居的地区，应当用当地通用的语言进行审讯，用当地通用的文字发布判决书、布告和其他文件。（　　）
4. 人民法院审判案件，实行三审终审制。（　　）
5. 下级人民法院认为案情重大、复杂需要由上级人民法院审判的第一审刑事案件，可以请求移送上一级人民法院审判。（　　）
6. 犯罪嫌疑人自被侦查机关第一次讯问或者采取强制措施之日起，有权委托辩护人；在侦查期间，可以委托律师作为辩护人或自己作为辩护人。（　　）
7. 辩护律师可以同在押的犯罪嫌疑人、被告人会见和通信。其他辩护人经人民检察院许可，也可以同在押的犯罪嫌疑人、被告人会见和通信。（　　）

（二）单项选择题

1. 对刑事案件的侦查、拘留、执行逮捕、预审，由公安机关负责。检察、批准逮捕、检察机关直接受理的案件的侦查、提起公诉，由人民检察院负责。审判由人民法院负责。除（　　）特别规定的以外，其他任何机关、团体和个人都无权行使这些权力。

   A. 公安机关　　B. 人民检察院

   C. 人民法院　　D. 法律

2. 人民法院审判案件，除(　　)另有规定的以外，一律公开进行。被告人有权获得辩护，人民法院有义务保证被告人获得辩护。

A. 公安机关　　B. 人民检察院

C. 刑事诉讼法　　D. 刑法

3. 最高人民法院管辖的(　　)刑事案件，是全国性的重大刑事案件。

A. 第一审　　B. 第二审

C. 再审　　D. 终审

4. 担任过本案的证人、鉴定人、辩护人、诉讼代理人的(　　)，应当自行回避，当事人及其法定代理人也有权要求他们回避。

A. 审判人员　　B. 检察人员

C. 侦查人员　　D. 以上都是

5.《刑事诉讼法》关于回避的规定适用于：(　　)。

A. 书记员　　B. 翻译人员

C. 鉴定人　　D. 以上都是

6. 下列可以被委托为辩护人的是：(　　)。

A. 律师　　B. 犯罪嫌疑人、被告人的亲友

C. 人民团体　　D. 以上都是

7. (　　)可以在人民法院、看守所等场所派驻值班律师。

A. 人民法院　　B. 人民检察院

C. 指定律师事务所　　D. 法律援助机构

8. 收件人本人或者代收人拒绝接收或者拒绝签名、盖章的时候，送达人可以邀请他的邻居或者其他见证人到场，说明情况，把文件留在他的住处，在送达证上记明拒绝的事由、送达的日期，由(　　)，即认为已经送达。

A. 邻居签名　　B. 其他见证人签名

C. 送达人签名　　D. 代收人签名

9. 搜查妇女的身体，应当由(　　)进行。

A. 女工作人员　　B. 女医生

C. 工作人员　　D. 侦查人员

（三）多项选择题

1. (　　)进行刑事诉讼，必须依靠群众，必须以事实为根据，以法律为准绳。对于一切公民，在适用法律上一律平等，在法律面前，不允许有任何特权。

A. 人民法院　　B. 人民检察院
C. 公安机关　　D. 各级政府

2. 人民法院、人民检察院和公安机关进行刑事诉讼，应当(　　)，以保证准确有效地执行法律。

A. 分工负责　　B. 互相配合
C. 互相制约　　D. 互相监督

3. 根据中华人民共和国缔结或者参加的国际条约，或者按照互惠原则，(　　)和(　　)可以相互请求刑事司法协助。

A. 我国司法机关　　B. 外国司法机关
C. 我国行政机关　　D. 外国行政机关

4. 犯罪嫌疑人、被告人是(　　)，没有委托辩护人的，人民法院、人民检察院和公安机关应当通知法律援助机构指派律师为其提供辩护。

A. 盲、聋、哑人
B. 尚未完全丧失辨认或者控制自己行为能力的精神病人
C. 经济困难的人
D. 可能被判处无期徒刑、死刑的人

5. 法律援助机构可以在人民法院、看守所等场所派驻值班律师。犯罪嫌疑人、被告人没有委托辩护人，法律援助机构没有指派律师为其提供辩护的，由值班律师为犯罪嫌疑人、被告人提供(　　)等法律帮助。

A. 法律咨询　　B. 程序选择建议
C. 申请变更强制措施　　D. 对案件处理提出意见

6. 辩护律师持(　　)要求会见在押的犯罪嫌疑人、被告人的，看守所应当及时安排会见，至迟不得超过 48 小时。

A. 律师执业证书　　B. 律师事务所证明和委托书
C. 法律援助公函　　D. 身份证

7. 对于(　　)的重大嫌疑分子，提请审查批准的时间可以延长至30日。

A. 流窜作案　　B. 多次作案

C. 结伙作案　　D. 案情严重

（四）填空题

1. 犯罪嫌疑人、被告人____供述自己的罪行，承认指控的犯罪事实，愿意接受处罚的，可以依法从宽处理。
2. 辩护人收集的有关犯罪嫌疑人不在犯罪现场、____、属于依法不负刑事责任的精神病人的证据，应当及时告知公安机关、人民检察院。
3. 在审判过程中，被告人可以拒绝辩护人继续为他辩护，也可以____。
4. 附带民事诉讼应当同刑事案件____审判，只有为了防止刑事案件审判的过分迟延，才可以在刑事案件审判后，由同一审判组织继续审理附带民事诉讼。
5. 对查封、扣押的财物、文件，应当会同在场见证人和被查封、扣押财物、文件持有人查点清楚，当场开列清单一式____份。

（五）简答题

1. 简述可以不追究刑事责任的情形。
2. 简述法律援助机构应当提供律师进行辩护援助的情形。
3. 简述刑事诉讼中止审理的情形。
4. 简述刑事自诉案件的类型。

参考答案

（一）判断题

1. ×，解析：《刑事诉讼法》第3条第1款规定：“对刑事案件的侦查、拘留、执行逮捕、预审，由公安机关负责。检察、批准逮捕、检察机关直接受理的案件的侦查、提起公诉，由人民检察院负责。审判由人民法院负责。除法律特别规定的以外，其他任何机关、团体和个人都无权行使这些权力。”

2. √，解析：《刑事诉讼法》第4条。
3. √，解析：《刑事诉讼法》第9条第2款。
4. ×，解析：《刑事诉讼法》第10条规定：“人民法院审判案件，实行两审终审制。”
5. √，解析：《刑事诉讼法》第24条。
6. ×，解析：《刑事诉讼法》第34条第1款规定：“犯罪嫌疑人自被侦查机关第一次讯问或者采取强制措施之日起，有权委托辩护人；在侦查期间，只能委托律师作为辩护人。被告人有权随时委托辩护人。”
7. ×，解析：《刑事诉讼法》第39条第1款规定：“辩护律师可以同在押的犯罪嫌疑人、被告人会见和通信。其他辩护人经人民法院、人民检察院许可，也可以同在押的犯罪嫌疑人、被告人会见和通信。”

（二）单项选择题

1. D，解析：《刑事诉讼法》第3条第1款：“对刑事案件的侦查、拘留、执行逮捕、预审，由公安机关负责。检察、批准逮捕、检察机关直接受理的案件的侦查、提起公诉，由人民检察院负责。审判由人民法院负责。除法律特别规定的以外，其他任何机关、团体和个人都无权行使这些权力。”
2. C，解析：《刑事诉讼法》第11条规定：“人民法院审判案件，除本法另有规定的以外，一律公开进行。被告人有权获得辩护，人民法院有义务保证被告人获得辩护。”
3. A，解析：《刑事诉讼法》第23条规定：“最高人民法院管辖的第一审刑事案件，是全国性的重大刑事案件。”
4. D，解析：《刑事诉讼法》第29条规定：“审判人员、检察人员、侦查人员有下列情形之一的，应当自行回避，当事人及其法定代理人也有权要求他们回避：（一）是本案的当事人或者是当事人的近亲属的；（二）本人或者他的近亲属和本案有利害关系的；（三）担任过本案的证人、鉴定人、辩护人、诉讼代理人的；（四）与本案当事人有其他关系，可能影响公正处理案件的。”
5. D，解析：《刑事诉讼法》第32条第1款规定：“关于回避的规定适用于书记员、翻译人员和鉴定人。”
6. D，解析：《刑事诉讼法》第33条第1款规定：“犯罪嫌疑人、被告人除自己行使辩护权以外，还可以委托一至二人作为辩护人。下列的人可以被委托为辩护人：（一）律师；（二）人民团体或者犯罪嫌疑人、被告人所在单位推荐的人；（三）犯罪嫌疑人、被告人的监护人、亲友。”

7. D，解析：《刑事诉讼法》第36条第1款规定：“法律援助机构可以在人民法院、看守所等场所派驻值班律师。犯罪嫌疑人、被告人没有委托辩护人，法律援助机构没有指派律师为其提供辩护的，由值班律师为犯罪嫌疑人、被告人提供法律咨询、程序选择建议、申请变更强制措施、对案件处理提出意见等法律帮助。”
8. C，解析：《刑事诉讼法》第107条第2款规定：“收件人本人或者代收人拒绝接收或者拒绝签名、盖章的时候，送达人可以邀请他的邻居或者其他见证人到场，说明情况，把文件留在他的住处，在送达证上记明拒绝的事由、送达的日期，由送达人签名，即认为已经送达。”
9. A，解析：《刑事诉讼法》第139条第2款规定：“搜查妇女的身体，应当由女工作人员进行。”

（三）多项选择题

1. ABC，解析：《刑事诉讼法》第6条规定：“人民法院、人民检察院和公安机关进行刑事诉讼，必须依靠群众，必须以事实为根据，以法律为准绳。对于一切公民，在适用法律上一律平等，在法律面前，不允许有任何特权。”
2. ABC，解析：《刑事诉讼法》第7条规定：“人民法院、人民检察院和公安机关进行刑事诉讼，应当分工负责，互相配合，互相制约，以保证准确有效地执行法律。”
3. AB，解析：《刑事诉讼法》第18条规定：“根据中华人民共和国缔结或者参加的国际条约，或者按照互惠原则，我国司法机关和外国司法机关可以相互请求刑事司法协助。”
4. ABD，解析：《刑事诉讼法》第35条第2-3款规定：“犯罪嫌疑人、被告人是盲、聋、哑人，或者是尚未完全丧失辨认或者控制自己行为能力的精神病人，没有委托辩护人的，人民法院、人民检察院和公安机关应当通知法律援助机构指派律师为其提供辩护。犯罪嫌疑人、被告人可能被判处无期徒刑、死刑，没有委托辩护人的，人民法院、人民检察院和公安机关应当通知法律援助机构指派律师为其提供辩护。”

5. ABCD，解析：《刑事诉讼法》第 36 条第 1 款规定：“法律援助机构可以在人民法院、看守所等场所派驻值班律师。犯罪嫌疑人、被告人没有委托辩护人，法律援助机构没有指派律师为其提供辩护的，由值班律师为犯罪嫌疑人、被告人提供法律咨询、程序选择建议、申请变更强制措施、对案件处理提出意见等法律帮助。”
6. ABC，解析：《刑事诉讼法》第 39 条第 2 款规定：“辩护律师持律师执业证书、律师事务所证明和委托书或者法律援助公函要求会见在押的犯罪嫌疑人、被告人的，看守所应当及时安排会见，至迟不得超过四十八小时。”
7. ABC，解析：《刑事诉讼法》第 91 条第 2 款规定：“对于流窜作案、多次作案、结伙作案的重大嫌疑分子，提请审查批准的时间可以延长至三十日。”

（四）填空题

1. 自愿如实。（《刑事诉讼法》第 15 条）
2. 未达到刑事责任年龄。（《刑事诉讼法》第 42 条）
3. 另行委托辩护人辩护。（《刑事诉讼法》第 45 条）
4. 一并。（《刑事诉讼法》第 104 条）
5. 二。（《刑事诉讼法》第 142 条）

（五）简答题

1. 答：《刑事诉讼法》第 16 条规定：“有下列情形之一的，不追究刑事责任，已经追究的，应当撤销案件，或者不起诉，或者终止审理，或者宣告无罪：（一）情节显著轻微、危害不大，不认为是犯罪的；（二）犯罪已过追诉时效期限的；（三）经特赦令免除刑罚的；（四）依照刑法告诉才处理的犯罪，没有告诉或者撤回告诉的；（五）犯罪嫌疑人、被告人死亡的；（六）其他法律规定免予追究刑事责任的。”
2. 答：《刑事诉讼法》第 35 条规定：“犯罪嫌疑人、被告人因经济困难或者其他原因没有委托辩护人的，本人及其近亲属可以向法律援助机构提出申请。对符合法律援助条件的，法律援助机构应当指派律师为其提供辩护。犯罪嫌疑人、被告人是盲、聋、哑人，或者是尚未完全丧失辨认或者控制自己行为能力的精神病人，没有委托辩护人的，人民法院、人民检察院和公安机关应当通知法律援助机构指派律师为其提供辩护。犯罪嫌疑人、被告人可能被判处无期徒刑、死刑，没有委托辩护人的，人民法院、人民检察院和公安机关应当通知法律援助机构指派律师为其提供辩护。”

3. 答：《刑事诉讼法》第206条第1款规定："在审判过程中，有下列情形之一，致使案件在较长时间内无法继续审理的，可以中止审理：（一）被告人患有严重疾病，无法出庭的；（二）被告人脱逃的；（三）自诉人患有严重疾病，无法出庭，未委托诉讼代理人出庭的；（四）由于不能抗拒的原因。"
4. 答：《刑事诉讼法》第210条规定："自诉案件包括下列案件：（一）告诉才处理的案件；（二）被害人有证据证明的轻微刑事案件；（三）被害人有证据证明对被告人侵犯自己人身、财产权利的行为应当依法追究刑事责任，而公安机关或者人民检察院不予追究被告人刑事责任的案件。"

三、行政诉讼法

（一）判断题

1. 行政机关及其工作人员可以对人民法院受理行政案件提出合理建议。（ ）
2. 在少数民族聚居或者多民族共同居住的地区，人民法院可以汉语、也可以用当地民族通用的语言、文字进行审理和发布法律文书。（ ）
3. 认为行政机关滥用行政权力排除或者限制竞争的，可以向人民法院提起行政诉讼。（ ）
4. 经复议的案件，由复议机关所在地人民法院管辖。（ ）
5. 行政行为的相对人以及其他与行政行为有利害关系的公民、法人或者其他组织，有权提起诉讼。（ ）
6. 人民法院可以依当事人的申请保全证据，不能主动采取保全措施。（ ）

（二）单项选择题

1. 人民法院审理行政案件，对行政行为是否（ ）进行审查。

   A. 合法　　B. 合理

   C. 适当　　D. 合法和合理

2. 下列哪一项不属于行政诉讼受案范围？（ ）

   A. 行政处罚　　B. 行政强制

C. 行政确认　　　　　　　　　　D. 行政处分

3. 关于行政诉讼案件的管辖，下列哪一选项是正确的？（　　）

A. 对于级别管辖，第一审行政案件均由基层人民法院管辖

B. 对于地域管辖，第一审行政案件均由最初作出行政行为的行政机关所在地人民法院管辖

C. 原告向两个以上有管辖权的人民法院提起诉讼的，由最先立案的人民法院管辖

D. 人民法院对管辖权发生争议，报它们的共同上级人民法院指定管辖

4. 关于复议案件的行政诉讼被告，下列哪一项说法是错误的？（　　）

A. 复议机关决定维持原行政行为的，作出原行政行为的行政机关和复议机关是共同被告

B. 复议机关改变原行政行为的，作出原行政行为的行政机关和复议机关是共同被告

C. 复议机关在法定期限内未作出复议决定，公民、法人或者其他组织起诉原行政行为的，作出原行政行为的行政机关是被告

D. 复议机关在法定期限内未作出复议决定，公民、法人或者其他组织起诉复议机关不作为的，复议机关是被告

5. 关于涉外行政诉讼，下列哪一项是错误的？（　　）

A. 外国人在中国进行行政诉讼，可以选择适用本国法律或中国法律

B. 中国公民、组织享有的诉讼权利，外国人、无国籍人、外国组织同样享有

C. 外国法院对中公民、组织的行政诉讼权利加以限制的，中国法院对该国公民、组织的行政诉讼权利可以同样加以限制

D. 无国籍人在中国进行行政诉讼，只能委托中国律师机构的律师

（三）多项选择题

1. 人民法院审理行政案件，依法实行（　　）制度。

A. 合议　　　　　　　　　　B. 回避

C. 公开宣判　　　　　　　　D. 三审终审

2. 关于行政诉讼参加人，下列哪些说法是正确的？（　　）

A. 行政行为的相对人以及其他与行政行为有利害关系的公民、法人或者

其他组织，可以作为原告

B. 公民、法人或者其他组织直接向人民法院提起诉讼的，作出行政行为的行政机关是被告

C. 诉讼代表人变更、放弃诉讼请求或者承认对方当事人的诉讼请求，应当经被代表的当事人同意

D. 没有诉讼行为能力的公民，应当由其法定代理人代为诉讼

3. 关于作为诉讼代理人的律师的权利和义务，下列哪些说法是正确的？（　　）

A. 有权查阅案件有关材料

B. 有权复制案件有关材料

C. 有权调查、收集与案件有关的证据

D. 对涉及国家秘密、商业秘密和个人隐私的材料，应当依照法律规定保密

4. 下列哪些选项属于行政诉讼证据？（　　）

A. 电子数据　　B. 当事人的陈述

C. 勘验笔录　　D. 现场笔录

5. 关于证据的保全，下列哪些说法是正确的？（　　）

A. 适用于证据可能灭失的情况下

B. 适用于证据以后难以取得的情况下

C. 原告、被告、第三人均可向法院申请保全

D. 法院可以主动采取保全措施

6. 向法院提起行政诉讼，应当符合下列哪些条件？（　　）

A. 应当向人民法院递交起诉状，不能口头起诉

B. 须有具体的诉讼请求和事实根据

C. 所起诉的案件须属于人民法院受案范围

D. 须向有管辖权的人民法院起诉

（四）填空题

1. 在行政赔偿、补偿的案件中，原告应当对____提供证据。因____的原因导致原告无法举证的，由____承担举证责任。

2. 不符合起诉条件的，作出不予立案的裁定。裁定书应当载明____。原告对裁定不服的，可以提起____。

3. 涉及____的案件，当事人申请不公开审理的，可以不公开审理。
4. 公民、法人或者其他组织对行政行为在法定期限内不____又不履行的，行政机关可以____，或者依法____。

（五）简答题

1. 简述我国《行政诉讼法》的基本原则。
2. 简答当事人申请法院再审的事由。

参考答案

（一）判断题

1. ×，解析：《行政诉讼法》第 3 条第 2 款规定："行政机关及其工作人员不得干预、阻碍人民法院受理行政案件。"
2. ×，解析：《行政诉讼法》第 9 条第 2 款规定："在少数民族聚居或者多民族共同居住的地区，人民法院应当用当地民族通用的语言、文字进行审理和发布法律文书。"
3. √，解析：《行政诉讼法》第 12 条第 1 款。
4. ×，解析：《行政诉讼法》第 18 条第 1 款规定："行政案件由最初作出行政行为的行政机关所在地人民法院管辖。经复议的案件，也可以由复议机关所在地人民法院管辖。"
5. √，解析：《行政诉讼法》第 25 条第 1 款。
6. ×，解析：《行政诉讼法》第 42 条规定："在证据可能灭失或者以后难以取得的情况下，诉讼参加人可以向人民法院申请保全证据，人民法院也可以主动采取保全措施。"

（二）单项选择题

1. A，解析：《行政诉讼法》第 6 条规定："人民法院审理行政案件，对行政行为是否合法进行审查。"
2. D，解析：根据《行政诉讼法》第 14 条第 1 款的规定，行政机关对行政机关工作人员的奖惩、任免等决定不属于行政诉讼受案范围，故 D 项正确。根据《行政诉讼法》第 13 条第 1 款的规定，ABC 项均属于行政诉讼受案范围。

3. C，解析：根据《行政诉讼法》第14－17条的规定，一般情况下，第一审行政案件由基层人民法院管辖，但是并非全部的第一审行政案件均由基层人民法院管辖，中级人民法院、高级人民法院和最高人民法院都可以管辖第一审行政案件。故A项错误。《行政诉讼法》第18条第1款规定："行政案件由最初作出行政行为的行政机关所在地人民法院管辖。经复议的案件，也可以由复议机关所在地人民法院管辖。"第19条规定："对限制人身自由的行政强制措施不服提起的诉讼，由被告所在地或者原告所在地人民法院管辖。"第20条规定："因不动产提起的行政诉讼，由不动产所在地人民法院管辖。"可见，第一审行政案件并非均由最初作出行政行为的行政机关所在地人民法院管辖。故B项错误。根据《行政诉讼法》第21条的规定，C项正确。《行政诉讼法》第23条第2款规定："人民法院对管辖权发生争议，由争议双方协商解决。协商不成的，报它们的共同上级人民法院指定管辖。"故D项错误。
4. B，解析：《行政诉讼法》第26条第2款规定："经复议的案件，复议机关决定维持原行政行为的，作出原行政行为的行政机关和复议机关是共同被告；复议机关改变原行政行为的，复议机关是被告。"故A项正确，B项错误。《行政诉讼法》第26条第3款规定："复议机关在法定期限内未作出复议决定，公民、法人或者其他组织起诉原行政行为的，作出原行政行为的行政机关是被告；起诉复议机关不作为的，复议机关是被告。"故CD项正确。
5. A，解析：《行政诉讼法》第98条规定："外国人、无国籍人、外国组织在中华人民共和国进行行政诉讼，适用本法。法律另有规定的除外。"故A项错误。《行政诉讼法》第99条规定："外国人、无国籍人、外国组织在中华人民共和国进行行政诉讼，同中华人民共和国公民、组织有同等的诉讼权利和义务。外国法院对中华人民共和国公民、组织的行政诉讼权利加以限制的，人民法院对该国公民、组织的行政诉讼权利，实行对等原则。"故BC项正确。《行政诉讼法》第100条规定："外国人、无国籍人、外国组织在中华人民共和国进行行政诉讼，委托律师代理诉讼的，应当委托中华人民共和国律师机构的律师。"故D项正确。

（三）多项选择题

1. AB，解析：《行政诉讼法》第7条规定："人民法院审理行政案件，依法实行合议、回避、公开审判和两审终审制度。”

2. ABCD，解析：《行政诉讼法》第25条第1款规定：“行政行为的相对人以及其他与行政行为有利害关系的公民、法人或者其他组织，有权提起诉讼。”故A项正确。《行政诉讼法》第26条第1款规定：“公民、法人或者其他组织直接向人民法院提起诉讼的，作出行政行为的行政机关是被告。”故B项正确。《行政诉讼法》第28条规定：“代表人的诉讼行为对其所代表的当事人发生效力，但代表人变更、放弃诉讼请求或者承认对方当事人的诉讼请求，应当经被代表的当事人同意。”故C项正确。《行政诉讼法》第30条规定：“没有诉讼行为能力的公民，由其法定代理人代为诉讼。”故D项正确。
3. ABCD，解析：《行政诉讼法》第32条第1款规定：“代理诉讼的律师，有权按照规定查阅、复制本案有关材料，有权向有关组织和公民调查，收集与本案有关的证据。对涉及国家秘密、商业秘密和个人隐私的材料，应当依照法律规定保密。”
4. ABCD，解析：《行政诉讼法》第33条第1款规定：“行政诉讼的证据包括：（一）书证；（二）物证；（三）视听资料；（四）电子数据；（五）证人证言；（六）当事人的陈述；（七）鉴定意见；（八）勘验笔录、现场笔录。”
5. ABCD，解析：《行政诉讼法》第42条规定：“在证据可能灭失或者以后难以取得的情况下，诉讼参加人可以向人民法院申请保全证据，人民法院也可以主动采取保全措施。”
6. ABCD，解析：《行政诉讼法》第50条规定：“起诉应当向人民法院递交起诉状，并按照被告人数提出副本。书写起诉状确有困难的，可以口头起诉，由人民法院记入笔录，出具注明日期的书面凭证，并告知对方当事人。”故A项错误。《行政诉讼法》第49条规定：“提起诉讼应当符合下列条件：（一）原告是符合本法第25条规定的公民、法人或者其他组织；（二）有明确的被告；（三）有具体的诉讼请求和事实根据；（四）属于人民法院受案范围和受诉人民法院管辖。”故BCD项正确。

（四）填空题

1. 行政行为造成的损害；被告；被告。（《行政诉讼法》第38条第2款）
2. 不予立案的理由；上诉。（《行政诉讼法》第51条第2款）

3. 商业秘密。(《行政诉讼法》第 54 条第 2 款)
4. 提起诉讼；申请人民法院强制执行；强制执行。(《行政诉讼法》第 97 条)

（五）简答题

1. 答：根据《行政诉讼法》第 4－11 条的规定，我国行政诉讼法的基本原则有应独立行使审判权原则，以事实为根据、以法律为准绳原则，合法性审查原则，合议、回避、公开审判和两审终审原则，当事人法律地位平等原则，使用本民族语言文字原则，辩论原则，法律监督原则。
2. 答：根据《行政诉讼法》第 91 条的规定："当事人的申请符合下列情形之一的，人民法院应当再审：（一）不予立案或者驳回起诉确有错误的；（二）有新的证据，足以推翻原判决、裁定的；（三）原判决、裁定认定事实的主要证据不足、未经质证或者系伪造的；（四）原判决、裁定适用法律、法规确有错误的；（五）违反法律规定的诉讼程序，可能影响公正审判的；（六）原判决、裁定遗漏诉讼请求的；（七）据以作出原判决、裁定的法律文书被撤销或者变更的；（八）审判人员在审理该案件时有贪污受贿、徇私舞弊、枉法裁判行为的。"

四、仲裁法

（一）判断题

1. 平等主体的公民、法人和其他组织之间发生的人格权纠纷和其他财产权益纠纷，可以仲裁。(　　)
2. 当事人采用仲裁方式解决纠纷，应当双方自愿，达成仲裁协议。没有仲裁协议，但一方申请仲裁的，仲裁委员也会受理。(　　)
3. 仲裁委员会也按行政区划层层设立。(　　)
4. 仲裁协议不独立存在，合同的变更、解除、终止或者无效，都影响仲裁协议的效力。(　　)
5. 申请人可以放弃或者变更仲裁请求。被申请人可以承认或者反驳仲裁请求，有权提出反请求。(　　)

6. 仲裁应当公开进行。(　　)
7. 人民法院应当在受理撤销裁决申请之日起1个月内作出撤销裁决或者驳回申请的裁定。(　　)

(二) 单项选择题

1. 当事人达成仲裁协议，一方向人民法院起诉的，人民法院不予受理，但(　　)的除外。
   A. 合同无效　　B. 民事法律关系无效
   C. 仲裁协议无效　　D. 仲裁委员会确有错误
2. 仲裁庭可以由3名仲裁员或者1名仲裁员组成。由3名仲裁员组成的，设(　　)。
   A. 居中裁判员　　B. 首席仲裁员
   C. 居中仲裁员　　D. 首席裁判员
3. 当事人约定由1名仲裁员成立仲裁庭的，应当由当事人共同选定或者(　　)指定仲裁员。
   A. 共同委托仲裁委员会主任　　B. 单方委托仲裁委员会主任
   C. 由仲裁委员会　　D. 由仲裁委员会主任
4. 申请人经书面通知，无正当理由不到庭或者未经仲裁庭许可中途退庭的，可以视为(　　)。
   A. 取消仲裁申请　　B. 对仲裁庭的不尊重
   C. 双方当事人已达成和解　　D. 撤回仲裁申请
5. 仲裁庭应当将开庭情况记入笔录。当事人和其他仲裁参与人认为对自己陈述的记录有遗漏或者差错的，有权申请(　　)。
   A. 修改　　B. 修补
   C. 补正　　D. 重新记录
6. 仲裁庭在作出裁决前，(　　)先行调解。当事人自愿调解的，仲裁庭应当调解。调解不成的，应当及时作出裁决。
   A. 可以　　B. 应当
   C. 必须　　D. 当事人应主动

7. 对裁决书中的文字、计算错误或者仲裁庭已经裁决但在裁决书中遗漏的事项，仲裁庭应当补正；当事人自收到裁决书之日起(　　)日内，可以请求仲裁庭补正。

A. 10　　B. 20

C. 30　　D. 40

8. 当事人申请撤销裁决的，应当自收到裁决书之日起(　　)个月内提出。

A. 3　　B. 6

C. 9　　D. 12

9. (　　)和农业集体经济组织内部的农业承包合同纠纷的仲裁，另行。

A. 婚前协议　　B. 抚养协议

C. 劳动争议　　D. 雇佣关系

(三) 多项选择题

1. 下列哪些纠纷不能仲裁？(　　)

A. 婚姻、收养

B. 监护、扶养

C. 继承纠纷

D. 依法应当由行政机关处理的行政争议

2. 符合下列哪些条件之一的，可以担任仲裁员？(　　)

A. 通过国家统一法律职业资格考试取得法律职业资格，从事仲裁工作满8年的

B. 从事律师工作满5年的

C. 曾任法官满8年的

D. 具有法律知识、从事经济贸易等专业工作并具有高级职称或者具有同等专业水平的

3. 仲裁协议应当具有下列哪些内容？(　　)

A. 选定的仲裁员　　B. 请求仲裁的意思表示

C. 仲裁事项　　D. 选定的仲裁委员会

4. 当事人申请仲裁应当符合下列哪些条件？(　　)

A. 有仲裁协议　　B. 有具体的仲裁请求和事实、理由

C. 属于仲裁委员会的受理范围　　D. 有选定的仲裁委员会

5. 仲裁申请书应当载明哪些事项？(　　)

A. 当事人的姓名、性别、年龄、职业、工作单位和住所，法人或者其他组织的名称、住所和法定代表人或者主要负责人的姓名、职务

B. 选定的仲裁委员会

C. 仲裁请求和所根据的事实、理由

D. 证据和证据来源、证人姓名和住所

6. 笔录由(　　)签名或者盖章。

A. 仲裁员　　B. 记录人员

C. 当事人　　D. 其他仲裁参与人

7. 涉外仲裁委员会作出的发生法律效力的仲裁裁决，当事人请求执行的，如果(　　)不在中华人民共和国领域内，应当由当事人直接向有管辖权的外国法院申请承认和执行。

A. 被执行人　　B. 案发时一方当事人

C. 被执行人的财产　　D. 案发时被执行人其财产

（四）填空题

1. 仲裁实行____的制度。

2. 当事人对仲裁协议的效力有异议的，可以请求仲裁委员会作出决定或者请求人民法院作出裁定。一方请求仲裁委员会作出决定，另一方请求人民法院作出裁定的，由____裁定。当事人对仲裁协议的效力有异议，应当在____前提出。

3. 仲裁委员会收到仲裁申请书之日起____日内，认为符合受理条件的，应当受理，并通知当事人；认为不符合受理条件的，应当书面通知当事人不予受理，并说明理由。

4. 一方当事人因另一方当事人的行为或者其他原因，可能使裁决不能执行或者难以执行的，可以____。

5. 当事人申请财产保全的，仲裁委员会应当将当事人的申请依照____的有关规定提交人民法院。

6. 仲裁应当开庭进行。当事人协议不开庭的，仲裁庭可以根据____、答辩

书以及其他材料作出裁决。

7. 证据应当在____时出示，当事人可以质证。
8. 一方当事人申请执行裁决，另一方当事人申请撤销裁决的，人民法院应当裁定____。

（五）简答题

1. 简述仲裁协议无效的情形。
2. 简述仲裁员必须回避的情形。
3. 简述可以申请撤销裁决的情形。

参考答案

（一）判断题

1. ×，解析：《仲裁法》第 2 条规定："平等主体的公民、法人和其他组织之间发生的合同纠纷和其他财产权益纠纷，可以仲裁。"
2. ×，解析：《仲裁法》第 4 条规定："当事人采用仲裁方式解决纠纷，应当双方自愿，达成仲裁协议。没有仲裁协议，一方申请仲裁的，仲裁委员会不予受理。"
3. ×，解析：《仲裁法》第 10 条第 1 款关规定："仲裁委员会可以在直辖市和省、自治区人民政府所在地的市设立，也可以根据需要在其他设区的市设立，不按行政区划层层设立。"
4. ×，解析：《仲裁法》第 19 条规定："仲裁协议独立存在，合同的变更、解除、终止或者无效，不影响仲裁协议的效力。仲裁庭有权确认合同的效力。"
5. √，解析：《仲裁法》第 27 条。
6. ×，解析：《仲裁法》第 40 条规定："仲裁不公开进行。当事人协议公开的，可以公开进行，但涉及国家秘密的除外。"
7. ×，解析：《仲裁法》第 60 条规定："人民法院应当在受理撤销裁决申请之日起两个月内作出撤销裁决或者驳回申请的裁定。"

（二）单项选择题

1. C，解析：《仲裁法》第 5 条规定："当事人达成仲裁协议，一方向人民法院起诉的，人民法院不予受理，但仲裁协议无效的除外。”

2. B，解析：《仲裁法》第 30 条规定：“仲裁庭可以由三名仲裁员或者一名仲裁员组成。由三名仲裁员组成的，设首席仲裁员。”
3. A，解析：《仲裁法》第 31 条第 2 款规定：“当事人约定由一名仲裁员成立仲裁庭的，应当由当事人共同选定或者共同委托仲裁委员会主任指定仲裁员。”
4. D，解析：《仲裁法》第 42 条规定：“申请人经书面通知，无正当理由不到庭或者未经仲裁庭许可中途退庭的，可以视为撤回仲裁申请。被申请人经书面通知，无正当理由不到庭或者未经仲裁庭许可中途退庭的，可以缺席裁决。”
5. C，解析：《仲裁法》第 48 条第 1 款规定：“仲裁庭应当将开庭情况记入笔录。当事人和其他仲裁参与人认为对自己陈述的记录有遗漏或者差错的，有权申请补正。如果不予补正，应当记录该申请。”
6. A，解析：《仲裁法》第 51 条第 1 款规定：“仲裁庭在作出裁决前，可以先行调解。当事人自愿调解的，仲裁庭应当调解。调解不成的，应当及时作出裁决。”
7. C，解析：《仲裁法》第 56 条规定：“对裁决书中的文字、计算错误或者仲裁庭已经裁决但在裁决书中遗漏的事项，仲裁庭应当补正；当事人自收到裁决书之日起三十日内，可以请求仲裁庭补正。”
8. B，解析：《仲裁法》第 59 条规定：“当事人申请撤销裁决的，应当自收到裁决书之日起六个月内提出。”
9. C，解析：《仲裁法》第 77 条规定：“劳动争议和农业集体经济组织内部的农业承包合同纠纷的仲裁，另行规定。”

（三）多项选择题

1. ABCD，解析：《仲裁法》第 3 条规定：“下列纠纷不能仲裁：（一）婚姻、收养、监护、扶养、继承纠纷；（二）依法应当由行政机关处理的行政争议。”
2. ACD，解析：《仲裁法》第 13 条规定：“仲裁委员会应当从公道正派的人员中聘任仲裁员。仲裁员应当符合下列条件之一：（一）通过国家统一法律职业资格考试取得法律职业资格，从事仲裁工作满八年的；（二）从事律师工作满八年的；（三）曾任法官满八年的；（四）从事法律研究、教学工作并具有高级职称的；（五）具有法律知识、从事经济贸易等专业工作并具有高级职称或者具有同等专业水平的。仲裁委员会按照不同专业设仲裁员名册。”

3. BCD，解析：《仲裁法》第 16 条规定：“仲裁协议包括合同中订立的仲裁条款和以其他书面方式在纠纷发生前或者纠纷发生后达成的请求仲裁的协议。仲裁协议应当具有下列内容：（一）请求仲裁的意思表示；（二）仲裁事项；（三）选定的仲裁委员会。”
4. ABC，解析：《仲裁法》第 21 条规定：“当事人申请仲裁应当符合下列条件：（一）有仲裁协议；（二）有具体的仲裁请求和事实、理由；（三）属于仲裁委员会的受理范围。”
5. ACD，解析：《仲裁法》第 23 条规定：“仲裁申请书应当载明下列事项：（一）当事人的姓名、性别、年龄、职业、工作单位和住所，法人或者其他组织的名称、住所和法定代表人或者主要负责人的姓名、职务；（二）仲裁请求和所根据的事实、理由；（三）证据和证据来源、证人姓名和住所。”
6. ABCD，解析：《仲裁法》第 48 条第 2 款规定：“笔录由仲裁员、记录人员、当事人和其他仲裁参与人签名或者盖章。”
7. AC，解析：《仲裁法》第 72 条规定：“涉外仲裁委员会作出的发生法律效力的仲裁裁决，当事人请求执行的，如果被执行人或者其财产不在中华人民共和国领域内，应当由当事人直接向有管辖权的外国法院申请承认和执行。”

（四）填空题

1. 一裁终局。（《仲裁法》第 9 条第 1 款）
2. 人民法院；仲裁庭首次开庭。（《仲裁法》第 20 条）
3. 5。（《仲裁法》第 24 条）
4. 申请财产保全。（《仲裁法》第 28 条第 1 款）
5. 民事诉讼法。（《仲裁法》第 28 条第 2 款）
6. 仲裁申请书。（《仲裁法》第 39 条）
7. 开庭。（《仲裁法》第 45 条）
8. 中止执行。（《仲裁法》第 64 条第 1 款）

（五）简答题

1. 答：《仲裁法》第 17 条规定：“有下列情形之一的，仲裁协议无效：

（一）约定的仲裁事项超出法律规定的仲裁范围的；（二）无民事行为能力人或者限制民事行为能力人订立的仲裁协议；（三）一方采取胁迫手段，迫使对方订立仲裁协议的。”

2. 答：《仲裁法》第 34 条规定：“仲裁员有下列情形之一的，必须回避，当事人也有权提出回避申请：（一）是本案当事人或者当事人、代理人的近亲属；（二）与本案有利害关系；（三）与本案当事人、代理人有其他关系，可能影响公正仲裁的；（四）私自会见当事人、代理人，或者接受当事人、代理人的请客送礼的。”

3. 答：《仲裁法》第 58 条规定：“当事人提出证据证明裁决有下列情形之一的，可以向仲裁委员会所在地的中级人民法院申请撤销裁决：（一）没有仲裁协议的；（二）裁决的事项不属于仲裁协议的范围或者仲裁委员会无权仲裁的；（三）仲裁庭的组成或者仲裁的程序违反法定程序的；（四）裁决所根据的证据是伪造的；（五）对方当事人隐瞒了足以影响公正裁决的证据的；（六）仲裁员在仲裁该案时有索贿受贿，徇私舞弊，枉法裁决行为的。人民法院经组成合议庭审查核实裁决有前款规定情形之一的，应当裁定撤销。人民法院认定该裁决违背社会公共利益的，应当裁定撤销。”

五、人民调解法

（一）判断题

1. 人民调解委员会调解民间纠纷，不收取任何费用。（　　）
2. 当事人可以向人民调解委员会申请调解；人民调解委员会也可以主动调解。当事人一方明确拒绝调解的，也可调解。（　　）
3. 人民调解委员会根据调解纠纷的需要，只能指定一名或者数名人民调解员进行调解。（　　）
4. 人民调解员根据调解纠纷的需要，在征得当事人的同意后，可以邀请当事人的亲属、邻里、同事等参与调解，也可以邀请具有专门知识、特定经验的人员或者有关社会组织的人员参与调解。（　　）

5. 经人民调解委员会调解达成的调解协议，不具有法律约束力。(　　)
6. 经人民调解委员会调解达成调解协议后，当事人之间就调解协议的履行或者调解协议的内容发生争议的，一方当事人不可以向人民法院提起诉讼。(　　)

（二）单项选择题

1. 本法所称人民调解，是指(　　)通过说服、疏导等方法，促使当事人在平等协商基础上自愿达成调解协议，解决民间纠纷的活动。

A. 人民调解委员会　　B. 法院调解组织

C. 法院　　D. 政府部门

2. (　　)负责指导全国的人民调解工作，县级以上地方人民政府司法行政部门负责指导本行政区域的人民调解工作。基层人民法院对人民调解委员会调解民间纠纷进行业务指导。

A. 最高人民法院　　B. 国务院司法行政部门

C. 国务院司法部门　　D. 最高人民调解委员会

3. 人民调解委员会由委员(　　)组成，设主任一人，必要时，可以设副主任若干人。

A. 3 至 9 人　　B. 3 至 7 人

C. 5 至 9 人　　D. 5 至 7 人

4. 人民调解员从事调解工作，应当给予适当的(　　)；因从事调解工作致伤致残，生活发生困难的，当地人民政府应当提供必要的医疗、生活救助；在人民调解工作岗位上牺牲的人民调解员，其配偶、子女按照国家规定享受抚恤和优待。

A. 薪酬补贴　　B. 误工补贴

C. 酬劳　　D. 奖金

5. 人民调解员在调解纠纷过程中，发现纠纷有可能激化的，应当采取有针对性的预防措施；对有可能引起治安案件、刑事案件的纠纷，应当及时向(　　)或者其他有关部门报告。

A. 当地基层人民法院　　B. 当地基层人民检察院

C. 当地基层人民政府　　D. 当地公安机关

6. (　　)应当记录调解情况。人民调解委员会应当建立调解工作档案，将调解登记、调解工作记录、调解协议书等材料立卷归档。

A. 书记员　　B. 人民调解员

C. 法官　　D. 人民调解委员会主任

7. 经人民调解委员会调解达成调解协议的，可以制作(　　)。

A. 调解协议书　　B. 新合同协议

C. 调解成功证明　　D. 双方权利义务证明书

（三）多项选择题

1. 人民调解委员会调解民间纠纷，应当遵循哪些原则？(　　)

A. 效率和公平原则

B. 在当事人自愿、平等的基础上进行调解

C. 不违背法律、法规和国家政策

D. 尊重当事人的权利，不得因调解而阻止当事人依法通过仲裁、行政、司法等途径维护自己的权利

2. 人民调解员在调解工作中有哪些行为之一的，由其所在的人民调解委员会给予批评教育、责令改正，情节严重的，由推选或者聘任单位予以罢免或者解聘？(　　)

A. 偏袒一方当事人的

B. 侮辱当事人的

C. 索取、收受财物或者牟取其他不正当利益的

D. 泄露当事人的个人隐私、商业秘密的

3. (　　)对适宜通过人民调解方式解决的纠纷，可以在受理前告知当事人向人民调解委员会申请调解。

A. 仲裁机构　　B. 人民政府

C. 基层人民法院　　D. 公安机关

4. 民调解员调解纠纷，调解不成的，应当终止调解，并依据有关法律、法规的规定，告知当事人可以依法通过(　　)等途径维护自己的权利。

A. 仲裁　　B. 诉讼

C. 行政　　D. 司法

5. 人民调解员根据调解纠纷的需要，在征得当事人的同意后，可以邀请当事人的(　　)等参与调解，也可以邀请具有专门知识、特定经验的人员或者有关社会组织的人员参与调解。人民调解委员会支持当地公道正派、热心调解、群众认可的社会人士参与调解。

A. 亲属　　B. 邻里

C. 同事　　D. 单位领导

(四) 填空题

1. 为了完善____，规范人民调解活动，及时解决民间纠纷，维护社会和谐稳定，根据宪法，制定本法。
2. 人民调解委员会是依法设立的调解民间纠纷的____组织。
3. 人民调解委员会应当有____，多民族居住的地区应当有人数较少民族的成员。
4. 调解民间纠纷，应当____进行，防止矛盾激化。
5. 人民调解员根据纠纷的不同情况，可以采取多种方式调解民间纠纷，充分听取当事人的陈述，讲解有关法律、法规和国家政策，耐心疏导，在当事人________的基础上提出纠纷解决方案，帮助当事人自愿达成调解协议。
6. 口头调解协议自____之日起生效。
7. 经人民调解委员会调解达成调解协议后，双方当事人认为有必要的，可以自调解协议生效之日起____日内共同向人民法院申请司法确认，人民法院应当及时对调解协议进行审查，依法确认调解协议的效力。
8. 人民法院依法确认调解协议有效，一方当事人拒绝履行或者未全部履行的，对方当事人可以向人民法院____。

(五) 简答题

1. 简述当事人在人民调解活动中享有的权利和义务。
2. 简述调解协议书可以载明的事项。

参考答案

（一）判断题

1. √，解析：《人民调解法》第 4 条。
2. ×，解析：《人民调解法》第 17 条规定："当事人可以向人民调解委员会申请调解；人民调解委员会也可以主动调解。当事人一方明确拒绝调解的，不得调解。"
3. ×，解析：《人民调解法》第 19 条规定："人民调解委员会根据调解纠纷的需要，可以指定一名或者数名人民调解员进行调解，也可以由当事人选择一名或者数名人民调解员进行调解。"
4. √，解析：《人民调解法》第 20 条第 1 款。
5. ×，解析：《人民调解法》第 31 条规定："经人民调解委员会调解达成的调解协议，具有法律约束力，当事人应当按照约定履行。"
6. ×，解析：《人民调解法》第 32 条规定："经人民调解委员会调解达成调解协议后，当事人之间就调解协议的履行或者调解协议的内容发生争议的，一方当事人可以向人民法院提起诉讼。"

（二）单项选择题

1. A，解析：《人民调解法》第 2 条规定："本法所称人民调解，是指人民调解委员会通过说服、疏导等方法，促使当事人在平等协商基础上自愿达成调解协议，解决民间纠纷的活动。"
2. B，解析：《人民调解法》第 5 条规定："国务院司法行政部门负责指导全国的人民调解工作，县级以上地方人民政府司法行政部门负责指导本行政区域的人民调解工作。基层人民法院对人民调解委员会调解民间纠纷进行业务指导。"
3. A，解析：《人民调解法》第 8 条第 2 款规定："人民调解委员会由委员三至九人组成，设主任一人，必要时，可以设副主任若干人。"
4. B，解析：《人民调解法》第 16 条规定："人民调解员从事调解工作，应当给予适当的误工补贴；因从事调解工作致伤致残，生活发生困难的，当地人民政府应当提供必要的医疗、生活救助；在人民调解工作岗位上牺牲的人民调解员，其配偶、子女按照国家规定享受抚恤和优待。"

5. D，解析：《人民调解法》第25条规定："人民调解员在调解纠纷过程中，发现纠纷有可能激化的，应当采取有针对性的预防措施；对有可能引起治安案件、刑事案件的纠纷，应当及时向当地公安机关或者其他有关部门报告。"
6. B，解析：《人民调解法》第27条规定："人民调解员应当记录调解情况。人民调解委员会应当建立调解工作档案，将调解登记、调解工作记录、调解协议书等材料立卷归档。"
7. A，解析：《人民调解法》第28条规定："经人民调解委员会调解达成调解协议的，可以制作调解协议书。当事人认为无需制作调解协议书的，可以采取口头协议方式，人民调解员应当记录协议内容。"

（三）多项选择题

1. BCD，解析：《人民调解法》第3条规定："人民调解委员会调解民间纠纷，应当遵循下列原则：（一）在当事人自愿、平等的基础上进行调解；（二）不违背法律、法规和国家政策；（三）尊重当事人的权利，不得因调解而阻止当事人依法通过仲裁、行政、司法等途径维护自己的权利。"
2. ABCD，解析：《人民调解法》第15条规定："人民调解员在调解工作中有下列行为之一的，由其所在的人民调解委员会给予批评教育、责令改正，情节严重的，由推选或者聘任单位予以罢免或者解聘：（一）偏袒一方当事人的；（二）侮辱当事人的；（三）索取、收受财物或者牟取其他不正当利益的；（四）泄露当事人的个人隐私、商业秘密的。"
3. CD，解析：《人民调解法》第18条规定："基层人民法院、公安机关对适宜通过人民调解方式解决的纠纷，可以在受理前告知当事人向人民调解委员会申请调解。"
4. ACD，解析：《人民调解法》第26条规定："人民调解员调解纠纷，调解不成的，应当终止调解，并依据有关法律、法规的规定，告知当事人可以依法通过仲裁、行政、司法等途径维护自己的权利。"
5. ABC，解析：《人民调解法》第20条规定："人民调解员根据调解纠纷的需要，在征得当事人的同意后，可以邀请当事人的亲属、邻里、同事等参与调解，也可以邀请具有专门知识、特定经验的人员或者有关社会组织的人员参与调解。人民调解委员会支持当地公道正派、热心调解、群众认可的社会人士参与调解。"

（四）填空题

1. 人民调解制度。（《人民调解法》第 1 条）
2. 群众性。（《人民调解法》第 7 条）
3. 妇女成员。（《人民调解法》第 8 条第 3 款）
4. 及时、就地。（《人民调解法》第 21 条第 2 款）
5. 平等协商、互谅互让。（《人民调解法》第 22 条）
6. 各方当事人达成协议。（《人民调解法》第 30 条）
7. 30。（《人民调解法》第 33 条第 1 款）
8. 申请强制执行。（《人民调解法》第 32 条第 2 款）

（五）简答题

1. 答：《人民调解法》第 23 条规定："当事人在人民调解活动中享有下列权利：（一）选择或者接受人民调解员；（二）接受调解、拒绝调解或者要求终止调解；（三）要求调解公开进行或者不公开进行；（四）自主表达意愿、自愿达成调解协议。"第 24 条规定："当事人在人民调解活动中履行下列义务：（一）如实陈述纠纷事实；（二）遵守调解现场秩序，尊重人民调解员；（三）尊重对方当事人行使权利。"
2. 答：《人民调解法》第 29 条规定："调解协议书可以载明下列事项：（一）当事人的基本情况；（二）纠纷的主要事实、争议事项以及各方当事人的责任；（三）当事人达成调解协议的内容，履行的方式、期限。调解协议书自各方当事人签名、盖章或者按指印，人民调解员签名并加盖人民调解委员会印章之日起生效。调解协议书由当事人各执一份，人民调解委员会留存一份。"